行政诉讼法
比较研究

XINGZHENG SUSONGFA BIJIAO YANJIU

江必新 等 / 著

中国法制出版社
CHINA LEGAL PUBLISHING HOUSE

序　言

在谈比较行政诉讼之前，首先需要弄清楚的是我们在“比较”什么、比较的意义是什么。尤其在“一带一路”倡议的背景下，法律全球化的属性、路径与趋势需要重新加以诠释，仅仅从宏观层面的概念比较及单纯法规的静态比较，已经不能满足新形势下对于我国行政诉讼法发展与创新的要求了。因此，研究比较行政诉讼法要在扫描各国共性之规律的基础上，从更加微观的、功能性的、历史的、文化的、动态的层面比较，进而建立拓宽我国行政诉讼法之视野并探讨个性之发展方向为核心要件的比较行政诉讼法的研究范式和知识体系，才具有更加深远的意义。

伴随着2015年我国新的《行政诉讼法》及2018年新的行政诉讼法司法解释的出台，随之而来的是在深化改革的新时期需要深入研究的新问题。在我国行政诉讼法的研究中，对各国行政诉讼制度（作广义理解）进行体系化研究的专门著作是缺失的，针对行政诉讼法律制度背后的共性问题的研究甚少关注，而对制度表象上的差异性关注较多，这就导致了行政诉讼法“可比较特性”不存在共性基础，比较研究也就自此失去了学理上本源性的意义。因此，本书的任务旨在建立既能拓宽司法审查的视野、又能丰富行政法学理论，既能抓住行政诉讼法的精神内核、又能为完善行政诉讼制度提供制度选择方案的比较行政诉讼法体系。

诚然，行政诉讼法的“比较”本身就是一个非常困难的研究。之所以难，首先是因为如果基于严格比较法的研究，行政诉讼法的比较需要在对各国的政治、经济、历史、文化等行政生态充分了解的基础上进行，而这项工作需要阅读大量的资料，并由具有深厚的法学与其他人文学科功底的专家来完成；其次是因为行政诉讼法的比较需要系统的、专题性的、逻辑性强的专门的比较研究，这将耗费很长的时间及大量的精力，短期之内很难完成。因此，本书耗时多年，几经周折，反复修改而最终得以形成。

本书构思的独特之处在于以行政诉讼法中所涉及的理论问题为比较的主线，打破了以往比较分析中以国别为主线的研究范式，规避了割裂式研究的弊端，以问题为导向，带着问题解决问题，并对未竟事业进行展望。本书共十二章，逻辑体系如下：

第一章主要对法国、德国、英国、日本、美国、韩国及我国的行政诉讼的制度现状予以概括性分析，为本书的研究寻找共性基础，并以此为起点，展开本书的逻辑框架。需要强调的是，诸如英国、美国这样的国家，不称行政诉讼，而称司法审查，书中为了统一共性问题，而采用了共通性的说法。

第二章介绍了行政诉讼的基本理念，对当前主要国家的行政诉讼理念的形成与确立及现实影响进行比较，还涉及这些理念对我国行政诉讼基本理念的重述产生的影响。

第三章对行政诉讼体制进行了比较，从两大行政诉讼体制的历史沿革入手，探讨了诉讼体制选择的影响因素，并对我国行政诉讼体制的建构进行了深入研究。

第四章对行政诉讼基本原则进行了比较，主要从行政诉讼原则的法律意义展开论述，扫描各国行政诉讼基本原则，挖掘行政诉讼基本原则设定之共性规律，并重述我国行政诉讼之基本原则。

第五章为行政诉讼类型构造之比较，探讨行政诉讼类型构造之法律机能、类型构造之标准、类型构造之典型模式，总结出类型构造之共性规律，并基于对这些问题的挖掘，重述我国行政诉讼类型构造。

第六章主要论述了行政复议与行政诉讼的程序衔接，首先概括出行政复议与行政诉讼程序衔接的三种模式并予以比较，然后寻找程序衔接的共性规律，最后探讨我国行政复议与行政诉讼程序衔接之再造。

第七章对行政诉讼证据制度进行了比较，主要集中在对证据规则与证明标准的比较，对两大法系的诉讼结构、证据规则、举证规则、质证规则、认证规则进行比较研究，进而提出行政诉讼证据制度之改进，以及对进一步完善我国行政诉讼证据规则的思考。

第八章为行政诉讼原告资格之比较，问题主要集中在行政诉讼原告资格之法律意义、各国行政诉讼原告资格之演进、共性规律以及我国行政诉讼原告资格之重述。

第九章对行政诉讼第三人制度进行了比较，对第三人制度的法律意义、微观比较以及我国行政诉讼第三人制度之改造进行了剖析。

第十章为行政诉讼审理模式之比较，从大陆法系与英美法系这两大法系的行政诉讼审理模式之比较展开，探讨了诉讼传统、诉讼价值、诉讼特性等行政诉讼审理模式的影响因素，并对我国行政诉讼审理模式的转换提出了整体的构想及具体的建议。

第十一章是对行政诉讼裁判制度的比较，这一部分从规范和实证的角度对行政诉讼裁判的形式、意义及类型化行政裁判予以比较研究，并对各国制度在每种判决中存在的理论问题予以深刻的剖析。

第十二章是对行政诉讼执行制度之比较，在对域外执行制度进行分析的基础上，阐释了执行概念的不同解读，同时对我国执行制度的现状、评价及完善进行了阐述。

行政诉讼法之比较研究任重而道远，本书仅为抛砖之作，未来将会不定期更新，不断深化，还望后来之作不断突破，有识之士共同努力，为我国行政诉讼比较之研究的系统化、体系化做出贡献。最后，还要感谢郑雅方、梁凤云、鞠成伟、张雨、贺译葶、方颉琳、兰艳卓、宋国涛、罗英等对本书写作的重要贡献。

江必新

目　录

第九章 行政诉讼第三人制度之比较

第十章 行政诉讼审理模式之比较

第十一章 行政诉讼裁判制度之比较研究

第十二章 行政诉讼执行制度之比较

第一章　主要国家行政诉讼制度概述

在法治发展过程中，不同的法律文化背景、法律体系与法律结构使每个国家行政诉讼产生及发展的过程皆呈现出一定的独特性，各国关于行政诉讼基本程序及主管机构的不同设计，折射出行政诉讼在不同理念框架下的差异化制度安排及演变历程。

法国行政诉讼虽历经了政府行政与法院间的抗衡，但最终形成的行政法院制度对法国行政审判制度的发展，以及西方其他大陆法系国家行政诉讼制度的发展，都有着深远的影响。德国行政法院的建立则历经了由行政机构到普通法院、再到行政法院的曲折道路。作为普通法系的代表国家，英国并不存在与民事诉讼相分离的独立的行政诉讼制度，而是将普通诉讼中涉及公民与公权力主体间的诉讼统称为行政诉讼。日本行政诉讼制度的发展极具特色，其同时受到大陆法系和英美法系的影响，因此，日本行政诉讼制度的实践者与推进者既重视其相较于民事诉讼制度的特殊性，又重视其与民事诉讼制度之间的普遍性，注重行政诉讼制度与民事诉讼制度的关联性考察与体系性考察。美国在殖民地时期继承了英国的司法审查传统，自成司法体系，即由法院对行政活动进行控制，美国建国后，其法院依照英国普通法和衡平法的原则对行政活动进行司法审查。相较于其他国家，韩国行政诉讼制度的发展历史较短，但亦体现出自己的特色，目前实行的是三审审判制度。最后，新中国成立后，行政诉讼制度亦经历了颇多曲折，经过了四次大发展。

一、法国行政诉讼制度概述

被称作“行政法母国”的法国，是现代行政法的发源地，也是世界上首个确立行政法院制度的国家，但法国行政审判制度发展至今日之势并非一蹴而就，而是历经了历史长河的洗礼与磨炼。

（一）法国行政审判制度发展的社会背景

在法国资产阶级革命爆发前，法国的行政权力掌握在拥护民主共和制的资产阶级手里，而代表司法权的普通法院则掌握在拥护君主专制制度的封建贵族手中，二者之间的芥蒂不言自明，因此，代表封建王权势力的法院总是阻止政府推行资本主义性质的改革政策。而资产阶级为了维护自身利益，亦禁止普通法院审查政府的行政行为，以避免法院对行政的干预。1789 年法国历经大革命后，资产阶级推翻了封建制度和君主制，但法院与政府行政之间的抗衡仍然存在。由资产阶级所掌控的政府颁布的诸多推动资本主义发展的法律皆因代表封建势力的法院的阻挠和破坏而难以有效推行。“由于法官利用手中的司法权力阻碍中央法令及其行政官员的改革努力的事实存在，因而受到资产阶级和普通平民的憎恨。这种先入为主的偏见，很明显地表现为革命者一度对司法机关的不信任。”[①] 在这一时代背景和政治大环境下，资产阶级以孟德斯鸠的“三权分立”学说为理论武器，于 1790 年的制宪会议上制定了关于司法组织的法律——《司法组织法典》，该法的第 2 章第 13 条规定：“司法职能和行政职能不同，现在和将来永远分离，法官不得以任何方式干扰行政机关活动，也不得因其职务上的原因，将行政官员传唤到庭，违者以渎职罪论。”从而明文禁止司法干预行政，这使得法国行政法具有了和英美普通法迥然不同的特色。[②] 1796 年，法国的一项法令规定：“严格禁止法院审理任何行政活动。”这些皆是法国当今双轨制审判的历史由来。

---

① 史彤彪：《法国大革命时期的宪政理论与实践研究（1789—1814）》，中国人民大学出版社 2004 年版，第 233 页。

② Jurgen Schwarze, *European Administrative Law*, London: Sweet & Maxwell (1992), pp. 100 - 102.

（二）法国行政审判制度的发展历程

“革命胜利后，掌握政权的资产阶级不忘法院在革命中的所作所为，因此，剥夺普通法官审查行政行为是否合法的权力以及控制政府官员行政行为的权力，就必然成为革命时期司法改革的目标之一。”① 法国资产阶级不仅以法律规定了行政与司法的分离，而且在观念上也把行政诉讼作为行政事务来处理。因而，接下来的十来年，法国并未考虑设立专门受理行政诉讼的行政法院，而是由行政官兼任法官。1790 年至 1799 年间，法国资产阶级禁止普通法院受理行政诉讼以后，法国公民认为行政行为侵犯其合法权益而提起的申诉，主要由被诉行政主体的上级机关受理，裁决行政争议的权限归属于行政机关本身，行政官员同时也是法官，国家元首则拥有最终的裁判权。因此，这一时期所存在的行政救济并非严格意义上的行政诉讼，而更多地类似于现今的行政复议。但法国很快便根据共和历 8 年雾月 22 日宪法规定②建立了一个特殊的机构——国家参事院，即最高行政法院，作为国家元首的咨询机关。之所以说国家参事院是国家元首的咨询机关，是因为国家参事院并没有裁决的权力，国家参事院虽然受理公民对行政机关申诉的案件，但其职能仅限于向国家元首提出解决行政争议的建议，最终的裁决权仍由国家元首保留，因而，国家参事院所行使的是国家元首保留的审判权。同时，国家参事院还作为行政机关的咨询机构，在国家立法、解释法规等方面提供建议。虽然这种建议不具有强制执行力，但如果行政机关在作出决定前不向行政法院咨询，那么行政机关的决定就可能归于无效。《法国宪法》第 37 条规定：属于条例范围内的事项，政府自由决定是否征求最高行政法院的意见。如果这些事项在 1958 年颁布的宪法实施以前已由法律规定，政府要用条例改变这项法律的话，必须征求最高行政法院的意见。第 38 条规定：政府依议会授权，以法令形式规定属于法律范围内的事务，必须征求最高行政法院的意见。第 39 条规定：政府向议会提出的法律草案，必须征求最高行政法院的意见。此外，法

---

① ［美］约翰·亨利·梅利曼：《大陆法系》，顾培东、禄正平译，李浩校，法律出版社 2004 年版，第 92 页。

② J. Rivero、M. Waline：《行政法》，Dalloz 出版社，详解版，1989 年第 17 版，第 20 页。

国地方各省设置了参事会，建立了中央集权的行政机构，由行政长官直接掌管行政审判权。在这个时期，法国还处于“司法审判保留”体系中，也就是说行政机关自己作出裁定，国家参事院只是以决定方案的形式提出建议，且必须由行政机关负责人签署。当时确认执行国家参事院建议的权力几乎都是由行政机关掌握的，在实际工作中国家参事院的建议通常都会得到行政机关的遵守。

1870 年普法战争爆发后，法国国家参事院一度被取消，法国行政审判制度的发展亦因此而停滞。直到 1872 年 5 月 24 日的法律①授予国家参事院以及省际参事院以委任审判权。在国家参事院回归的同时，法律授权它以法国人民的名义行使审判权力，自此，行政审判正式取得独立地位，不再属于国家首脑保留的权力。法国国家参事院在法律上成了名副其实的最高行政法院。此外，法国在地方各省也设置了行政法院，作为中央政府和各省政府部门的行政监督咨询机构，协助行政机关起草法律法规及向行政长官提供各种有关行政事务的咨询意见，后来逐渐演变为具有司法职能的行政法院，有权直接判决涉及行政争议的控诉案件。行政权力与司法权力的分离促进了双轨审判制的发展，并推动着行政法的创立，1872 年，法国制定了行政审判法规，并成立了权限争议法庭，用以裁决行政法院和普通法院之间的权限争议。但值得注意的是，由于国家参事院的设立并未取消部长对行政案件的裁决权，因此除非法律规定可以直接向国家参事院起诉，一切行政案件必须先由部长裁决，不服部长裁决的当事人可向国家参事院起诉。“直到 1889 年 12 月 3 日，最高法院在‘卡多案’的裁决中，正式否定了部长法官制，确认最高行政法院享有对行政案件的一般管辖权。规定当事人不服行政机关的行政行为，可以直接向国家参事院（最高行政法院）起诉。自此，总体意义上的法国行政法院制度才正式形成，从而奠定了世界上最为典型的普通法院与行政法院并立的二元司法制度。”②

此后，法国规范行政活动的法律规则数目愈来愈多，而行政法院的发展

---

① 1872 年法兰西第三共和国颁布的《参事院法》赋予了国家参事院以行政审判权，使之成为法律上的最高行政法院。

② 张海斌：《法国行政法院沿革》，载《人民法院报》2003 年 3 月 3 日。

也愈来愈成熟。在1953年9月30日的《行政审判组织条例》中和1953年11月28日作为补充规则的《公共行政条例》中都对最高行政法院和地方行政法庭权限的划分作了重大调整，1953年除中央设行政法院外，省级改设行政法庭，其中部分行政法庭仅处理涉及行政管理上的专门性事务，因而被称为专门行政法庭。但在现实中，存在更多的是普通行政法庭，其主要职责为受理管辖区域内的行政诉讼案件及为省级行政长官提供咨询建议。由此，地方行政法庭代替最高行政法院，成为行政诉讼的一般权限法院，最高行政法院成为特定权力的法院。一些较重大的行政诉讼案件，可以直接向中央行政法院提出。行政法院下设一个司法组和四个咨询组，分别作为行政诉讼和行政法咨询的最高机关，故行政法院本身又兼有行政诉讼机关的性质，它有权接受各地行政法庭的上诉案件。但行政法院与普通法院是不同的，在行政法院就职的工作人员没有司法官的职衔，而是行政官吏，中央政府可随时解除其职务。行政法院裁决案件的依据不是普通法院所适用的民刑法典，而是行政法院的判例，甚至有时还可根据法国宪法的序言——《人权宣言》的“一般原则”作出推理判断。行政法院的职责范围有两个限制：一是它不能干涉法律，行政法院对行政措施所作的任何解释，都可以被新制定的法律所废弃；二是行政法院对行政机关的“固有权”如警察权、“保护公共安全”等权力不能干涉。

不过，法国行政审判制度在日趋成熟的同时，亦面临着行政诉讼判决执行不力的难题，主要反映在1963年以前总是出现循环诉讼，法院与政府部门相互对峙，行政诉讼判决的执行并没有强有力的法律做支撑，故能否执行到位，完全取决于行政机关是否自愿，法院则不能命令政府部门为或者不为一定行为。而1963年以后，法国议会法律在最高行政法院内部设立“报告委员会”，专门负责监督行政判决的执行工作，并于1980年颁布了《行政机关迟延罚款和判决执行法》①，用以督促行政机关主动履行法院判决，但收效甚微，因而法国议会于1995年2月8日通过法律赋予法官新的权力。该法律

① 该法规定：(1) 行政机关被判决赔偿时，如果金额确定，行政机关必须在4个月内签发支付令。逾期不支付的，会计员有义务根据判决书正本付款。(2) 行政机关不主动履行赔偿义务，当事人可以在6个月后向最高行政法院申诉，如果情况紧急，可以不受时间限制，立即向最高行政法院申诉。(3) 对于引起迟延罚款的行政机关负责人，行政法院可以判处罚款，金额可以高达该公务员的全年薪俸。

将原来由最高行政法院“报告委员会”也即后来被称作“报告研究组”行使的行政判决执行监督权分散到地方行政法庭和行政上诉法院。另外，法国1987年12月31日的法律创设了上诉行政法院，以减轻最高行政法院受理上诉案件的负担。如此一来，借助简易申诉或迟延罚款诉讼的方式，行政诉讼的胜诉方可向作出判决的行政法庭直接请求执行判决，从而使判决执行的渠道变得畅通。

法国历经数载最终形成的行政法院制度对法国行政审判制度的发展及西方其他大陆法系国家行政诉讼制度的发展都有着深远的影响。“法国行政法院采取了一套不断进化的特殊程序，使得行政诉讼既简单又便利。”① 纵观法国行政法院制度的形成过程，不难看出，它既是分权学说的时代产物，又是法国历史观念与社会发展整合的结果。尽管在发展初期，行政法院制度曾备受质疑，被看作政府官员的庇护伞，然而法国跟随社会变革的脚步多次改进行政法院制度，使其不断完善并广为适用。

二、德国行政诉讼制度概述

（一）德国行政诉讼制度发展的社会背景

18世纪的德国不仅面临着罗马教皇的欺压，还要不时提防西欧与俄国的入侵，加上德国各邦各自为政，使得德国长期处于动荡、割据的封建农奴时期，进而导致德国的经济、政治发展远落后于英国和法国。而就在此时，法国正在接受一场社会革命的洗礼。法国大革命爆发，不仅使法国资产阶级取得政权，且在司法和行政的较量中不断摸索并成立了国家参事院，形成了最高行政法院的雏形。法国的变革震撼了德国境内政权，而康德、洪博等自由主义思想家的思想，则直接推动了德国行政审判制度的发展。康德认为，“人民应该享有相当的自由和平等，国家必须依靠法律来维护社会秩序”②。洪博

① 张千帆、赵娟、黄建军：《比较行政法——体系、制度与过程》，法律出版社2008年版，第98页。

② 陈新民：《德国公法学基础理论》，山东人民出版社2001年版，第7页。

认为，“人们应该享有相当的自由和权利，人类存在的最大的目的就是最大限度地发展自我，国家的所有行为都只能限定在预先颁布的法律规则的范围之内”。这种自由主义与民主主义思想逐渐冲击着当时在德国占统治地位的黑格尔国家主义思想，并试图将国家主义思想与自由和民主的价值观念协调起来。此外，法国的三权分立学说理念亦深刻地影响着德国，德国资产阶级极力反对封建君主专制统治，要求国家必须在法律的框架内活动。“政治思想上，法国大革命和启蒙思想对德国产生了很大的冲击，分权思想、自由主义思想对德国的影响日盛。”① 自由和民主理念的广泛传播使得德国开始发展建立以保护私人利益为目的，体现私人权利救济的行政法院制度。因而，德国一些州开始效仿法国设立行政审判机构。其中最早的属 1808 年德国巴伐利亚邦设立的枢密院，其作为行政机关受理行政纠纷案。而后，德国就行政审判机构的功能展开过激烈争论，即著名的“南德方案”和“北德方案”。前者以格耐斯特为代表，强调行政诉讼的目的在于保护公民的个人权利，应成立专门的行政法院审查行政案件。且专门的行政法院应属于司法系统，这样才能确保行政法院的独立性及审查的公正性。后者以贝尔为代表，将行政诉讼视为行政行为，强调在行政系统内部建立监督机制，即在行政系统内部设立行政法院，由其审查行政案件。最终占优势的是“南德方案”，并直接推动了德国行政法院的建立和发展。

（二）德国行政诉讼法制度的发展历程

与法国一样，德国也是极具有代表性的建立行政法院体系的国家，然而与法国不同的是，德国行政法院的建立历经了由行政机构到普通法院再到行政法院的曲折道路。

德意志帝国“直到 13 世纪，才出现国家的概念，在此之前，统治者都是借助于一些对他个人效忠和忠诚的人来统治国家。因此在 13 世纪以前，没有形成非人格行政的观念。自 15 世纪以来，在地方一级和帝国开始出现了警察

---

① 李靖：《近代大陆法系行政法理论及影响探析》，载《昆明理工法学学报（社会科学版）》2008 年第 6 期。

法及与秩序有关的法律。像其他任何法律部门一样，警察法的制定与否完全取决于统治者的随心所欲”[①]。因而，为防止行政权力不断扩张，德意志帝国先后设立了帝国最高行政法院和帝国枢密院[②]，对行政案件进行一般管辖。同时又在地方设立专家小组来处理行政纠纷。不过，这种早期的帝国法院，还不是现代意义上的行政法院，其职责由君主行使或者由邦国法庭和司法委员会代行，实质就是行政司法。尽管如此，帝国法院的建立依然对封建君主和贵族的行政行为起到了一定的约束作用，可视为早期德国行政法院的萌芽。

“然而随着德意志各邦实力的逐渐增强，警察权也随之发展，各邦君主试图摆脱帝国法院的控制。这种努力符合追求不受法律之统治的专制主义和公权独立理论的目的。”[③] 与此同时，德国境内自由、平等、民主的价值追求以及三权分立理论日渐深入人心，加上法国大革命爆发给德国带来的冲击，德国最终在1848年爆发了资产阶级革命，并于次年制定了帝国宪法草案，规定停止行政司法权，由法院负责裁决一切因侵权违法行为引起的纠纷案件。不过，该草案并未言明究竟是由普通法院还是由专门的行政法院受理行政纠纷案件，因而德国各邦的做法并不统一，一些邦将其解释为由普通法院受理行政纠纷案件，而另一些邦则将其解释为由独立行政法院受理行政纠纷案件。尽管如此，德国取消行政司法的态度是非常明确的，从而树立了司法对行政监督的理念，不能不说是一种进步，也为后来德国行政法院的发展开辟了道路。

德国行政法院被认为起源于1872年巴登（Baden）与普鲁士（Prussia）所建立的法院系统。[④] 至1871年德意志帝国完成统一之后，德国的一些重要邦国“已经开始设立了高等行政法院和初等行政法院，同时在低级层次上，又保留了通过具有独立性的行政复议程序来实行行政自我监督的机构。在司法系统中，在普通法院之外，设置不同于普通法院的行政法院已经基本

① ［印度］M. P. 塞夫：《德国行政法——普通法的分析》，周伟译，山东人民出版社2006年版，第20页。

② 1495年德意志帝国在法兰克福建立了帝国最高行政法院，随后又于1501年在维也纳设立了帝国枢密院。

③ Friedheim Hufen, *Verwaltungsprozessrecht*, MuGnchen, GrundrissedrsRechts, 22（2003）. 转引自［德］弗里德赫尔穆·胡芬：《行政诉讼法》，莫光华译，法律出版社2003年版，第22页。

④ Ernst K. Pakuscher, “Administrative Law in Germany – Citizen v. State”, 16 *American Journal of Comparative Law* 309（1968）, p. 313.

形成”①。在此后的三十多年，德国一些邦国先后建立了自己的行政法院系统。到 1924 年，德国境内的二级或三级行政法院已经遍布全国，但此时德国较低级别的行政法院并没有完全的独立性，也未与行政机关相分离，仅最高行政法院拥有司法法院的所有特征。进入魏玛共和国时期后，德国制定了对德国乃至对人类历史都有重要意义的《魏玛宪法》，其中的第 107 条规定：“在联邦和各州内，必须依法设立行政法院，以保护个人不受行政机关之命令与处分的侵害。”这一规定可视为德国设立行政法院的明确依据，极大地推动了德国行政法院体系的发展。遗憾的是 1929 年至 1933 年间爆发了世界范围内的金融危机，使得德国战后经济大受打击，失业率激增，导致德国帝国主义复苏。而希特勒上台后推行的“民族法治国”，提倡以行政命令取代法律成为行政管理的依据，第一审行政案件的管辖权全部转移至行政机关手中，行政法院体系的建立也因此停滞。

直到“二战”结束以后，德国的行政法院制度才得以复苏。1946 年，英国、美国、法国等国盟军恢复了西德的行政法院制度，并以概括性原则取代列举性原则对原来德国行政法院的受案范围进行了调整，相当于扩大了德国行政法院的受案范围。《德国基本法》明确规定将司法权委托给法官，而法官服从于法律，确保法官独立。《德国基本法》的颁布极大地推动了德国行政法院的发展，尤其是“加强司法权对行政权力的制约规定，使得这一时期的司法作用得到空前的发展。例如，联邦宪法法院提出撤销特别权力关系，联邦行政法院提出的授益行政行为撤销的限制等”。1960 年德国颁布的《行政法院法》，为德国行政法院体系的完善，以及德国行政诉讼制度的发展奠定了坚实的基础。此后，德国分别于 1972 年、1976 年颁布了《德意志联邦共和国法官法》和《行政程序法》，使德国行政制度的发展迈向了稳定的发展道路。如今，德国的司法系统由两大类法院组成：一为联邦和州两级宪法法院，一为相互独立的五大法院系统，也即普通法院、行政法院、社会法院、劳动法院和财政法院。行政争议案件主要由行政法院受理，其他法院在一定程度上也受理与民事、财政及劳动相关的行政案件。

---

① 胡建淼：《比较行政法》，法律出版社 1998 年版，第 299 页。

三、英国行政诉讼制度概述

作为普通法系的代表国家，英国并不存在与民事诉讼相分离的独立的“行政诉讼”制度，由于信奉公民与公民之间的关系、公民与公共行政之间的关系应适用同一法律的原则，行政纠纷与私人纠纷同受普通法院审判，适用相同的诉讼程序。为论述之便利与统一，特将其普通诉讼中涉及公民与公权力主体间的诉讼统称为行政诉讼。英国行政诉讼制度大致经历了以下几个发展阶段。①

（一）行政诉讼制度的萌芽

英国行政诉讼制度的根源可追溯至1215年签署的《自由大宪章》。作为英国大贵族和社会其他阶层反抗王权运动的结晶，《自由大宪章》首次在英国确立了“国王低于法律，而且应该低于法律”的宪法原则，从而开启了王权（国家权力）应当受到限制的认知时代，成为后世“议会主权”“法治原则”等宪法原则的渊源。

发展至都铎王朝（1485—1603），由于当时英国正处于从封建社会向资本主义社会过渡的时期，强悍的国王抓紧这一有利时机，不断强化王权，其重要方式之一即为建立起旨在监督地方治安法官的星座法院（Star Chamber）。“星座法院发出提审状、禁止状和执行状等特权状。撤销治安法官的决定、命令治安法官为一定行为或不为一定行为。”② 它的功能主要是保障国王权力及其意旨，实现中央对地方的监控。

尽管星座法院对公法诉讼的审理是为了巩固王权，与近代行政诉讼保护公民权利的宗旨背道而驰，但它至少在手段上实现了公民对地方行政官员的监督，公民可以通过向国王请愿的方式对责任大臣提起民事诉讼，从而以民事诉讼的形式实际上执行了一部分行政诉讼的职能。再加上星座法院具备相

---

① 对英国行政诉讼发展阶段的划分及各阶段基本内容的论述，主要参见李卫刚：《从行政诉讼到宪政——英、美、法、德、中五国比较研究》，知识产权出版社2006年版，第21—37页。

② 王名扬：《英国行政法》，中国政法大学出版社1989年版，第5页。

当的司法性质，在长期的运作过程中形成了一套司法程序和规则，从而使其拥有了一定的专业性与职业性，并因此在一定程度上摆脱了国王的直接控制而具有一定的独立性。日渐成型的独立的司法机关与《自由大宪章》以来“国王在法律之下”“法官忠于正义和法律”等思想相结合，不啻为英国行政诉讼制度的萌芽。

（二）行政诉讼制度的正式确立

15 世纪、16 世纪欧洲大陆发生了文艺复兴运动，资产阶级的人权理论、法治理论、权力制衡理论、社会契约论等理论兴起，各国纷纷爆发了资产阶级革命。英国于 1640 年至 1688 年爆发了资产阶级革命，并相继通过了《人身保护法》（1679 年）、《权利法案》（1689 年）、《王位继承法》（1700 年），使国王的权力逐渐受到议会的限制，确立起君主立宪制的政治体制，从而真正走入“限制国家权力、保障公民权利”的宪政时代。法院与议会中的国王反对派密切配合，废除了星座法院及威尔士边区法庭、北方法庭、高等委任法庭等特权法庭，削弱了枢密院的司法权。普通法院随即取而代之，开始大胆地对地方当局实施监督，从而正式建立起了现代意义上的行政诉讼。

英国之所以确立了由普通法院审理行政案件的审判模式，一方面当然归因于其不区分公、私法的普通法传统，另一方面则源于普通法院在民众中的“良好形象”。在英国民众心目中，普通法院是公民权利最可靠的保障，是防止行政专政和暴力、捍卫正义的最有力工具。而且由于英国普通法院不存在法国法院在资产阶级革命中支持贵族、对新法拒绝适用、采取与新法相对立的宗旨解释新法、阻碍官员们实施新法等“不光彩”的历史，英国也就不存在对法官造法和司法干涉行政的恐惧。因此，诉讼程序已然发达的普通法院理所当然地成为行政审判组织。①

（三）行政诉讼制度的改革

英国行政诉讼制度的改革可分为两个阶段，第一阶段发生于 19 世纪，第

---

① 王学辉主编：《行政诉讼制度比较研究》，中国检察出版社 2004 年版，第 80、176 页。

二阶段发生于20世纪。19世纪的司法改革主要是在英国建立起了统一有序的现代司法体制，完成了一系列经济和社会立法。这一阶段的改革对行政诉讼的影响主要体现在：第一，改革传统的令状制度，以便普通法院能将各种救济手段适用于新成立的地方当局及中央部门；第二，通过经济和社会立法在普通法院之外建立起一批行政裁判所来审理与日俱增的行政案件，从而形成了普通法院与行政裁判所相配套的救济机制，拓宽了行政诉讼的救济范围。行政裁判所的出现极大地影响了英国的行政审判制度，并成为其行政诉讼制度的一大特色。

第二阶段的改革是随着国家干预主义的出现而展开的。20世纪以后，随着经济领域垄断的加剧，政府对社会的介入日渐深广，政府与议会的关系发生了颠覆[①]，个人权利与自由逐渐屈从于对社会整体利益的考虑。因此，这一阶段行政诉讼改革的重心在于加强行政诉讼对行政权的控制，从而强化对个人权利的保障。改革的主要方式是：在程序方面，制定《最高法院规则》，统一司法审查的程序，改进救济的手段；在组织方面，进一步承认行政裁判所的合法性，承认其是司法机构，并制定《裁判所与调查法》，强化行政裁判所的审判实践。从此，行政裁判所的作用日渐显著，并在之后进一步发展。

（四）英国加入欧共体后行政诉讼制度的进一步发展

英国加入欧共体后，其在人权保护方面的态度发生了明显转变。为了克服成文宪法、人权法案、宪法法院、行政法院的缺失对人权保障的不利状况，英国于1998年通过《人权法》。《欧共体法》《人权法》对英国行政诉讼的影响甚大，主要体现在：第一，欧洲法院和欧洲人权法院确立的一些基本原则，如基本人权原则、比例原则、非歧视原则等被引入英国行政诉讼；第二，个人权利可以直接来源于成文法，而不限于法院裁判，从而拓宽了权利保护的范围；第三，完善了行政诉讼的救济渠道和程序。

就完善行政诉讼的救济渠道和程序而言，最为显著的当属行政裁判所的长足发展。英国曾于1988年出现了试图将分散的行政裁判所改造成一个统一

---

① Lord Longford, *A History of the House of Lords*, London, 1998, p. 185.

的行政审查委员会的提议，但该提议遭到了政府的否决。[①] 继 1958 年颁布《裁判所与调查法》之后，英国于 2007 年制定了《裁判所、法院与执行法》，对行政裁判所体系进行了有史以来最大幅度的调整。此次调整是在《宪政改革法》的指导下旨在建立起体系统一、完全司法化的行政裁判所。具体而言，在组织方面，它明确了行政裁判所是英国司法体系的一员，受到司法独立原则的保障；设立初审裁判所和上诉裁判所两级结构，并规定统一的上诉机制；审判人员的选任也在专业性的基础上排除了行政权的干预。在程序方面，它设立了裁判所程序委员会，专门负责新成立的两个裁判所程序规则的制定。[②] 此次行政裁判所的改革取得了显著成效：行政裁判所的受案量大幅提升，审理案件的能力也得到增强，根据满意度调查显示，本次改革不仅有利于当事人对行政裁判所的使用，还有利于行政裁判所总体运行成本的降低。[③] 总之，经过改革的行政裁判所在保持其高效的优势之外，切实实现了独立性、专业性、公正性的有效提升，成为保障英国公民免受行政侵害的一大利器。

四、日本行政诉讼制度概述[④]

日本行政诉讼制度起步较晚，且在其发展过程中经历了重大转折。以行政诉讼制度所处的宪政背景为区分标准，其发展历程大致可分为《明治宪法》时期和《日本国宪法》时期。

（一）《明治宪法》时期的行政诉讼制度

1　行政诉讼制度的萌芽

日本近代意义上的行政诉讼制度肇始于明治 5 年（1872 年），在明治维

---

① Bradley A. W. & Ewing, K. D. , *Constitutional and Administrative Law* (13*th Ed*), London: Longman (2003), p. 1676.

② 郑磊、沈开举：《英国行政裁判所的最新改革及其启示》，载《行政法学研究》2009 年第 3 期。

③ 王建新：《英国行政裁判所制度最新演进》，载《行政法学研究》2013 年第 4 期。

④ 该部分内容的论述主要参见王天华：《行政诉讼的构造：日本行政诉讼法研究》，法律出版社 2010 年版，第 1—16 页；江利红：《日本行政诉讼法》，知识产权出版社 2008 年版，第 19—27 页；胡建淼：《世界行政法院制度研究》，武汉大学出版社 2007 年版，第 436—437 页。下文相关内容引自前述三者之处将不再另行单独引注。

新改革中，新任司法省司法卿的江藤新平对司法省大加整顿，其中有关行政诉讼的改革措施为发布“司法省第46号布达”。该布达规定，地方官作出违法的法规设定或处分时，① 人民可以向当地的地方法院或司法省法院起诉。明治6年司法省第23号布达和司法省第198号布达对行政诉讼制度进一步予以完善。此制一开，人民针对地方行政官的诉讼激增，出现了“司法官牵制行政之弊”，政府由此产生了严重的危机感，为了保障行政权的独立性，转而改变了对行政诉讼的放任方针，对行政诉讼的提起设置了一定限制。如1874年司法省第24号布达规定，受理行政诉讼的法院必须向作为行政机关的太政官书面汇报，并听从太政官的指示。此后的数次修改，更是使得行政案件的受理权、判决权尽收太政官之手，行政审判权其实被牢牢掌握在行政机关内部。可以说，维新改革中由江藤新平所创之司法权监督行政权的新制遭受了重创。同时，由于行政机关介入行政案件的审判，也在客观上使得行政案件的审判程序有别于一般的民事诉讼程序，这在一定程度上奠定了明治时期日本行政诉讼将独立于民事诉讼的格局。

2.《行政裁判法》下大陆法系式行政诉讼制度的确立

明治15年（1882年），伊藤博文被派往欧洲调查立宪制度，其任务之一即为调查“请愿及行政裁判之事”，正式的行政诉讼制度的建设开始起步。伊藤博文考察回国后，日本依照德国普鲁士模式制定了《明治宪法》、《行政裁判法》及《关于行政厅违法处分的行政审判的事宜》。《明治宪法》第61条明确规定，“认为行政官厅的违法处分侵害其权利而提起的诉讼，由法律另行规定的行政法院管辖，司法法院不得受理”，从而在宪法层面承认人民可对行政官厅提起诉讼，并确立了有别于普通法院的行政法院系统以及独立的行政审判程序。《行政裁判法》以主要篇幅对行政法院的组织和行政诉讼的程序进

① 该布达规定的此等违法的法规设定或处分的情形较为有限，主要限于以下5种：（1）地方官或户长等违反太政官布告和各省布达订立规则或者作出处置时；（2）地方官或者户长等封杀人民的呼声时；（3）地方官限制人民的迁移等妨碍人民的权利时；（4）地方官在邻县揭示太政官布告和各省通达之日起10日内仍不对其加以布告时；（5）地方官由于误解等原因颁布有悖于太政官布告和各省通达宗旨的“说服书”时。（参见王天华：《行政诉讼的构造：日本行政诉讼法研究》，法律出版社2010年版，第2页。）从布达列举的5种情形可以看出，政府允许人民对地方官提出行政诉讼，更多的是想维持行政的一致性，而不是救济人民权利。这与英国行政诉讼制度的萌芽是为了巩固王权是一致的。

行了详细规定，《关于行政厅违法处分的行政审判的事宜》则以列举的方式规定了行政诉讼的范围。至此，制度化、常态化的行政诉讼在日本得以确立。尽管在当时的政治背景下，行政诉讼制度所具有的权利救济功能较为有限，行政诉讼的受案范围也较为狭窄，但我们不能据此否认大陆法系式的日本行政诉讼制度的基本框架已在《明治宪法》下确立起来了。

（二）《日本国宪法》时期的行政诉讼制度

《明治宪法》下大陆法系式的日本行政诉讼制度在“二战”后发生了重大转变，战后以美国为首的联合国占领军对日本进行了占领，导致战后日本的宪法和行政诉讼制度深深地刻上了英美法系的烙印，行政诉讼制度也经历了三个时期的发展历程。

1.《〈民事诉讼法〉应急措施法》时期

战后制定的《日本国宪法》明确否定了大陆法系式行政法院及行政诉讼制度的存在，该法第32条规定：“不得剥夺任何人在法院接受裁判的权利。”第76条规定：“一切司法权属于最高法院及由法律规定设置的下级法院。不得设置特别法院。行政机关不得进行终审判决。所有法官依良心独立行使职权，只受本宪法及法律的拘束。”这意味着在《日本国宪法》下将不对民事案件、刑事案件与行政案件进行区分，而统一将三类案件的管辖权收归普通司法法院所有。在此期间，由于此前有关行政诉讼的法律（如《行政裁判法》）已被废止，因此对行政案件的审判基本上由普通司法法院根据民事诉讼程序进行。考虑到行政诉讼毕竟有别于民事诉讼，日本于1947年制定《〈民事诉讼法〉应急措施法》，规定了有关行政上法律关系的诉讼的“特例”。其实，该法只对行政诉讼的起诉期限作出了特殊规定，除此之外的事项基本上都适用《民事诉讼法》的规定。

2.《行政事件诉讼特例法》时期

战后日本行政诉讼实践基本上按照占领军总司令部的统一司法国家原理的立场展开，但由于《明治宪法》以来长期的公、私二元划分理念以及对行政诉讼制度与民事诉讼制度差异的长期认同，导致其行政诉讼实践有时会激活旧制下的行政诉讼机制。典型的如在农地改革中，法院曾经作出有关停止执行农地收买处分的临时处分决定；在平野事件中，法院亦作出了有关停止执行开除公职的临时处分决定。对于法院的该等举措，即违背民事诉讼程序而采用旧时行政诉讼制度中的假处分机制来审查行政案件，占领军总司令部虽然持批判意见，但也不得不因此而正视行政诉讼相较于民事诉讼的特性。以此为契机，日本于1948年制定了《行政事件诉讼特例法》。该法在坚持行政诉讼与民事诉讼统一性的基础上对行政诉讼作出了一些特别规定，这些特别规定恢复性地承认了明治时代的某些行政诉讼制度，如诉讼不停止执行原则、诉愿前置主义、以作出行政处分的行政机关为被告、法院的部分职权探知主义等。可以说，战前大陆法系式的行政诉讼制度通过《行政事件诉讼特例法》实现了一定程度上的复活。

3.《行政事件诉讼法》时期

由于《行政事件诉讼特例法》的制定较为紧急，且内容较为局限，全文仅12条，因此在运用过程中出现了种种问题。经过长期的酝酿，日本于1962年制定了《行政事件诉讼法》。该法作为日本行政诉讼制度的基本法，调整了行政诉讼以及行政诉讼法的定位：行政诉讼并非民事诉讼的特例，《行政事件诉讼法》亦非《民事诉讼法》的特例。根据此种定位，《行政事件诉讼法》对行政诉讼制度的基本问题进行了全面而系统的规定，从而使日本行政诉讼制度重新回到了曾经舍弃的大陆法系式行政诉讼之轨道。

作为行政诉讼制度的基本法，《行政事件诉讼法》对日本行政诉讼制度的发展起到了重大的促进作用，并在制定后长达40年的时间里没有进行过实质性的修改。该法最近一次大的修改发生在2004年，此次修改的主要内容为：（1）扩大了救济范围——重新规定了原告资格，明确了课予义务诉讼和禁止诉讼，例示了公法上的确认诉讼；（2）充实了审理规则；（3）完善了行政诉讼程序——更改了被告资格，延长了起诉期限，增设了指导制度；（4）完善了临时救济制度——缓和了执行停止的条件，增设了假课予义务、假禁止制度。[①] 2004年《行政事件诉讼法》的修改是对法院长期以来积累的裁判的回

---

① ［日］村上裕章：《日本行政诉讼制度的修正及今后的课题》，周翊译，载张海燕主编：《山东大学法律评论》，山东大学出版社2008年版，第207—209页。

应，此次修改成为日本行政诉讼制度的新起点，为行政诉讼实践的继续推进提供了动力支持。

如上所述，日本行政诉讼制度的发展极具特色，它的发展历程同时受到大陆法系和英美法系的双重影响，是两大法系融合的结晶。因此，日本行政诉讼制度的实践者与推进者既重视其相较于民事诉讼制度的个性，又重视其与民事诉讼制度之间的共性，注重行政诉讼制度与民事诉讼制度的关联性与体系性考察。

五、美国行政诉讼制度概述

美国法律中规定的行政诉讼包括行政机关制定规章、核发许可证和制作裁决令的活动，因而不同于我们所说的行政诉讼制度。美国强调三权分立以及司法权对行政权的控制，因而，在美国法院应行政相对人的申请，审查行政行为的合法性并作出相应判决的“司法审查”（Judicial Review）类似于我们所说的行政诉讼制度。

美国在殖民地时期继承了英国的司法审查传统，自成司法体系，即由法院对行政活动进行控制。美国独立后，美国法院依照英国普通法和衡平法的原则对行政活动进行司法审查。1787 年美国宪法对司法权作了原则性规定。美国联邦的司法审查始于 1803 年最高法院的马伯里诉麦迪逊案（*Marbury vs. Madison*），在该案中，马歇尔大法官的判决为确立司法审查这个分权与制衡体制中的重要权力奠定了基石。在适用英国普通法的时期，美国行政官员若违法侵害公民普通法上的权利，法院既可以根据普通法的规则科处行政官员以个人赔偿责任，也可以根据特权状约束官员的违法行为。但美国长期未形成真正意义上的行政诉讼制度。美国行政诉讼制度是随着独立控制管制机构的出现、行政法官制度的建立以及司法审查的强化而逐步发展与完善起来的。

19 世纪美国南北战争结束后，美国工业迅速发展，进而引起城市化，出现各种新的社会矛盾和社会问题，如大企业主滥用经济权力，政府开始广泛干预社会经济活动，行政机构大为膨胀，出现了集立法、司法和行政三权于一身的“独立控制机构”。如美国在19世纪末至20世纪中期建立的州际商业委员会、国家宇航局、联邦储备署、联邦通讯委员会、退伍军人管理局、债券与交易委员会、劳工关系理事会等。这类机构既不从属于总统也不从属于国会，同时具有制定政策及执行政策的权力，并有裁决由此而引起的争端的司法权。“国会在创设独立控制机构的法律中，也往往规定有预防措施，独立控制机构在行使裁决权力时，必须采取审判式的听证程序，让利害关系人有为自己利益辩护的机会。法律也规定法院有权对独立控制机构的决定进行审查，用法律所规定的司法审查替代英国普通法上传统的司法审查。”美国的独立控制机构发展了很长一段时间，直到19世纪中期，美国律师界出现了反对控制机构同时行使立法、司法、行政三种权力的声音，认为这有违公平原则，主张建立行政法庭制度，剥夺独立控制机构的司法裁决权力，并主张对行政程序施以更大的限制，加强法院的司法审查。但这一主张在罗斯福总统的压力下受到限制，法院反对行政权力扩张的声音一度减弱，不过有关行政程序和司法审查的问题却已逐渐成为法院反对行政权力扩张的中心问题，并在不断探索和尝试。1936年第一摩根案件较大程度地体现了法院企图利用行政程序和司法审查限制行政机关权力的倾向，这一案件的判决对美国司法审查制度的发展产生了很大的影响，推动了联邦行政程序法的制定。

1946年，美国国会在司法部长程序委员会的建议下，制定并通过了美国联邦行政程序法，该法的主要内容是：制定法规程序，行政裁决的程序，司法审查的形式和范围，听证官员的地位和权力，分别编入美国法典第5编中的有关部分。此外，美国国会还通过联邦侵权赔偿法，承认国家赔偿责任，凡联邦政府之违法或不作为行为对人民财产、人身造成损害或损失，则受害人可以政府为被告，向法院起诉，意图否定联邦政府的主权豁免，扫清司法审查的障碍，但在侵权赔偿以外的其他司法审查活动中，美国仍然保留了主权豁免原则。在此后的20年间，美国的行政诉讼制度并没有重大发展，直到20世纪70年代后，美国法律逐步取消了联邦侵权赔偿法规定的大部分例外，放弃了司法审查中的主权豁免原则，从而扩大了司法审查的范围。美国行政机关存在办事效率低下，人浮于事的现象，加上行政机关忽视公共利益偏袒经济集团的做法，进一步激发了公众向法院寻求保护的渴求，美国最高法院也在司法判例中彰显出新的精神，亦即进一步放宽司法审查的限制，凡受行政决定影响的人，即使不是直接的当事人，也有资格请求法院审查行政机关的决定。为保护公众利益，法院在司法审查中，要求行政机关在非正式裁决中也必须说明理由，制作相应的记录。较之美国传统的司法审查，20 世纪 70 年代后美国的司法审查不仅致力于防止行政机关侵害私人的权益，且更加积极主动地扩大了公众对行政程序的参与。但总的来说，美国法院司法审查强度时常变动，法院时而强化对行政行为的审查，时而奉行司法谦抑，减少对行政机关的控制。目前，美国司法审查制度的主要特点是秉持三权分立原则，重视司法独立，但没有正式的行政审判庭，而由普通法院统一审理行政案件，除此之外，美国也没有单独的行政诉讼法典，行政诉讼的受案范围由各种普通法和制定法划定。

六、韩国行政诉讼制度概述

在韩国，行政诉讼继承的是英美式的司法审查传统，行政案件由普通法院管辖，但在司法对行政进行控制的同时，韩国又并行采用行政自我控制的行政复议制度，也即行政机关对行政纠纷进行审理、判定的程序，以彰显救济手段的便捷性，可以避免司法程序的繁琐，保证诉讼经济，减轻法院的负担。

相较于其他国家，韩国行政诉讼制度的发展历史并不长。1948 年，新成立的韩国政府组建了法律起草委员会，并在 1951 年制定颁布了行政诉讼法。该法最初仅由 14 个条文构成，依据该法的规定，公民能够针对行政决定提起撤销之诉，但此时的行政诉讼不具有脱离民事诉讼程序独立存在的地位，仅仅是将民事诉讼程序用于行政案件当中。也正因为该法内容上有诸多不完备，其在应用中也出现了不少问题。在朴正熙总统发展经济的过程中，由于总统和行政部门权力经常侵犯立法与司法权，所以总统与最高法院的冲突频发。1971 年，韩国最高法院裁定 1967 年修改的国家赔偿法条款违宪，因为该条款未赋予军人在履职期间招致损害可请求国家赔偿的权利，朴正熙总统因此剥夺了最高法院的宪法审查权并拒绝重新认命最高法院的大法官。最后，法院在权衡之间作出选择，将自己的角色限制在以行政诉讼保护形式法治的范畴，法院不再审查与政治有关的行政案件，也拒绝逾越行政诉讼法中规定的司法救济范围，而专注于保护公民的法定权利，因而可以说该时期韩国的行政诉讼是较为受限的。

韩国社会的民主与法治在朴正熙总统结束任期后发生了巨大变化。韩国政府对行政诉讼法进行了大幅度的修正及补充，并于1984年制定了新行政诉讼法。该法于1985年开始实施，重新定位行政诉讼法为针对行政行为提起诉讼的一般法律，而非民事诉讼程序的特别条款。“新行政诉讼法增加了诉讼方式，把行政诉讼大致分为抗告诉讼、当事人诉讼、民众诉讼、机关诉讼，并重新把抗告诉讼区分为撤销诉讼、无效等确认诉讼及不作为违法确认诉讼，并明确规定了各自的适用法条。新行政诉讼法新引入了不作为违法确认诉讼。但是为了尊重行政厅的优先判断权，没有采取义务履行诉讼，而仅采用了其替代，因此作为国民的权利救济制度，其自身存在局限性。”① 不过，新行政诉讼法拓宽了原告诉讼资格，大大提高了行政诉讼的有效性以及诉讼判决的可执行性。1994年，韩国再次对行政诉讼法进行了修订，给行政诉讼制定带来了重大变化，新修订的行政诉讼法规定受害人可不经过行政申诉程序而直接提起行政诉讼，② 也即废除了穷尽形式申诉的救济要求，与此同时，还成立了行政法院作为行政诉讼的初审法院，相当于强化了司法审查的独立性。但行政诉讼法的部分修订并不能满足行政法学术界对行政诉讼进行大幅改革的愿望，尤其是行政诉讼的原告资格、审查范围乃至临时救济方式等都仍然是争议的焦点。因而，在2004年，韩国最高法院又制定了行政诉讼法修改建议案，建议扩大法院审查行政行为的范围，将制定行政法规的抽象性行政行为囊括进来，同时增加强制的和禁止性禁制令等新的救济措施。但这些建议受到了政府官员乃至行政法学者的批评，尤其是对行政诉讼受案范围的批评。2006年司法部制定了一项新的修正议案，接受了最高法院的多数建议，扩大

---

① ［韩］金东熙：《行政法Ⅰ》，赵峰译，中国人民大学出版社2008年版，第627页。

② 旧行政诉讼法第18条第1项规定，“在撤销诉讼中，依据法令的规定能提出对该处分的行政审判时，如果未经此裁决就不能提出诉讼”，而新修订的行政诉讼法将该条修订为：“在撤销诉讼中，即使是依据法令的规定能提出对该处分的行政审判，也可以不经其裁决直接提出，但其他法律规定对该处分不经行政审判的裁决就不能提起撤销诉讼时，从其规定。”

了行政行为的受案范围及原告资格的范围。不过，直到 2008 年这项议案都没有被国会正式接纳，反倒在未经常设委员会审议的情况下就被废除了。

如今，韩国的司法制度实行的是三审审判制度，由最高法院、高等法院和地区法院组成，其中高等法院有权对行政规章、命令或行政行为的合法性及合宪性作出最终裁决，而行政诉讼的初审法院为首尔行政法院，这是韩国目前唯一的行政法院，其他地区在未建立行政法院前，皆由首尔地区法院对行政案件进行管辖。

七、中国行政诉讼制度概述

中国几千年的君主统治时期可谓有行政管理法，没有行政法；有发达的行政监察制度，没有旨在保障人权的行政诉讼制度。中国行政诉讼制度的探索始于辛亥革命之后，其发展历程大致可分为近代中国行政诉讼制度的确立与发展和新中国行政诉讼制度的确立与发展。

（一）近代中国行政诉讼制度的确立与发展

辛亥革命胜利后，1912 年 1 月 30 日，由时任法制局长的宋教仁草拟的《中华民国临时政府组织法草案》，第一次提出了平政院的构想，该草案虽因非由立法机关提出而未被接受，但草案中关于平政院之规定却被保留了下来。南京临时政府于 1912 年 3 月 11 日公布的《中华民国临时约法》第 10 条规定："人民对于官吏违法损害权利之行为，有陈诉于平政院之权。"第 49 条规定："法院依法律审判民事诉讼及刑事诉讼。但关于行政诉讼及其他特别诉讼，别以法律定之。"第一次以宪法的形式规定了我国的行政诉讼制度。但由于存在时间短暂，南京临时政府没有来得及制定有关行政诉讼的法律，仅以"孙大总统令各都督保护人民生命财产电文"的形式提出"人民有受……疾苦者许其按照临时约法来中央平政院陈诉或就近向都督府控告"，以示对平政院制度之重视。

袁世凯就任大总统后，在《中华民国临时约法》的基础上修改形成了《中华民国约法》，该法第 8 条规定："人民依法律所定，有请愿于行政官署及陈诉于平政院之权。”第45条规定：“法院依法律独立审判民事诉讼、刑事诉讼；但关于行政诉讼及其他特别诉讼，各依其本法之规定行之。”随后，创设平政院被提上日程。1914年3月31日，总统袁世凯发布《平政院编制令》，并任命汪大燮为平政院院长，平政院制度得以确立。1914年7月17日，北洋政府公布《行政诉讼法》及《纠弹法》。此后，平政院履行其行政诉讼审判机关的职责直至1928年北洋政府终结。

平政院终结只意味着中国行政审判制度的第一次实践暂告一段落，并不意味着行政审判制度自此在中国终结，其在继后的南京国民政府时期得以延续。1928年10月20日，南京国民政府颁布《司法院组织法》，设立了专门负责行政审判的行政审判署。1928年11月，南京国民政府修改《司法院组织法》，将“行政审判署”变更为“行政法院”，确立了行政法院制度。1932年11月17日，南京国民政府颁布《行政法院组织法》及《行政诉讼法》，1933年6月2日，任命茅祖权为行政法院院长。23日，行政法院成立，行政法院时代正式开始。[①]

不可否认，近代中国的行政诉讼制度有其先天的局限性，它不可能在“限制政府权力、保障公民权利”这条道路上走得太远。但同时也必须承认，我国近代的行政诉讼实践至少增强了国民的法治意识，在中国这片土地上建立起了“民告官”的制度，具有重大的进步意义。

（二）新中国行政诉讼制度的确立与发展

新中国行政诉讼制度的确立亦经历了颇多曲折。可以说，从新中国成立伊始，我国就开始了对行政诉讼制度的探索。1949年制定的堪称新中国临时宪法的《中国人民政治协商会议共同纲领》第19条第2款规定：“人民和人民团体有权向人民监察机关或人民司法机关控告任何国家机关和任何公务人员的违法失职行为。”同年12月20日由中央人民政府委员会批准的《最高人民法院试行组织条例》明确规定最高人民法院设民事、刑事和行政三个审判

① 赵勇、王学辉：《中国行政审判制度的第一次实践——平政院制度的创设与演变》，载《人民论坛》2014年第2期。

庭。此后通过的一系列法律法规，如1950年的《土地改革法》《劳动部关于劳动争议解决程序的规定》、1952年的《政务院关于“五反”运动中成立人民法庭的规定》、1954年的《海港管理暂行条例》等均规定了公民不服行政决定可以向人民法院起诉。[①] 1954年制定的《宪法》第97条亦明确规定：“中华人民共和国公民对于任何违法失职的国家机关工作人员，有向各级国家机关提出书面控告或者口头控告的权利。由于国家机关工作人员侵犯公民权利而受到损失的人，有取得赔偿的权利。”尽管当时上至《宪法》，下至条例均表达了我国应当建立行政诉讼制度的意志，但由于长期以来在我国根深蒂固的“民不告官”思想的残留，再加上法制亦不健全，行政诉讼始终没有在制度层面得以确立。此后，由于众所周知的原因，我国的政治、社会发展偏离了原有轨道，法治建设一度被迫中断，行政诉讼制度的建立自然亦被搁浅。

行政诉讼制度的建立重新被提上议事日程源于改革开放后市场经济的发展。为了保障市场经济发展的成果而于1980年颁布的《中外合资经营企业所得税法》第15条规定：“合营企业同税务机关在纳税问题上发生争议时，必须先按照规定纳税，然后再向上级税务机关申请复议。如果不服复议后的决定，可以向当地人民法院提起诉讼。”随后，载有行政诉讼条款的法律、法规大量出现。1982年3月8日通过的《民事诉讼法（试行）》第3条第2款规定：“法律规定由人民法院审理的行政案件，适用本法规定。”一般性地确立起了行政诉讼制度。1982年《宪法》更是以根本法的形式明确了公民对行政机关的违法失职行为可以提出申诉、控告、检举并获得赔偿。为了具体落实法院对行政案件的审理。1986年，湖南省汨罗县法院率先成立了新中国第一个行政审判庭，全国各级法院纷纷效仿。1988年，最高人民法院行政审判庭成立。[②] 至此，制度化的行政诉讼已经呼之欲出。1989年，《行政诉讼法》的颁布则是我国行政诉讼制度发展史上的一个里程碑，标志着我国行政诉讼制度正式建立。

此后，行政诉讼制度主要经历了四次大的发展。其一为2000年《最高人

---

① 王学辉主编：《行政诉讼制度比较研究》，中国检察出版社2004年版，第85页。

② 李卫刚：《从行政诉讼到宪政——英、美、法、德、中五国比较研究》，知识产权出版社2006年版，第86页。

民法院关于执行〈中华人民共和国行政诉讼法〉若干问题的解释》（现已失效）的出台，该解释极大地完善了《行政诉讼法》的内容，并在受案范围、诉讼门槛等关键问题上作出了扩充解释。其二为2014年全国人民代表大会常务委员会对《行政诉讼法》的修改，此次修改是一次成功修法的典范，得到了社会各界的广泛认可。具体而言，此次修改扩充了受案范围，完善了管辖制度、诉讼参加人制度、证据制度、起诉和受理制度、判决制度、第二审程序、暂时权利救济制度、审判监督制度、执行制度，增设了简易程序，极大地保障了公民、法人和其他组织的诉讼权利。其三为2017年全国人民代表大会常务委员会对《行政诉讼法》的修改，此次修改确立了人民检察院提起行政公益诉讼的制度。其四为2018年《最高人民法院关于适用〈中华人民共和国行政诉讼法〉的解释》的出台，该解释对《行政诉讼法》于2014年修改后在实施中遇到的新问题进行了系统性回应。

第二章　行政诉讼基本理念之比较

在西方法治发展过程中，行政诉讼源于对行政适法性的控制以及贯彻对人民权利保护的要求。[①] 司法审查行政的任务是在解决个案之时，将隐含在法律中的正义思想、目的考量付诸实现，并据之为裁判。[②] 正义是关于法的价值目标的一种整体概括的表述，自由、民主、平等、秩序与效率等是对正义的具体考量维度或因素。[③] 要将抽象的“正义”具化为现实的社会主体行为，就必须构建有效的诉讼制度，确立基本的诉讼价值目标，进而衍生出诉讼活动中应遵循的那些基本原则，如合法性原则、合理性原则、正当程序原则以及越权无效原则等。法律思想的嬗变，政治制度的变迁，立法权、行政权、司法权三者之间的博弈无不对行政诉讼产生影响。一般来说，一国行政诉讼制度构建既受到由法律继承而来的本国法律文化以及因法律移植而生的外来法律文化的影响，又受到在诉讼过程中包括法院、行政机关、行政相对人以及有利益关系的第三人等在内的行政诉讼主体价值趋向的影响。行政诉讼协调着各种各样的价值冲突，其目标注定多元而非单一。从这个层面来讲，行政诉讼基本理念就是蕴含在行政诉讼多元目标与基本原则之中，并在具体的制度安排中得以遵循的，反映主体对自由、民主、平等、秩序与效率等关于正义考量维度认识水平的一般观念与价值体系。

---

① See Jean – Michel Galabert, “The Influence of the Conseil D'Etat Outside France”, in *International & Comparative Law Quarterly*, 2000, at 700 – 709.

② 参见［德］卡尔·拉伦茨：《法学方法论》，陈爱娥译，商务印书馆2013年版，第9页。

③ 参见朱景文主编：《法理学》，中国人民大学出版社2009年版，第68—70页。

一、主要国家行政诉讼基本理念的形成与确立

在不同的法律文化背景下，每个国家因其遵循的理念不同而在制度构建上会做出不同的安排。反之，不同的行政诉讼制度架构也可以折射出不同的行政诉讼理念。

（一）法国行政诉讼理念的形成与确立

法国行政诉讼的特点是不受普通法院的管辖，而在普通法院的审判以外，建立行政审判制度，由行政法院受理行政诉讼。[①] 法国大革命时期，行政机关与普通法院处于严重的对立状态，行政对普通法院不信任，认为需要通过非司法手段监督行政机关的行为。[②] 在孟德斯鸠三权分立理论基础上，人们受到民主、自由、权利意识的影响，认为行政诉讼也是一种行政权的行使，而依据分权学说，行政权与司法权是相互独立的，那么普通法院就不能干涉行政。[③] 在这种历史背景下，法国政府成立了一个独立于普通法院的行政审判体系，即行政法院。最早的行政法院——法国最高行政法院参事院创建于1799年拿破仑宪政政体之下，其不仅具有审判职能，还兼具向法国中央政府提供法律事务咨询的职能。后来最高行政法院、行政上诉法庭和基层行政法庭构成法国行政法院的核心组成部分。公民对基层行政法庭作出的裁决不服，可以向行政上诉法庭上诉，上诉法庭有权对其有管辖权的基层行政法庭裁决进行全面审查。最高行政法院有权对上诉法庭作出的裁决进行复核，审查上诉法庭是否遵循法定程序，是否正确地解释和适用法律。行政法院系统与普通法院系统两者并行存在的诉讼体制使得管辖权限的划分变得尤为重要。尽管法国法律没有明确规定两个法律系统的权限划分，但建立了一个权限争议法庭，对具体案件中两个法院系统的权限进行划分并解决双方的权限争议，此

---

① 参见王名扬：《法国行政法》，北京大学出版社2007年版，第434页。

② See Jean - Michel Galabert, “The Influence of the Conseil D'Etat Outside France”, in *International & Comparative Law Quarterly*, 2000, at 700 - 709.

③ See Nicole Questiaux, “Administration and The Rule of Law: The Preventive Role of The French Counseil d' Etat”, in *Public Law*, 1995.

即“行政审判”。而“行政诉讼”则专指当事人因行政机构的行为而引起的诉讼。[①]

传统的法国行政诉讼首要目的是规制行政权，防止行政权的滥用。依据法官判决时权力大小的不同，法国行政诉讼分为撤销管辖权之诉[②]、完全管辖权之诉、解释行政决定的意义及审查其合法性之诉以及处罚之诉。“越权之诉”属于典型的撤销管辖权之诉。在撤销管辖权诉讼中，行政决定是否合法是法院审查的主要对象，法院可以判决行政决定无效或者违法。在完全管辖权诉讼中，法官不仅可以对行政诉讼中涉及的个人利益及其赔偿损失行使审判权力，还可以对行政决定宣布无效或确认违法。公民向行政法院提起“越权之诉”，可以主张行政决定违反一项或者多项行政机关应当遵守的法律规定，即针对行政决定的合法性起诉，但不能要求行政法院判决行政主体赔偿。起诉主体限于对有争议的行政决定具有利益的公民或者法人。利益关系并不要求一定是物质或者经济利益，还可以是道德利益和观念利益等。但越权之诉是针对违法行政行为提起的，其主要目的在于纠正违法的行政行为，保障良好的行政秩序，不在于保护申诉人的主观利益。[③] 随着保护公民免受行政权侵害理念的传入，法国行政法规定了公共侵权责任。[④] 通常来说，公共责任的承担应当以行政机关存在过错为前提，但也存在无过错责任。行政机关无过错责任的承担源于“风险理论”[⑤]，即行政行为依法实施而并无过错，但行政行为在本质上极易对公民权利产生特定的风险，如果把这种风险留给遭受损害的不特定公民而不给予补偿是极不公平的。[⑥]

在整个法国诉讼制度架构中，公平正义、合法性、保护公民权益等理念

---

① 参见王名扬：《法国行政法》，北京大学出版社2007年版，第441页。［法］莫里斯·奥里乌：《行政法与公法精要》，龚觅等译，辽海出版社、春风文艺出版社1999年版，第1167页。

② 有学者将撤销管辖权之诉又译作“合法性审查之诉”。此处的分类借鉴薛刚凌：《外国及港澳台行政诉讼制度》，北京大学出版社2006年版，第95页。

③ 参见薛刚凌：《外国及港澳台行政诉讼制度》，北京大学出版社2006年版，第96—97页。

④ See Roger Errera, “No - Fault Liability of the State - Equality Before Public Burdens”, *in Public Law*, 2005, at 660 - 662.

⑤ See Roger. Errera, “The Scope and Meaning of no - Fault Liability in French Administrative Law”, *in C. L. P.* 1986, at 162.

⑥ 参见［荷兰］勒内·J. G. H. 西尔登、弗里茨·斯特罗因克编：《欧美比较行政法》，伏创宇、刘国乾、李国兴译，中国人民大学出版社2013年版，第96—97页。

始终贯穿其中。公平正义理念必须透过对公民合法权利以及公共利益的有效保护来加以实现。[①] 从法国行政诉讼制度构建来看，行政法院与普通法院并立的双轨制是为了实现司法独立与司法公正，更好地保护公民权利与公共利益，进而实现公平正义的目的。[②] 2000 年 5 月 4 日颁布的法国《行政诉讼法典》专设一章规定行政诉讼基本原则，如“判决以法兰西人民名义作出”原则强调的是在共和政体的基础上确保司法独立，“合议制原则”[③] 强调的是审判的正当程序与审判的合理性，公开原则侧重的是审判的公开与透明[④]。诉讼原则的确立要求行政法院既要从形式正义的角度出发保证其审判符合“合法性”标准，又要从实质正义的角度作出符合“情理法”要求、个案正义的适当裁判。合法性是法国行政诉讼的核心理念，由此衍生的法律优先与法律保留强调行政机关必须遵守法律，只能在法律授权的范围内进行行政活动。保护公民权益免受行政权的侵害是行政诉讼的直接目的，尽管最初行政诉讼是为了对行政权进行规制，但随着人权理念的深入人心，保护公民权益逐渐成为法国行政诉讼的重要目的。

（二）比利时行政诉讼理念的形成与确立

同样受到“三权分立”学说的影响，比利时宪法区分了立法权、行政权与司法权，但又赋予每一种权力各自的立法职能、行政职能以及司法职能，每一种职能之下的权力独立是相对的，不同的公共机关之间相互依赖、相互协作。[⑤] 比利时没有统一的行政诉讼立法，宪法是行政诉讼的最高法律依据。

---

① See Martin A. Rogoff, “A Comparison of Constitutionalism in France and the United States”, in *Maine Law Review*, 1997.

② See John Bell, “ Principles and Methods of Judicial Selection in France”, in *Southern California Law Review*, September, 1988.

③ 法国《行政诉讼法典》第 L.3 条：“判决应由合议制审判组织作出，但法律另有规定的除外。”

④ 参见薛刚凌：《外国及港澳台行政诉讼制度》，北京大学出版社 2006 年版，第 66—74 页。《行政诉讼法典》一共规定了十项基本原则：判决以法兰西人民名义作出、合议制、不停止执行、预审辩论、公开原则、政府专员、秘密评议、说明理由、判决公开并注明审理案件法官姓名、判决具有执行性原则。

⑤ 参见［荷兰］勒内·J. G. H. 西尔登、弗里茨·斯特罗因克编：《欧美比较行政法》，伏创宇、刘国乾、李国兴译，中国人民大学出版社 2013 年版，第 7 页。

依据《比利时宪法》第144条、第145条，有关民事权利的纠纷专属于普通法院管辖；有关政治权利的纠纷亦由普通法院管辖。但这种管辖受到如下例外限制：联邦立法机关有权将有关政治权利的纠纷分配给特别裁判所管辖。普通法院和裁判所有权管辖公民和行政机关之间的纠纷，但立法机关也会在需要时创设用于管辖特别案件的行政法院。与法国行政法院不同的是，比利时的行政法院是立法机关将司法权赋予既有的行政机关而形成的行政权的分支，即“行政司法机关”，如常务委员会、国务委员会等。国务委员会是行使行政司法权最重要的机关，其下属行政部门和立法部门。前者对于行政行为拥有最广泛的权力，其审查的范围包括具体以及抽象的行政行为或者规章，并有权在必要的情况下宣布无效。然而，国务委员会的审查权具有辅助性和补充性，只有在普通法院和裁判所以及其他的行政司法机关管辖不能时，国务委员会才能行使管辖，目的是弥补公民权利不足以对抗行政行为之法律保护之不足。普通法院和裁判所审查的对象包括行政机关针对个案的具体决定和抽象行为，审查范围只涉及行为的合法性，审查的依据包括上位法、法律的一般原则和不成文法。法官有权作出赔偿判决或者恢复原状判决，但是不能宣布法律行为无效。国务委员会则可以命令行为停止执行或者宣布行为无效，但不能作出赔偿或者恢复原状的判决。与法国行政诉讼制度相比，比利时的行政诉讼制度建立在对“三权分立”思想的不同理解之上——立法权、司法权与行政权“三权”分立，但并不一定要将每种职能分配给不同的国家机关行使，且不同的国家机关也不应完全分立在各自领域里绝对独立。①

在比利时这种独特的行政诉讼制度架构之下，行政诉讼只是公民对抗行政行为的救济途径之一。公民还可以通过议会监督、监察专员制度以及行政复议来与行政权相对抗，以达到保护其利益的目的。但行政纠纷不仅限于公民与行政机关之间的纠纷，还包括行政机关之间的纠纷以及不直接与公民利益相关的行政纠纷②。严格意义上来说，行政诉讼主要解决的应当是第一种纠

---

① See Paul McCarthy, “The Enforcement of Restrictive Covenants in France and Belgium: Judicial Discretion and Urban Planning”, in *Columbia Law Review*, January, 1973.

② 例如，在起诉的过程或者其他的司法程序过程中，作为被告的行政机关可以主张其所适用的规章或命令违反上位法或者制定机关在制定过程中存在过失等。

纷，但由于比利时特殊的行政架构，要完全按照纠纷的不同性质来建立特定的行政程序与法律规范是很难实现的。针对后两种纠纷，依据《比利时宪法》第 159 条，法院不仅可以对行政行为的外部合法性进行审查，还可以审查行政机关是否侵犯了实质法治原则，是否存在滥用权力的情形。[①] 公共秩序理念贯穿于行政诉讼过程中，其禁止法院的法官适用违法的行政命令和规章。即使当事人没有提出适用规章和命令违法的主张，法官也必须遵守。合法性与适当性是比利时行政诉讼的两大核心理念。合法性要求任何机关在没有法律规范明确授权的情况下不能行使权力，即使是国王也不例外，且其行使权力不能与法律相违背。[②] 适当性有形式意义与实质意义的区分，前者强调行政诉讼应当遵循正当法律程序，维护公正与独立，后者则包含平等、法律安定性、信赖保护以及合理性等理念。此外，议会或者监察专员还可以监督的方式来处理行政纠纷，但议会的监督目的在于保护公共利益，监察员制度的设立则既实现了保护公民个人的目的，又实现了监督行政机关履行职责的目的。这两种制度在一定程度上平衡了公民个人权益与公共利益。

（三）德国行政诉讼理念的形成与确立

德国行政法建立在公法与私法划分的基础上，在其形成之初就深受宪法、法国行政法的影响[③]。保护公法权利与实现客观的法律秩序是行政诉讼最重要的两种功能，如《德国基本法》第 1 条规定：“人的尊严不可侵犯。尊重和保护公民的尊严是一切国家权力的义务……下述基本权利为直接有效地约束立法、行政和司法的原则。”第 20 条第 3 款规定：“立法应当遵循宪法秩序，行政和司法应当遵守正式法律和其他法律规范。”由此可知，德国基本法确立的首要价值目标在于保障公民个人的尊严和自由。个人不仅是行政或者国家的

---

① 参见［荷兰］勒内·J. G. H. 西尔登、弗里茨·斯特罗因克编：《欧美比较行政法》，伏创宇、刘国乾、李国兴译，中国人民大学出版社 2013 年版，第 41 页。

② 《比利时宪法》第 105 条规定：国王只拥有宪法或依据宪法制定的立法明确授予的权力。

③ 德国宪法全称为《德意志共和国基本法》，故又简称为《德国基本法》。曾任德国联邦行政法院院长的弗里茨·温纳认为：“行政法是具体化了的宪法。”

客体，还是一个享有主观公法权利的主体。[1] 1863 年，德国第一个行政法院在巴登州设立，独立的行政诉讼制度得以确立。有学者指出德国行政诉讼的目的就在于实现《德国基本法》第 20 条第 3 款规定的行政合法性原则。[2] 可以说，德国行政诉讼制度的建立是基于法治国家[3]对人民权利保护的义务而来。[4] 在法治原则、福祉国家、服务国家或是生存照顾（人民）的国家观念[5]的影响下，一些新的法律概念与法律制度被引入。例如，给付行政是法治原则下的福祉国家的产物，国家辅助性理论的出现目的在于抑制国家借助公益的名义来限制个人权利与自由，新观念与理论的出现必然会对行政裁判系统提出新的要求。为了适应特定社会和文化背景下新行政任务的要求，德国法院系统在横向上区分为五个独立的分支，即普通法院（处理刑事和民事案件）、行政法院、财政法院、社会法院以及劳动法院。五个分支同属一个级别，相互独立。行政法院在审级上分为三级：联邦行政法院、上诉行政法院（又称为高等行政法院）以及行政法院。依据《行政法院法》第 40 条规定："凡是属于政府机关作出的任何行政的对当事人不利的决定或行为，当事人都有权利向行政法院申请救济。一切未被联邦法律划归为属其他法院管辖的非宪法性质的公法上争议，对之均可提起行政诉讼。"行政法院因此具备了专门的行政案件管辖权，但这种管辖权也存在例外，一些特定的行政案件如社会法、财政法和劳动法争议由特定的法院管辖。联邦行政法院是行政法院系统的最高法院，是处理州和联邦之间非宪法行政争议的终审法院。与此相应的是，宪法法院并不是针对普通行政法院裁判的"再上诉法院"，因为宪法法院主要受理的是宪法性质的案件，尽管其对立法、行政、司法行为进行监督并有权宣布某项法律违宪，但普通行政法院作出的终审判决只有在极少数的情

---

① See Georg Jeninek, *System der Subjektive offentlichen Recht*, Neudruck der 2. Auflage Tubingen 1919, Scientia Verlag Aalen 1964, S. 86.

② 参见薛刚凌：《外国及港澳台行政诉讼制度》，北京大学出版社 2006 年版，第 1—2 页。

③ 德国的法治观将国家的属性侧重在与人民的关系或者法律关系上讨论。参见陈新民：《德国公法学基础理论（增订版上册）》，法律出版社 2010 年版，第 77 页。

④ 参见李惠宗：《德国地方自治法上机关争讼制度之研究》，载《当代公法新论（下）》2002 年 7 月。

⑤ See Forsthff, "Begriff und Wesen des sozialen Rechtssatates", in *Rechtsstaat im Wandel*, 2. Aufl. 1976, S. 71.

况下才会被宪法法院受理并进行审查。

在德国，公民权利受到行政行为侵害的救济途径经历了一系列的变化。最初公民只能向行政机关提起申诉。随着1863年第一个行政法院的设立，公民在个人权利与公益对抗的过程中获得了行政诉讼的救济途径。但在1945年以前，德国行政法对于哪些行政行为能被法院审查有所限制。① 《德国基本法》第19条第4款的规定②打破了这种限制，公民只要认为行政行为对其权益造成侵害或者存在侵害的可能性，就可以请求司法保护，但不能代替别人行使权利。③ 公民能否请求司法保护与行政行为采取何种法律形式没有必然联系，与之相关的是诉讼类型的选择。④ 当事人在提起行政诉讼之前必须对公法与私法、宪法与行政法进行区别，如果争议的基础在于公法上的权利和义务，则该争议应归行政法院管辖，否则应属于普通法院的管辖范围。⑤一般来说，有三种诉讼类型：变更权利义务或者法律关系的形成之诉、履行之诉、确认之诉。⑥ 也有学者将其划分为七类：撤销之诉、课予义务之诉、确认之诉、其他形成之诉、一般给付之诉、抽象法规范审查之诉以及暂时性权利保护申请之诉。⑦ 不同的诉讼类型对原告资格的要求也有所不同，原则上说公民只需要认为其权益受到侵害而无需证明该侵害是否确实存在，但也存在例外。例如，第三人受到针对他人作出的行政行为或者行政不作为侵害时，就必须证明行政机关的行为与其受到的损害具有因果关系。⑧

---

① See Peter L. Lindseth, “The Paradox of Parliamentary Supremacy: Delegation, Democracy, and Dictatorship in Germany and France, 1920s – 1950s”, *Yale Law Journal*, May, 2004.

② 《德国基本法》第19条第4款规定：“公民的权利如果受到公权力机关的侵害，公民可以向法院提起诉讼以获得救济。”

③ 《行政法院法》第42条第2款规定：“除非法律另有规定，原告人只有在认为其自身权利被一个行政行为或行政不作为侵害时，方可以提起撤销诉讼和课予义务诉讼。公益诉讼一般不被允许，但也有例外。”

④ 参见赖恒盈：《行政法律关系论之研究》，元照出版公司2003年版，第59—60页。

⑤ 参见［荷兰］勒内·J. G. H. 西尔登、弗里茨·斯特罗因克编：《欧美比较行政法》，伏创宇、刘国乾、李国兴译，中国人民大学出版社2013年版，第144页。

⑥ 参见［荷兰］勒内·J. G. H. 西尔登、弗里茨·斯特罗因克编：《欧美比较行政法》，伏创宇、刘国乾、李国兴译，中国人民大学出版社2013年版，第146页。

⑦ 参见黄启祯：《德国诉愿制度》，载《法学研究》2001年第8期。

⑧ 德国第三人公法权利的保护始于其建筑法规中建筑许可的发放争议。参见徐以祥：《行政法学视野下公法权利理论问题研究》，中国人民大学出版社2014年版，第29页。

在德国行政制度框架下，行政的职责在于将法律转化为具体的规范、行使自由裁量权。行政法院对行政的监督也是通过对以上过程的审查才得以实现的，其目的一是规制行政自由裁量权，维持稳定的行政秩序；二是保护公民的个人权益，平衡公民个人权益与公共权益。传统的行政活动多采用具有命令性质的方式，但近代以来具有社会自我规制的行政活动形式的出现大大降低了行政的成本，行政法院监督这种方式的行政行为的难度也逐渐加大，因而行政法院更倾向于个人权益的法律保护，而不是单纯地规制行政自由裁量权。德国行政诉讼理念也随之发生变化。德国行政诉讼基本理念之一就是对违法的行政行为给予救济，进而达到保护公民权益并最终实现社会正义的目的。为了有效地保护公民权益，德国设立了符合公正性与独立性要求的行政法院作为权利保护机构，并制定了特定行政诉讼程序，给予公民在遭受行政行为或者行政不作为侵害时的救济途径。同时，保护公民权益还意味着公民的诉讼权能够在法律和事实上得到行使。行政程序的设定不仅可以确保秩序的维持，而且在涉及基本权的领域还成为实现公民宪法基本权利的一种重要手段。

（四）英国“司法审查”理念的形成与确立

在英国，行政诉讼被称为“司法审查”。由于判例法的传统，英国的行政法在理论与制度上与大陆法系国家存在较大的差异。最初，行政法被消极地认为是一套克减公民普通法权利的规则与程序，其建立在戴雪关于“法治”理论的基础之上，即所有政府机关受独立的普通法院管辖并对其行为负责，适用统一的普通法。[①] 而作为英国宪法核心的“议会至上”原则意味着议会可以授予政府机关违法行为豁免责任的权力，从而排除普通法院对行政行为的审查。显然，戴雪关于“法治”的论断不符合实际的发展。在人权保障、法治国理念的刺激下，英国行政法发展要求其既要提供政府机关良好的行政

① 这是英国宪法学家 A. V. 戴雪关于“法治”的观点。其认为法治包含三个层面的意义：法律的权威性排除政府的干预；法律面前人人平等，但“法治”排除官员不遵守一般公民所遵守的法律的义务；个人的权利不是来源于宪法，而是由法院所确定和执行的个人权利的结果。参见王名扬：《美国行政法》，中国法制出版社 2007 年版，第 110—111 页。

程序与规则，还要在因政府决定或行为不公而致损时为公民提供救济的途径。公民权利救济的方式包括申请司法审查、通过监察专员申诉或向裁判所申请裁判等。议会监察专员有权受理针对部分中央部门和机关不良行政造成的不公的申诉，但其不审查行政决定的实体内容，只对行政决定作出过程进行审查。监察专员的管辖范围与裁判所、普通法院存在管辖重叠现象，监察专员适用1967年法案[①]可以排除管辖。但同时法案也严格限定了监察专员管辖的范围：仅限于不良行政决定的法律适用方面的情形，而不能越权管辖。在现代社会的快速发展过程中，越来越多的案件涉及私人与行政机关、公共团体之间的纠纷，而程序繁杂、耗时长久的司法救济已经不能满足当事人对效率、经济等的目标追求。安德鲁·莱格特爵士在2001年公布的一项报告中指出"应当授权司法部建立一个普遍的行政法律援助体系，由大法官承担任命裁判所成员的责任"[②]。裁判所的设立可以更经济、快速地解决私人与行政机关、公共团体之间的纠纷，并分担了一些由普通法院管辖的案件。权力分立要求对行政进行司法监督，尽管英国宪法中并没有严格设定权力分立的原则，但立法、行政、司法机关的划分还是比较明显的，司法监督权是法院行使司法审查的权力基础。1983年，在R. vs. Boundary Commission for England，ex parte Foot一案中，约翰·唐纳森爵士指出，尽管议会民主的本质在于强调有议会授权的机关能够自由行使权力，但如果这些授权机关越权行使或以非授权规定的方式利用权力，那么法院就可以阻止这一切的发生。[③] 法院进行司法审查的直接目的就是运用越权无效来确保行政或者其他行为限定在议会制定的法律范围之内，从而保障政府机关守法、履责。司法审查的过程实质上仍然是在贯彻"议会立法至上"的原则，即法院通过寻求法律文本中所表现出来的议会立法意图来确定授权的范围，进而判断行政机关的行为是否越权、是否合法。

---

① 1967年法案第5节第2条规定：当事人确实具有向法院或裁判所提起上诉、申请司法审查和获得救济的权利，监察专员认为在特定条件下期待当事人采用这种方式不合适时，其对这样的案件具有是否进行调查的裁量权。

② Tribunals for Users – one system，One Service. 转引自［荷兰］勒内·J. G. H. 西尔登、弗里茨·斯特罗因克编：《欧美比较行政法》，伏创宇、刘国乾、李国兴译，中国人民大学出版社2013年版，第247页。

③ ［1983］2 WLR 458 at 468.

由于英美法系并无公私法的划分，依据传统，国家因行使公权力而与个人或者其他组织发生争议时也应当由普通法院管辖。最初，议会将履行司法审查职能的权限授予威斯敏斯特王座法庭。19 世纪以后，高等法院获得了该项授权。高等法院是一个独立的法院，其下有三个分支：王座法庭、大法官法庭和家庭法庭。2000 年，高等法院又在其下设立一个由 25 名精通行政法的法官组成的行政法庭[①]，作为"行政诉讼案件"的初审法庭，但同时其也是除行政诉讼案件以外其他案件的上诉法庭。行政法庭可以对"行政诉讼案件"进行实质性审查，且当事人可以就其审查的结果向上诉法院的民事上诉法庭上诉。依据英国《民事诉讼程序法》[②] 第 54 条，申请人可以要求对法令、决定、行为或者未能履行公共职责的行为的合法性进行审查，而法院可以通过撤销令、禁止令、强制令的方式为申请人提供救济。然而，英国判例法的传统使得其没有统一的能够适用于所有案件情形且能够清楚表明并毫无疑问地确定何时应当进行司法审查、何时不应该进行司法审查的标准。[③] 但是这并不妨碍通过案例抽象归纳出一些司法审查的基础，迪普洛克勋爵在政府通信总部案中将司法审查的基础划分为三个主要方面：不法（不合法）、非理性（不合理）、程序错误（不公正）。[④] 行政机关必须按照议会立法和普通法的要求，即议会授予行政机关自由裁量权在哪种范围、以何种方式实施才符合合法性要求，这取决于在司法审查过程中法院对议会立法目的、立法意图的解释。然而法院司法干预的界限并不是一件简单的事情，"温斯伯里原则"[⑤] 为法院进行判断提供了一定的依据，即行政机关运用自由裁量权必须关注以公开或者隐含的方式表达当局行使自由裁量权应当注意的事项，而不应当关注不相

---

① 行政法庭适用 1958 年英国法庭与调查法（*Tribunals and Inquires Act* 1958），参见翁岳生：《行政诉讼制度现代化之研究》，载《台大法学论丛》1971 年，第 81—105 页。

② 民事诉讼程序法（第四次修订），该法于 2000 年 12 月 2 日生效。

③ See R. V. Derbyshire County Council, ex parte Noble［1990］Industrial Case Reports（ICR）808 at 814.

④ 参见［荷兰］勒内·J. G. H. 西尔登、弗里茨·斯特罗因克编：《欧美比较行政法》，伏创宇、刘国乾、李国兴译，中国人民大学出版社 2013 年版，第 263 页。

⑤ 温斯伯里案的案情如下：温斯伯里市政机关批准了一家公司在周日经营电影院，但是作为附加条件，禁止 15 岁以下的儿童进入影院。法院在审查该市政机关的行政许可时认为附加的条件是适当的，因为这个附加条件与案件具有相关性，是基于对儿童道德健康的考虑。

干的附属事项。在 Robert vs. Hopwood[①] 案中，法院又对行政机关在自由裁量过程中没有考虑相关因素的情形进行了裁决。“温斯伯里原则”实际上涉及三个方面的因素：没有考虑应当考虑的相关因素；考虑了不相关的因素；权力的行使没有基于正当目的。非理性原则有广义与狭义之分，广义的非理性包含了不合法，而狭义的非理性则仅指不合理。库克勋爵在 R. vs. Chief Constable of Sussex，ex parte International Trader's Ferry Ltd. 一案中指出，判断是否合理的标准应当简单化，即“具有争议的决定是否是一个具有一般理性的主体会做出的决定”[②]。不合理审查标准强调的是行政机关的行为必须符合理性、客观规律以及基本的人性要求。程序错误包含对明确规定程序的违反以及对自然正义原则的违反两个方面。程序正当要求行政机关必须遵守法律明确规定的程序条件，并且要确保相对人能够获得听证的权利，在作行政决定时必须说明理由，这是公平正义等价值在司法审查过程中的体现。英国司法审查与普通法院民事案件管辖并没有决然分开，民事诉讼的理念在司法审查过程中得以运用和体现。但司法审查毕竟不同于一般的民事诉讼，其对公平正义的要求促使其在实施过程中更加强调合理性、合法性以及正当性。

（五）美国“司法审查”理念的形成与确立

在美国，广义的司法审查是指法院审查国会制定的法律是否符合宪法，以及行政机关的行为是否符合宪法与法律，其目的在于对行政机关是否合法进行判断。[③] 狭义的司法审查则仅指法院审查行政机关的行为是否符合宪法与法律，促进行政机关适用立法指令的行为准确、合理。前者属于宪法领域的研究范畴，行政法领域的司法审查主要指后者。美国的司法审查制度深受英国司法审查的影响，长期的殖民地历史让美国吸纳了英国司法审查制度的法律传统，但也发展具有自身特色的制度。18 世纪美国独立后，法院审查行政

① 该案件案情如下：某地方委员会决定在其管辖的工作场所内给“公务员”增加工资，工资的上涨率明显高于通货膨胀率，但该委员会没有考虑这种增长率会给纳税人造成负担，也没有考虑公务员的性别与工作的性质。而法院认为这些因素的考虑是必要和适当的。

② See [1999] 1 All ER 129 AT 157. 转引自布莱恩·琼斯、凯瑟琳·汤普森：《英国行政法》，载《欧美比较行政法》，中国人民大学出版社 2013 年版，第 266—267 页。

③ 参见王名扬：《美国行政法》，中国法制出版社 2007 年版，第 562 页。

行为是否合法要么是通过私人向普通法院提起诉讼的方式，要么是以法院颁发特权令状的方式来实现，基本上继承了英国司法审查的基本方式。19 世纪以后，美国爆发了平民主义运动[①]，人们对行政机关持不信任的态度，要求加大对行政行为审查的力度。一方面，当事人可以申请法院通过判决来协调政府权力和个人权利之间的冲突；另一方面，立法机关通过制定成文法来规制行政权力的范围，成文法规定获取司法审查的方式逐渐取代了特权令状方式。法院审查行政行为的合法性就是为了防止政府对私人自由或财产的侵犯，除非该侵犯得到立法指令的授权。[②] 司法审查把行政机关的行为规制在国会颁发的指令范围之内，这与英国"议会至上"类似，即所有的行政行为实质上必须符合国会的立法意图以及国会通过立法所制定的行政程序，否则就会被遏制。[③]

进入 20 世纪，美国经济危机爆发让罗斯福新政得以推行，国会通过立法指令将大量的权力授予行政机关，行政机关因其在特定领域具有"专家知识"而获得了宽泛的自由裁量权，并设立了大量不对总统负责的行政机构，这大大增加了法院司法审查的难度。[④] 为了预防宽泛的行政自由裁量行使所带来的风险，法院对行政行为进行了更为彻底而全面的审查，从形式正义的角度来保护个人权利不受侵害。例如，要求国会应当在立法中明确立法目的，行政机关的行为应当符合这一目的。20 世纪 70 年代，美国民权法的颁布允许政府全面干预经济，行政机关制定规则、发布命令的行为大大增加，法院的司法审查更加严密。例如，行政机关在事实认定过程中必须提供具有实质证明力的证据，严格执行诸如听证程序的程序性要求；行政机关在作出行政决定的过程中应说明理由，且在特定情形下尤其是涉及个人重大利益的情形下应单

---

① 平民主义运动的目的是抑制行政部门的权力，平衡政府权力与私人权利之间的冲突。

② 参见［美］理查德·B. 斯图尔特：《美国行政法的重构》，商务印书馆 2011 年版，第 1 页。

③ 美国学者将这种模式称作"传送带模式"。See Peter L. Lindseth, "The Paradox of Parliamentary Supremacy: Delegation, Democracy, and Dictatorship in Germany and France, 1920s – 1950s", *Yale Law Journal*, May, 2004.

④ 美国在这一时期就行政机构的运行有两大争议理论：一种理论认为行政机构的活动领域应当严格控制在国会立法授权之内，行政机构不得非法干涉个人自由；另一种理论则认为行政机构在其领域内具有"专家"知识，应当对其在符合法律规定的行政程序要求下所作出的行政决定予以信任。后一理论发展为主流。

独说明理由并前后保持一致。[1] 然而，近年来美国司法审查不再仅仅关注那些直接受到行政机关非法侵害的个人利益，还开始重视在行政机关行使权力过程中所有受到行政行为影响的利益。这是因为“行政决定是一个权力集中的决定者对可供选择的结果进行衡量的活动。受行政决定影响的利益主体对决定过程的直接参与并非是必然的要求。实际上，参与所导致的政治牵扯可能会威胁决定过程的公正性与合理性”[2]。

正如上文所述，美国司法审查深受英国的影响，其审查的依据不限于判例。联邦行政程序法、联邦宪法都对司法审查进行了规定。例如，联邦宪法第3条规定：国会有权设立下级法院并规定它们的审判权限。联邦行政程序法第702条规定：任何人由于行政机关的行为而受到不法侵害，或者在某一有关法律意义内的不利影响或者侵害时，有权对该行为请求司法审查。行政程序法也对司法审查的形式和范围[3]作了规定，依据审查依据是否特定，法定审查又划分为特定的法定审查与普通的法定审查。[4] 前者是法律在设立行政机构时在行政组织法中就规定了法院审查事项，即针对该行政机构的行为进行特别规定；后者则是在一个法律中规定对很多机关的行为进行审查，比较典型的法律是霍布斯法。[5] 除了法定审查之外，法院还可以根据其享有的一般管辖权对行政行为进行审查。只要当事人向法院提起诉讼的事项属于法院的管辖范围，法院就可以对其进行管辖。在司法审查过程中，美国法院仍然遵循英国“法律至上”“遵循先例”“正当程序”“当事人不得为自己法官”等审判原则，其审查的范围包括行政规则和行政决定。一方面，法院可以审查行政机关新发布的包含清楚而完整的行政命令的规则，其审查主要立足于行政机关制定规则的说理部分以及作为规则基础的事实部分；另一方面，尽管在特定案件中当事人可以行政规则的合法性作为对抗手段，但法院的司法审查规则并不限定在特定案件中适用，即法院可以单独对行政规则进行审查，而

---

① 参见［美］理查德·B. 斯图尔特：《美国行政法的重构》，商务印书馆2011年版，第16—20页。

② ［美］理查德·B. 斯图尔特：《美国行政法的重构》，商务印书馆2011年版，第61页。

③ 联邦行政程序法第703条、第704条。

④ See Andrew Gage, “Public Rights and the Lost Principle of statutory Interpretation”, in *Journal of Environmental Law and Practice*, April, 2005.

⑤ 参见王名扬：《美国行政法》，中国法制出版社2007年版，第566—567页。

无需限定于特定案件之中。[1]

在美国，司法审查制度的核心内容仍然在于处理公权与私权、个人与公权力机关之间的关系。从美国司法审查制度的产生与发展来看，天赋人权与社会契约理论构成了司法审查最根本的思想基础。[2] 杰弗逊在《美国独立宣言》中指出人人生而具有生存、自由以及追求幸福的权利。洛克也认为人们具有生命权、自由权和财产权，其将自己的上述权利让渡给政府，政府的目的就应当是保障生活在这种政府统治状态之下的人们的生命权、自由权与财产权。司法审查制度的构建从根本上来说就是为了保障公民的生命、自由与财产。

（六）归纳与总结

行政诉讼处理的是实力悬殊的私权与公权之间的冲突关系，要实现正义理念必然通过保护公民权利及公共利益的途径。然而，公民个人权利很难完全与公共利益保持一致。在很大程度上，行政诉讼就是协调二者冲突的重要手段。大部分国家的行政诉讼都源于对个人生命、自由与财产等基本权益的保障，如《德国基本法》确立行政诉讼的核心价值在于保障个人自由与尊严；法国《行政诉讼法典》列举十项行政诉讼基本原则，终极目标是实现“公平正义”这一价值理念。有学者指出自由主义思想与自然法思想是行政诉讼制度的思想基础。自由主义所强调的个人自由作为“高级法”的基本内涵和重要原则，具备了保护世俗权利的正当性、必要性和重要性。[3] 也有学者指出行政诉讼理念之一乃是对违法行政进行处分、给予人民权利救济，并谋求制止违法行政行为，维持行政法秩序，终极地以实现社会正义为目标，亦即通过争讼的裁判，保障行政合法性，可针对人民权利所遭受行政权的侵害谋求救

---

① See Theodora Ziamou, “New process rights for citizens? The American tradition and the German legal perspective in procedural review of rulemaking”, in *Public Law*, 1999, at 726－742. Won Kidane, “Revising the Rules of Procedure and Evidence Applicable in Adversarial Administrative Deportation Proceedings: Lessons From the Department of Labor Rules of Evidence”, in *Catholic University Law Review*, Fall, 2007.

② See Breyer and R. Stewart, *Administrative Law and Regulatory Police*, Boston, 1979.

③ 参见王麟、王周户主编：《行政诉讼法》，法律出版社 2005 年版，第 21—25 页。

济。[1] 然而，任何将行政诉讼目标定位为单一目标的模式都不可能全面反映行政诉讼基本理念，因为行政诉讼不仅是静态的制度构建，还是动态的行政活动过程。在行政诉讼过程中，行政机关的活动是司法审查的主要对象，而行政目标是混合的，行政管理过程是一个协调各种各样相互冲突的社会利益的过程，如果行政诉讼不能在多元价值理念的指引下进行，那么就很难真正地实现“自由、正义与秩序”。

二、中国行政诉讼基本理念的重述

行政诉讼理念从本质上来说属于司法理念的范畴，现代司法理念的构成要件包含公平正义、公开透明、独立审判、司法公正、法律权威、有限政府等。[2] 行政诉讼基本理念的构成自然也包含以上要素，但在具体的行政诉讼制度构建中侧重会有所不同。例如，台湾学者认为行政诉讼基本理念包含社会正义、法的安定性以及合目的性[3]，维护社会公平正义是行政诉讼制度的终极目标。也有学者强调行政诉讼基本理念应包含权力有限、诉讼经济以及公正裁判。大陆法系重视公平正义、权力制约等理念，而英美法系侧重正当程序、合理性、人权本位等理念。我国行政诉讼制度基本上符合大陆法系的特点，但由于“民告官”这种诉讼模式在中国传统理念中欠缺历史文化基础，自“晚清新政”引入行政诉讼并制定《行政裁判院官制草案》以来，行政诉讼基本理念经历了形成、发展与完善等一系列过程。

（一）行政诉讼理念的形成与确立

近代，我国行政诉讼制度是伴随着“权力分立、权力制衡、自由平等”等宪法思想的影响而建立的。基于权力分立与制衡原则，国家一般都会授权司法机关审查的权力，其内容有二：判断行政、立法机关的行为是否符合宪法的规定，以维护宪法的权威以及法律规范之间的位阶关系，即合宪性的司

---

① 参见陈清秀：《行政诉讼法》，元照法律出版社2012年版，第1—5页。
② 参见高少勇：《现代司法理念的基本概念与主要构件》，载《中国法院网》2005年6月1日。
③ 参见陈清秀：《行政诉讼法》，元照法律出版社2012年版，第1—5页。

法审查；判断行政机关行使公权力的行为是否符合法律的要求，即合法性的司法审查。[①] 前者往往被归为宪法研究的领域而不在行政法领域进行讨论。对于诉讼如何构建的问题，有三种不同的意见。有学者认为行政审判权仍属于行政权的范畴，法院司法干预行政权的行使不符合当前中国司法薄弱的现状，因而行政审判权限应由附属于行政机关的机关来行使。[②] 也有学者认为行政审判权应由独立于行政机关的法院来行使，但对于是采取“一元制”还是“二元制”有不同的意见。“一元制”的主张者[③]认为设立与普通法院并行的行政法院会加大政府的财政支出并造成人民诉诸法律程序上的不便利，且当前中国的司法官民不平等的现状已很明显，设立行政法院只会加大这种不平等，妨碍人民行使司法救济；“二元制”主张者则认为应当设立不附属于行政机关但属于广义的行政权范畴的“平政院”来行使行政审判权，原因在于行政权与司法权是两种不同的权力，行政具有专业性，必须由专门的行政机构来行使自由裁量的权利，但依据权力制约原则，行政权要独立于司法权，理应由行政审判来制约。[④] 这也标志着“二元制”的行政诉讼体制在中国正式建立。争论实质上是法律移植而来的不同行政诉讼理念之间的博弈，主张“一元制”的学者多从“民权平等”“诉讼便利”理念出发，而主张“二元制”的学者则多侧重于“权力分立”“权力制约”理念。

1949 年以后，“二元制”的行政诉讼模式在台湾地区得以继续推行，而祖国大陆的行政诉讼制度的正式建立则是在 1990 年《行政诉讼法》颁布之后。[⑤] 1990 年《行政诉讼法》确立了在人民法院设立行政审判庭管辖行政案件的模式，其既不同于英美的“普通法院模式”，又不同于大陆法系的“行政法院模式”。1990 年《行政诉讼法》生效后，关于行政诉讼制度构建，学者提出了许多问题，如有学者提出行政审判的独立性极易受到行政机关的干预，在某种程度上对公正性造成了影响。也有学者提出行政诉讼制度存在立案难、审理难、执行难等现实问题，必须对其进行改革。在此背景下，2014 年 11 月

① 参见法治斌：《司法审查在大陆：以行政诉讼为例》，载《政大法学评论》第 61 期。
② 赞成此观点的人一般为当时的实力派官员。
③ 如著名法学家王宠惠博士。
④ 如当时的政府日籍顾问贺长雄、梁启超等。
⑤ 1982 年《民事诉讼法（试行）》（已失效）中规定：行政案件，适用本法规定。

1 日，行政诉讼法的修改决定得以通过，试图从保障当事人的诉讼权利、完善管辖制度、诉讼参加人制度、证据制度、完善民事争议和行政争议交叉的处理机制以及完善判决形式等多方面进行完善。与 1990 年《行政诉讼法》相比，2014 年《行政诉讼法》的立法目的新增了“解决行政争议”并删减了“维护”与“行政”等字样。解决公民、法人与其他组织和行政机关之间的行政争议是最直接的目的，当然行政争议还包括行政机关内部有关规范性法律文件合法性的争议。第 53 条规定：公民、法人或者其他组织认为行政行为所依据的国务院部门和地方人民政府及其部门制定的规范性文件不合法，在对行政行为提起诉讼时，可以一并请求对该规范性文件进行审查。但同时第 64 条也规定：“人民法院在审理行政案件中，经审查认为本法第五十三条规定的规范性文件不合法的，不作为认定行政行为合法的依据，并向制定机关提出处理建议。”也就是说，法律并没有赋予法院真正地否定“规范性文件”效力的权力，人民法院关于规范性文件的合法性判断意见只能作为案件审理的依据而不具有普遍的效力。如果法院审查发现规范性文件不合法但不能作为判断案件中行政行为合法性的依据，法院只能向原制定机关提出建议，而不能作为普遍的法律效力依据。这既解决了法院司法审查的范围的问题，也在一定程度上规避了“法官立法”问题的出现，从而遵守了权力分立与权力制衡的原则。由此推引，我国现行行政诉讼至少包含公正裁判、诉讼效率、权力制约三方面的基本原则，而蕴含在这些原则背后的价值目标正是社会正义。

（二）行政诉讼基本理念的构成

从行政诉讼基本的价值目标“社会正义”出发，行政诉讼制度通过为人民权益与公共利益提供司法救济而实现。社会正义是行政诉讼体制的整体价值目标，法治秩序、自由平等、公平效率等是社会正义具体的考量维度或因素。在行政诉讼制度框架下，法院应当以作出既符合形式正义要求又符合实质正义要求的适当裁判为其主要使命。有关正义的判断基准，罗尔斯在其《正义论》中确立了两项基本原则：一是平等自由的原则，即每个人应当平等地享有人类最广泛的基本自由；二是机会的公正平等原则和差别原则的结合，即一方面在机会公平、平等的条件下，职务和地位向所有人开放，另一方面依据西方策略理论中的最大最小值规则，要满足最少受惠者的最大利益。[①] 具体到行政诉讼运行，正义至少应符合以下几点：要有建立在各项原理或原则基础之上的正义之法，确保人民可以获得平等救济的权利；要有有效的程序保障人民获得救济的权利能够得到落实，即要实现符合“情理法”的实质正义；行政诉讼设置的符合“情理法”的原理原则必须前后一致地被适用，确保法律的安定性；行政审判的权益分配与赏罚应遵循权益最大原则。基于此，我国行政诉讼基本理念的构成应当至少包含：法律权威理念、公正裁判理念、诉讼效率理念。

1. 法律权威理念。法律权威，即“法律至上”，是行政法治的核心理念，其基本含义在于法律是行政诉讼得以运行的依据，且行政诉讼所依据的法律是制定良好的法律。这不仅意味着行政诉讼主体[②]要依据宪法、法律、行政法规[③]以及其他的相关法律法规来规范自身的行为，也意味着不论行政权还是司法权都应当在法律的范围内行使，且相互牵制与制约。法律权威理念之下除了依法办事之外，还包含权力有限之义。凯尔森指出正义“通过忠实地适用实在秩序以保持其存在”[④]，罗尔斯也指出“正义乃是对法律的正确适用”[⑤]。法律权威理念对形式正义的回应在于：只有依据事先已经知晓的规则，不偏不倚地适用，才能公平地解决“公权与私权”这种严重不平等的权力与权利的纠纷；只有依据法律设立独立于争议双方当事人的法院才符合公正性与独立性的要求，成为权利保护的机构。正义通过合法性、合理性以及正当性来实现，而合法性是行政诉讼的核心。我国行政诉讼制度的一个显著特征就是

---

① 参见［美］约翰·罗尔斯：《正义论》，何怀宏、何包钢、廖申白译，中国社会科学出版社1988年版，第302—304页。

② 此处的行政诉讼主体不仅包括法院，还包括作为被告的行政机关、作为原告的行政相对人以及其他的行政诉讼参加人。

③ 行政法规既是行政机关行为的依据，也可以作为法院司法审查的依据，更是行政相对人行为的依据。

④ See Hans Kelsen, *General Theory of law and State*, Havard University Press, 1949. 引自程明修：《凯尔森纯粹法学与行政法学之发展》，载《东吴法律学报》2001年第13卷第1期。

⑤ ［美］博登海默：《法理学——法哲学及其方法》，邓正来、姬敬武译，华夏出版社1987年版，第259页。

人民法院对行政行为进行合法性审查，只有在例外情况下才审查行政行为的合理性。

行政法治必然是“良法之治”，行政诉讼程序并非行政程序的延伸，而是以满足公民权利保护的要求为目的。行政法治的真正问题在于如何将权利或义务归属于某一主体以形成完整的法秩序。有效地保护公民权利不应当使其诉讼权的行使在事实上或者法律上遭受不可期待的妨碍，程序法上要确保在具体案件中公民的基本权利得以实现或至少不被妨碍。禁止行政非法干预是实现行政法治的必要途径。理论上，法院审理案件并不受行政机关事实上或法律上的不法干预。在我国行政诉讼实践过程中，由于法院财政受制于地方行政，行政干预司法的现象时有发生，这大大降低了行政诉讼解决行政纠纷的效用。2014 年新增的第 3 条明文规定行政机关及其工作人员不得干预、阻碍人民法院受理行政案件，并对行政机关负责人及其代理人附加必须出庭应诉的义务。2014 年的修订在法律权威理念的指引下，确立了禁止行政干预的原则。

2. 公正裁判理念。法律权威理念确保行政审判有法可依，公正裁判则是对法院审理行政诉讼案件的基本要求。公正有公平、正义的含义，意味着从形式上法官在审理行政诉讼案件时要符合正义的基本要求，从实质上要体现“情理”的事理与原则。实现公正裁判的途径有二：一是正当程序的保障；二是法官严格遵循正当程序原则。正当程序最早源于英国的“自然正义”，有两个层面的含义：任何人不能作为自己案件的法官；人们的辩护必须被公平地听取。[①] 正当程序内含公正、公开、公平等基本原则。[②] 公正要求法官行使司法权公正无私，适用符合情理的事理与原则要前后一致，不得有所偏颇。公开主要是在公正的行政审判之前要确保当事人的知情权，例如美国在司法审查之前设置正式的听证程序，确保当事人获悉指控的权利，同时也能起到在行政行为损害发生之前预防或减小损失的作用。公平意味着在分配权利义务或进行赏罚时要尽量符合最大利益原则，行政诉讼的功能不仅仅是保障诉讼当事人某个人或者某个团体的权益，还应当确保在行政诉讼程序中广大受影

---

① 参见王名扬：《英国行政法》，北京大学出版社 2007 年版，第 140—145 页。

② See P. P. Craig, Dicey, “Unitary self—correcting Democracy and Public Law”, in *The Law Quarterly Review*, Vol. 106 (1990), at 138.

响的利益得到公平的代表。在公正裁判理念的指引下，正当程序原则应当法律实体化，最直接的方式就是制定成文的行政程序法，让行政执行人员与法官都能找到其适用的程序。

公正裁判理念还要求平等对待。依据罗尔斯的正义理论，人们出生伊始所具有的不平等社会地位和自然禀赋的不平等状态是正义适用的最初对象。[①]在行政诉讼关系中，这种不平等的状况尤为明显。行政诉讼是私权与公权这两种实力悬殊的社会力量进行公平竞争的舞台。[②] 正义的实现就是要在这个公平竞争的舞台上尽量平等地分配各种基本的权利和义务，不因行政机关的公权力强势地位而受到影响。但也并不意味着要无差别地对待，至少要确保具体行政诉讼中的各种权利和义务被平等地享有和履行，并在特定情况下应当允许能给行政诉讼中最少受惠者带来补偿利益的不平等分配。法官在审判过程中不应当只考虑某一方面的利益，而应当在各种利益协调与权衡的前提下进行。

3. 诉讼效率理念。效率是实现社会正义的重要考量依据。迟来的正义等于非正义。及时、经济与便民是诉讼效率的应有之义。有效的权利保护尤其应当确保在相当期间内实现，过于冗长的程序期间将可能持续地缩减公民对有效的权利保护的请求权。因而，法院负有符合行政诉讼法上法定程序的义务，同时还负有促使案件诉讼程序加速进行并予以终结的义务，但不得以牺牲司法正义的实质功能为代价。[③] 诉讼效率不仅意味着诉讼程序的时间不应过长，以免影响诉讼目的的最终实现，还意味着诉讼程序的繁琐程度要符合便民、经济的原则。例如，我国台湾地区 2011 年“行政诉讼法修正案”授权地方法院设立行政法庭以减少公民因诉讼不便而权利减损的风险。我国大陆地方法院设立行政法庭审理行政诉讼案件，对此并无争议，但影响诉讼效率的因素在于行政机关对行政诉讼的干预，或行政机关不积极应诉，或通过行政手段妨碍诉讼程序的进行。

---

① 参见［美］约翰·罗尔斯：《正义论》，何怀宏、何包钢、廖申白译，中国社会科学出版社 1988 年版，第 5—6 页。

② 参见王麟、王周户主编：《行政诉讼法》，法律出版社 2005 年版，第 21 页。

③ See Nuno Garoupa, “The Syndrome of the Efficiency of the Common Law”, in *Boston University International Law Journal*, Summer, 2011, at 292.

三、行政诉讼基本理念的现实影响

行政诉讼基本理念从根源上来说，既是人们对行政诉讼基本价值目标理性认知的结果，又是行政诉讼基本价值目标在人的认知过程中的体现。无论国家机构形式如何，行政诉讼基本理念对现实的影响无外乎是通过静态的行政诉讼制度、动态的行政诉讼活动以及主体对行政诉讼的认识、利用与完善等活动来实现的。

（一）行政诉讼基本理念是行政诉讼制度建构的思想基础

行政诉讼究竟依据何种理念而运作，不仅攸关诉权理论的构建，亦与如何架构理想行政诉讼制度以及如何妥善解释、运用与完善行政诉讼法制等问题息息相关。[①] 行政诉讼制度是用诉讼的方式来解决行政争议的制度，是典型的“民告官”制度。最初的行政诉讼是基于对行政行为适法性的控制与对贯彻公民权利保护的要求而生的，由此而建立的制度至少包含两个方面：一是行政机关内部的规章制度；二是行政诉讼程序制度。尽管前者有属于行政制度的嫌疑，但在英美等普通法院“一元制”管辖模式下，行政听证程序、行政裁决程序等在某些情况下是进入法院司法审查的必要前提。在大陆法系，行政诉讼制度存在的理由在于对人民权益的保护，行政适法性理论上来说与保护人民权利具有一致性。[②] 例如，我国台湾地区“行政诉讼法”第 1 条规定：“行政诉讼以保障人民权益，确保国家行政权之合法行使，增进司法功能为宗旨。”这明示了行政诉讼的目的在于借司法救济以保障人民权益及确保国家行政权的合法行使。“保护人民权益”与“确保行政适法性”是行政诉讼的两大目的。行政适法性是“依法行政”原则的应有之义，因为行政本身就带有分配社会资源以及调整利益冲突的作用，是可以“单独依法”解决社会

---

① 参见刘宗德：《制度设计型行政法学》，北京大学出版社 2013 年版，第 326 页。

② 尽管在一般情况下，只要实现两种目标之一，就能达到实现两种目标的效果。但在某些国家也存在单独挑战“行政适法性”的情况，从这个角度来看，这种挑战有维护行政秩序、监督行政机关行为的目的。

纷争的制度。行政制度的设立隐含着“行政机关自身能自觉地遵守法律，能公平合理地分配利益”的意义，但真正执行的并非制度而是有着价值趋向的人或者由人组成的利益团体。因而，只有独立于诉讼当事人的法院符合公正性与独立性的要求，才被作为公民权利保护的机构。再如，德国设立独立于普通法院的行政法院作为公民权利保护的机构。这种制度的宪法依据在于《德国基本法》第19条第4款的规定：“任何人之权利受到官署侵害，得提起诉讼。如别无其他管辖机关时，得向普通法院起诉。”同时，德国也在《行政法院法》第40条规定：“凡是属于政府机关作出的任何行政的对当事人不利的决定或行为，当事人都有权利向行政法院申请救济。一切未被联邦法律划归为属其他法院管辖的非宪法性质的公法上争议，对之均可提起行政诉讼。”这些法律的制定与实施无不是基于对人民权利的保护理念。

在美国，行政诉讼的功能不再仅仅是保障公民个人权利，而是代之以提供一个政治过程，确保在行政程序中所有受影响的利益都得到公平的代表。传统的行政过程模式要求行政机关严格遵循行政裁决程序，提供司法审查，以便将行政机关的行政自由裁量限定在立法机关制定或颁发的指令范围之内。在这种模式下，法院存在只就那些在制定法中清晰规定的事项进行评判，而置其他立法授权以外的事项于不顾的嫌疑。同时，只有那些受到行政机关制裁的利益团体才有权利要求行政机关启动正式程序或者寻求司法审查。① 而受到影响的社会利益却远不止于此，传统模式对那些广受影响的利益视而不见，反而会威胁到行政诉讼所追求的社会正义与社会秩序。为了弥补这种制度的缺陷，美国采取了一些替代方案，其中就包括在行政机关内部“塑造行政自由裁量权行使的合理结构”，例如要求国会立法目的更为明确，强调行政自由裁量权的行使必须遵循一直适用的普遍规则，在行政机关内部设立由中立的行政法官主持的行政裁决程序等。② 从某种程度上来说，行政诉讼理念就像是指挥行政诉讼制度船舶航向的船舵，一旦不能制定新的航行策略，及时转变航向，就会危及本质的正义、平等、自由与秩序等价值目标的实现。

---

① 参见［美］理查德·B. 斯图尔特：《美国行政法的重构》，商务印书馆2011年版，第61—65页。

② 行政法官是行政机关内的司法性官员，该官员具有正式的司法权力，以控制听证过程并作出裁定。

（二）行政诉讼基本理念是行政诉讼活动的指导思想

行政诉讼活动是行政诉讼制度运行的过程。行政诉讼基本理念转化为现实的社会主体行为和社会秩序最终的途径必然要通过行政诉讼活动。正义、自由与秩序这些抽象的价值目标只有内化成制度内部能够指引现实行为活动的规则或原则才能真正发挥其指导思想的作用。最为典型的行政诉讼活动莫过于行政审判，行政诉讼基本理念的指导作用主要体现在行政案件的审判过程中。例如，在比利时尽管没有一般性的立法来规范行政决定如何作出，但法院可以发展出在立法中没有得到体现的有关行政机关运作的一些基本规则，如适当性行政原则、公共服务原则等。这些原则源于行政审判活动，同时也指引着行政审判活动最终体现在行政诉讼判决之中。再如，英国著名的“温斯伯里案件”（Associated Provincial Houses vs. Wednesbury Corporation）中，格林勋爵在判决中指出：“行政机关通过成文法规定获得了自由裁量权，成文法规定中可能以公开或者隐含的方式表达了行使自由裁量权应当注意、不应当注意以及如何行使的相关事项，那么这些事项就必须得到关注。”① 法院对行政自由裁量权的审查属于对行政适法性控制的目的范畴，由该案例衍生的“温斯伯里原则”实际上确立了对“不法性”审查的标准，即没有考虑应当考虑的相关因素；考虑了不相关的因素；权力的行使没有基于正当目的。“遵循先例”让这些审查标准在未来的案件中得以遵循，而隐含在“不法性”审查标准背后的理念目标是对实质正义的追求。尽管行政机关在作出行政决定时已经按照法律的规定执行了，但其没有体会到法律文义背后的立法目的，没有考虑到行政决定所涉及的与人民权利密切相关的事项，不能实现在司法审查制度设计之初就已经确立的实质正义的目标。

然而，除了行政审判活动之外，广义的行政诉讼活动还包括当事人（包括原告及其诉讼代理人、被告及其诉讼代理人、法官以及其他的行政诉讼参加人）参与诉讼的活动、第三人参与行政诉讼的活动、共同诉讼人参加诉讼

---

① 转引自［荷兰］勒内·J. G. H. 西尔登、弗里茨·斯特罗因克编：《欧美比较行政法》，伏创宇、刘国乾、李国兴译，中国人民大学出版社2013年版，第264页。

的活动等。在德国，原告提起行政诉讼前至少面临着以下几方面的风险：①必须对其所欲起诉的事项属于公法还是私法领域进行判断，以便确认法院是否有管辖权；②必须对行政诉讼的类型进行选择，即对“确认之诉”“形成之诉”“给付之诉”进行判断，以便确认如何提起诉讼；③必须判断是否会涉及其他法律关系，如赔偿问题等。这些风险在某种程度上对实现“保护公民权利”的目的造成了阻碍。然而，任何制度的设计都不可能是完美无缺的，只有在制度运行的过程中不断完善才能逐渐接近制度设计之初所确立的目标。德国行政法院一方面通过在不同层级的法院内部确立管辖界限与移交程序，以减少因原告选择错误而可能造成的无法获得有效救济的风险；另一方面也通过在立法中规定允许诉讼类型变更来防止原告判断失误而构成的“对其权利保护”目的的减损。一旦原告提起的诉讼事由得到了法院的受理就进入了行政审判程序，在审判过程中原告及其诉讼代理人对案件事实、诉讼程序、法律规则等因素的充分认知与理解直接影响到法官最终作出的裁决结果。同时，法官自身的行政法律知识与经验、对行政诉讼法立法目的的认识、自身偏好甚至审判时的心情等主观因素都会影响到最终的判决结果。这些问题不可能完全通过完善诉讼制度来解决，因而需要有一些超越行政诉讼制度本身而得到广泛认同的理念来指引。这些理念因符合人们关于正义、自由与秩序等基本价值目标的一般认识而得到广泛的认同与遵守。

（三）行政诉讼基本理念指引人们正确认识、利用与完善行政诉讼制度

行政诉讼理念反映的是作为主体的人对作为客体的价值目标的认识与认同。前文已述，广为接受的诉讼理念不仅可以在行政审判过程中指引法官作出正确的价值判断，还能在现实生活中指引普通公民利用行政诉讼制度保障个人权益。此外，行政诉讼基本理念还能引领改革者更好地完善行政诉讼制度。

社会经济的发展以及政治政策需要引导着行政诉讼制度变革的方向，而

基本理念则指引着制度变革的具体内容。[①] 例如，德国行政诉讼法在 1945 年以前对哪些行政行为能被法院审查有所限制[②]，后来人权保障理念的深入人心促使这种限制被取消，行政诉讼转而取决于公民对何种行为提起异议以寻求司法保护，即要求对于公民提出的每一个请求必须存在相应的诉讼类型。事实上，行政诉讼制度是一个需要持续改革的制度，[③] 这不仅是政治发展的需要，也是人们对行政诉讼制度理念不断转变的体现。[④] 任何制度都是“将一定政策更有效果地实现之手段与构造”，因而制度并非恒久不变，一旦产生需求，将会遭逢变革之命运。[⑤] 近年来，以美国为典型的分散审查模式与以德国为典型的集中审查模式出现相互借鉴的趋向，如我国台湾地区在 2001 年进行的行政诉讼体制改革过程中建立“最高行政法院”，从法官来源到行政诉讼程序都与民事诉讼制度进行了分离，基本上完成了向二元审查模式的转变。为了保障人民的公法权利，便于人民就近提起诉讼，及时获得诉讼辅导，台湾当局 2011 年 11 月 23 日[⑥]又通过“行政诉讼法修正案”，将行政诉讼审级变更为三级二审制，在各级地方法院设立行政诉讼法庭，以缓解人民以往只能在台北、台中与高雄三处高等行政法院提起一审行政诉讼程序的不便。同时，还设立了专门适用于交通裁决事件的行政诉讼程序。[⑦] 尽管为了维护法治秩序的稳定应尽量确保法律的安定性，但法律最终的目的是要保护人民的权益，一旦旧的法律制度不符合这一根本要求就需作出修订。行政诉讼体制的改革不是目的，而是手段；而且基于体制稳定的考虑，不应该是唯一的手段。体制的环环相扣，从人员、组织、程序到管理，必然需要在某些指导理念下串

---

① 参见苏永钦：《飘移在两种司法理念间的司法改革——台湾司法改革的社经背景与法制基础》，载《环球法律评论》2002 年春季号。

② 一般来说，只有被法律列举的特定类型的行政行为方能进入法院司法审查的范围。法律通过列举的方式限制了司法审查的范围，也限制了人民获得有效司法保护的权利。

③ See Wolfgang Hoffmann – Riem Zur Notwendigkeit enier Standigen Reform DES Verwaltungsrechte-am Beispiel Deutschlands.《行政法持续改革的必要性》，载《台大法学论丛》第 90 期。

④ See Thomas Henne, “Environmental Policy in Germany and the United States Controling Environmental Policy: The Limits of Public Law in Germany and the United States”, by Susan Rose – Ackerman, Yale University Press, 1995. PP. XI, 244”, in *American Journal of Comparative Law* , Winter, 2003.

⑤ 参见刘宗德：《制度设计型行政法学》，北京大学出版社 2013 年版。

⑥ 1998 年 10 月 2 日，我国台湾地区曾对其所谓“行政诉讼法”进行过一次修正。

⑦ 参见陈清秀：《行政诉讼法修正简介》，载《法学论述》2012 年第 3 期。

联运作，使得改革几乎都是在体制内作小幅度调整。① 2014 年 11 月 1 日，全国人大常委会通过了关于修改行政诉讼法的决定。经修订的《行政诉讼法》第 1 条规定："为保证人民法院公正、及时审理行政案件，解决行政争议，保护公民、法人和其他组织的合法权益，监督行政机关依法行使职权，根据宪法，制定本法。"依此，我国行政诉讼法的立法目的按先后顺序如下：首先是为法院公正及时解决行政争议提供法律依据；其次是解决行政争议；再次是贯彻权益保护目的；最后是对行政机关适法性进行监督。前两者是直接目的或者说是实现后两个目的的手段与方式，后两者是间接目的或者说是最终目的。这种立法观念的转变符合法治国家的基本要求。

---

① 参见苏永钦：《漂移在两种司法理念间的司法改革——台湾司法改革的社经背景与法制基础》，载《环球法律评论》2002 年春季号。

第三章　行政诉讼体制之比较

行政诉讼体制是关于主管行政职能机关的机构设置及其权限配置的制度。广义的行政诉讼体制包括行政职能主管机关、审级制度、法官的任命与考核监督制度等，而狭义的行政诉讼体制则仅指行政职能的机构设置。本书中的行政诉讼体制作狭义解释，即仅指行政职能的机构设置。一国行政职能的机构设置的确立深受其所处的政治经济环境以及国家民族独特的人文、社会和法律传统等因素的影响。①

一、两大行政诉讼体制的历史沿革

现代行政诉讼体制建立在法治国家与民主宪制的基础之上。当前行政诉讼体制主要有两种模式：一元制与二元制。一元制下有普通法院直接审理模式以及普通法院行政庭审理模式，如英国和美国；二元制下有行政法院与普通法院并存的双轨制审判模式以及在一个最高法院统辖下行政法院与普通法院并存的审理模式，如法国、德国、日本以及我国台湾地区。两种模式的区别在于是否设立独立的行政法院。

---

① See Susan Rose - Ackerman &Thomas Perroud, "Policymaking and Public Law in France: Public Participation, Agency Independence, and Impact Assessment", in *Columbia Journal of European Law*, Spring, 2013, at 225.

（一）法国行政法院制度

行政诉讼的发达源于“二战”以后的大陆法系国家，被誉为“行政法母国”的法国最先发展了行政法院制度。[①] 法国行政诉讼制度将行政法院与普通法院相分离，并隶属于不同的权力系统。行政法院是享有审判权的行政机关，而普通法院只享有除行政案件以外的民事和刑事案件的管辖权，即行政案件、民事刑事案件分别由行政法院、普通法院适用不同的法律与程序来进行审查。正如上文所述，法国的行政诉讼制度亦产生于特殊的政治历史背景与法律文化传统之下。

1. 法国大革命之前

在大革命之前，法国的行政权力掌握在资产阶级手中，而法院则掌握在封建贵族手中。资产阶级掌控的行政权历来与代表封建专制旧势力的高等法院存在芥蒂，其不愿意法院借由司法权来干预行政权的行使。普通法院经常通过习惯法的途径来干预行政事务，给法国政府带来极大的麻烦。为了解决法院与行政权对立的问题，法国国王在中央设立国王参事院，并颁布圣热尔曼敕令将高等法院审理涉及王室和行政部门案件的管辖权授予王室顾问团。圣热尔曼敕令在一定程度上削弱了高等法院的管辖权力，减弱了其对行政权的干预程度。国王参事院则既享有行政权力，又享有立法与司法权力。与此同时，法国已经形成了独立于普通法院的特别行政法庭，如审计法庭、租税法法庭、森林法庭等专门法庭。因此，法国在普通法院之外设立行政法院具有一定的政治、历史与法律传统基础。

2. 法国大革命之后

以法国大革命为界，法国的政治体制经历了共和制与封建帝制不断被颠覆又重建的过程。与此同步的是，法国行政法院制度从拿破仑时期诞生开始就如法国政权一样循着建立—颠覆—重建的轨迹。法兰西帝国与共和国政治体制的更替对作为政治体制重要组成部分的行政法院制度有着最为直接的影

① 参见王麟、王周户主编：《行政诉讼法》，法律出版社2005年版，第42页。

响，其体现的是法国政治体制内权力的重新分配与对抗。[①] 法国大革命胜利以后，资产阶级以“三权分立”反对司法干预行政，并颁布《司法组织法典》，明令禁止法院参与立法与行政活动。[②] 普通法院丧失了行政审判管辖权，法国为实现“双轨制”的审判体制扫清了障碍。尽管普通法院不再对行政案件进行管辖，但法国政府还没有设立一个专门管辖这类案件的法庭或法院。在“行政裁决本身就是行政”这种理论的支撑下，此类案件由行政机关自身管辖，因而此阶段又被称作“行政法官时期”。

资产阶级上台以后，为了进一步限制封建王权，国王参事院被废除，新的行政救济渠道直到拿破仑上台以后建立国家参事院才得以重建。依据 1799 年法国宪法，国家参事院负责草拟法律提案和公共行政管理条例，解决行政方面发生的困难。[③] 国家参事院获得“解决行政方面的困难”的权力，由此而衍生出审理公民对行政机关的申诉案件的权力。然而，出于预防行政专制的考虑，国家参事院的审判权力受到限制。法律设置部长申诉先置制度，当事人向国家参事院起诉之前必须向部长提起申诉，只有不服部长裁决才能向参事院起诉。[④] 此即所谓“部长法官时期”。

以国家参事院的设立、废止与恢复为线索，法国行政法院体制也经历了成立—废止—重设的过程，在职能上表现出审判与行政职能不断分离且审判职能不断加强的特点。实际上，拿破仑统治时期国家参事院兼具行政咨询与行政审判两种职能。在拿破仑帝制被推翻以后，国家参事院被认为是封建帝制的产物，受到人民质疑。为了适应民主共和制的需要，国家参事院的重心转移到了行政审判职能上。1806 年，新的法国政府在国家参事院内部设立诉讼委员会，将其诉讼职能与行政职能彻底分离。1848 年，诉讼委员会被改组成诉讼组。法兰西第二共和国时期，国家参事院在事实上获得了行政审判的

---

① See James W. Garner, “French Administrative Law”, in *Yale Law Journal*, April, 1924, at 599.

② 法国《司法组织法典》第二章第 10 条规定：“法院不得直接或者间接地参与立法活动，不得阻挠或延缓立法机构所颁布法令的执行。”第二章第 13 条规定：“司法职能和行政职能不同，现在和将来永远分立，法官不得以任何形式干扰行政机关活动，也不能因职务上的原因，将行政官员传唤到庭，违者以渎职罪论。”

③ 参见胡建淼主编：《世界行政法院制度研究》，中国法制出版社 2013 年版，第 13 页。

④ See Peter L. Lindseth, “The Paradox of Parliamentary Supremacy: Delegation, Democracy, and Dictatorship in Germany and France, 1920s – 1950s”, in *Yale Law Journal*, May, 2004, at 1350.

权力，且为解决普通法院与国家参事院的权限管辖问题，政府还设立了一个权限争议法庭。作为法国最高行政法院的参事院的建立以及用于决定案件是由普通法院还是行政法院管辖的权限争议法庭的设立标志着法国行政诉讼制度逐步建立起来。①

1870 年，普法战争之后，国家参事院被废止，但又于 1872 年恢复。国家参事院被赋予以法兰西人民的名义行使行政审判的权力，并在《行政诉讼法典》中以基本原则的形式予以明确。国家参事院成为最高行政法院，获得独立审判的权力。但这一时期，这一权力的行使仍然受到“部长申诉”的限制。直到 1889 年，最高行政法院在卡多案件②的判决中才最终否定了“部长申诉”的限制，采用一般权限制，即当事人只要不服行政机关的决定，就可以向最高行政法院起诉。最高行政法院获得了行政诉讼案件的一般管辖权限，然而大量的行政诉讼案件让其难以负担，省级参事院被改为行政法庭分担部分地方行政诉讼案件。1953 年颁布的《行政审判组织条例》对最高行政法院与地方行政法庭的管辖权限进行了重新划分，地方行政法庭成为行政诉讼的一般管辖法庭，最高行政法院只享有特殊的管辖权限。1987 年，法国政府又设立了行政上诉法庭，至此最高行政法院、行政上诉法庭和基层行政法庭的三级制成为法国行政法院制度的核心组成部分。公民对基层行政法庭作出的裁决不服，可以向行政上诉法庭上诉，上诉法庭有权对其有管辖权的基层行政法庭裁决进行全面审查。最高行政法院有权对上诉法庭作出的裁决进行复核，审查上诉法庭是否遵循法定程序，是否正确地解释和适用法律。

3. 影响法国行政诉讼体制选择因素的分析

法国行政诉讼体制建立在公私法划分与三权分立③的理论基础之上。行政

---

① 参见［荷兰］勒内·J. G. H. 西尔登、弗里茨·斯特罗因克编：《欧美比较行政法》，伏创宇、刘国乾、李国兴译，中国人民大学出版社 2013 年版，第 98 页。

② 卡多诉内政部长案发生于 1889 年 12 月 13 日，卡多因马赛市取消市立道路与水源公司总工程师的职位向内政部长申诉，内政部长拒绝受理，卡多因此向行政法院起诉，法院确认其享有管辖权。雅热斯密特（Jagerschmidt）政府专员的陈述意见中第一次否认了部长申诉制。

③ See Bernard Schwartz, *French Administrative Law and the Common – Law World*, New York University Press, 1954, pp. xxii, 367. Armin Uhler, *Review of Administrative Acts: A Comparative Study of the Doctrine of the Separation of Powers and Judicial Review in France and the United States*, Callaghan and Company, 1942, pp. xxxi, 207.

法院与普通法院并行存在，前者主要管辖行政诉讼案件，后者则负责民事与刑事案件。正如前文所述，法国行政法院产生于特定的政治历史背景之下，如今这种政治因素已经不复存在而制度却得以留存，究其原因有三：一是法国法律传统中公私法的划分已经根深蒂固。在法国，公私法的划分被认为是分析法律和法律体系运作的最基本工具。行政诉讼之所以要适用不同于民事与刑事诉讼的法律规则与法律程序，是因为行政诉讼要解决的主要是代表公权力的行政机关与私人主体间的权力/利冲突。行政机关较之私人主体具备更大特权，私人主体权益存在被侵犯而无救济的风险。只有通过设定特定的法律规则与程序，才能抵御这种风险对私人主体权利的侵害。与此同时，行政诉讼对法官的要求较之民事与刑事诉讼更为严格。法官要审查行政机关行为合法性，不仅要有专业的法律知识，还须具备广博的行政专业知识。① 二是法国深受孟德斯鸠“三权分立”与“保护基本人权”思想的影响，认为立法、司法与行政是三种既相互独立又相互牵制的权力，权力只有相互制约才能最大限度地保障公民的自由。法国行政法院出现的最初目的就是保护行政权不受普通法院审判权的非法干预。随着法国政权的更迭与人权理论的发展，法国行政诉讼体制功能逐渐向保护公民权益不受公权力侵犯以及监督行政合法性转变。基于此，行政诉讼发展出主观诉讼模式与客观诉讼模式。② 三是行政法院所确立的判例已经成为当今法国行政诉讼制度中不可分割的一部分。与德国行政法院制度不同的是，法国行政法院的判决依据以判例为主。尽管法国属于成文法系，但行政诉讼却采取类似于英美法系的“遵循先例”原则。行政诉讼判例衍生出的众多行政法基本原则已经被融入法国的法律制度之中，并不断影响着法国行政诉讼活动。

（二）德国行政法院制度

民主宪制与法治国家理念是推动德国行政诉讼制度形成与不断发展的思

---

① 在法国，法官必须具备一定年限的行政经验才能担任行政法官。

② 在主观诉讼模式下，国家设立行政诉讼制度的核心功能在于保障私人主体的权利。而在客观诉讼模式下，国家设立行政诉讼制度的目的在于维持行政客观的公法秩序，其功能在于协助行政创造或重建行政行为的客观合法性。

想基础，法治国家被认为是一个对人权提供保障，对国家权力进行分立与制衡的国家。[①] 国家只能依据由公民参与的代议机构正式制定的法律才有权对公民权利予以侵害或干涉，[②] 由此而生的“法律优先”与“法律保留”原则成为德国行政法上的基本原则。然而，只有一个不受行政权干涉的司法机关，即独立的司法审判机构，才能公正地实现对行政权进行监督与保护公民权利的双重目标。德国真正意义上的行政法院制度的确立要到第二次世界大战以后，在此期间德国经历了几个典型的发展阶段。

1. 德意志帝国时期

19 世纪中期，德国邦国政权林立，诉讼制度杂乱无序。在邦国政权之下，行政权对司法权十分排斥，各邦国之间并无统一的司法机构与法律来解决争议，不同邦国之间或同一个邦国内部适用的司法程序都有所不同，一些邦国还实行领主管辖制。一般情况下，行政争议由特定的调解机构进行，政府设立行政专门小组处理行政纠纷而不受普通法院的管辖。即使在民事和刑事诉讼程序中，法官的独立审判地位也尚未得到确立，极易受到君主或领主的行政干预。[③] 虽然中世纪早期德国帝国法院就可以对君主或者贵族的行政行为进行监督，但这种监督建立在封建分封制的基础之上。法国大革命以后，人权保护、三权分立思想激起了欧洲大陆一股民主风潮。德国深受影响，并于 1849 年起草了《圣保罗教堂宪法草案》。该草案要求按照司法与行政分离的原则通过独立的法院有效监督国家行政活动，但随着革命的失败宪法草案也胎死腹中。人们对于究竟是通过独立的行政法院来实施行政监督还是将行政置于普通法院的管辖之下尚未达成共识。与此同时，德国进行了一次较大的司法改革运动，并最终通过法律承认且确保了司法审判的独立。[④] 司法审判独立为行政法院的最终形成奠定了基础。尽管此时德国对行政诉讼的监督仍然

---

① 罗伯特·封·摩尔的《符腾堡王国国家法》，认为一个实质意义上的法治国家应包含保障人权与权力制衡的内容，并以此为基础进行司法改革。

② See Peter L. Lindseth, “The Paradox of Parliamentary Supremacy: Delegation, Democracy, and Dictatorship in Germany and France, 1920s - 1950s”, in *Yale Law Journal*, May, 2004, at 1350.

③ 参见 Peter Collin：《十九世纪与二十世纪德国诉讼纷争解决之发展轨迹》，王韻茹译，载《成大法学》2013 年第 26 期。

④ 参见 Peter Collin：《十九世纪与二十世纪德国诉讼纷争解决之发展轨迹》，王韻茹译，载《成大法学》2013 年第 26 期。

在行政部门内部进行，但司法审判独立原则的确定为行政诉讼制度的出现提供了契机。行政法院制度肇始于1863年的巴登，随后普鲁士、黑森—达姆施特塔、符腾堡以及巴伐利亚等邦国开始成立高等行政法院。基层行政法院和中层行政法院均隶属于行政系统而不属于司法系统，只有高等行政法院才属于与行政机关完全分离的独立司法机关。在行政监督范围方面，行政法院出现了两种不同的倾向：一种观点侧重于对行政行为客观合法性的审查。其认为法律要列举行政可受审查的负担行政行为，法院只能在列举的范围内进行审查，且只可以审查行政行为的客观合法性。公民提起行政诉讼的前提是确认其所诉行政行为在列举的范围之内。此种观点被称为“北德方案”。[①] 另一种则侧重于对公民个体的法律保护，行政诉讼得以开启的前提在于原告权利受到侵害，而不论行政行为的性质如何，此即“南德方案”。但对于行政自由裁量是否进入法院司法审查的范围则存在着争议。

2. 魏玛共和国时期

“一战”结束以后，德意志帝国政治的溃败促使政治体制、法律制度等发生巨大的变革。魏玛共和国体制在德国得以确立，其对行政诉讼制度的发展影响最大的莫过于《魏玛宪法》第107条的规定：“在联邦和各州内必须依法设立行政法院，以保护个人不受行政机关之命令与处分的侵害。”[②] 这标志着德国联邦行政法院制度首次获得宪法依据。然而，短暂而脆弱的魏玛共和国因战后各州之间不同的法律传统、行政利益与司法利益之间的博弈等多方面原因根本无力实现广泛的行政法律保护。

3. 纳粹德国统治时期

尽管纳粹德国统治时期，很多法律被专制的行政权力所替代，但不可否认的是，1934年《司法引导法》规定设立帝国行政法院，并最终在形式上完成了这一法院的设立。在形式上，已有的行政法院仍然得以运行，但其运行是在没有实行权力分立、无法确保基本权利的基础上进行的。在一个没有基本权利可言的政治体制之下，即使行政法院制度再完善，法官审判再公正，

---

① See Peter L. Lindseth, “The Paradox of Parliamentary Supremacy: Delegation, Democracy, and Dictatorship in Germany and France, 1920s – 1950s”, in Yale Law Journal, May, 2004.

② 胡建森主编：《世界行政法院制度研究》，中国法制出版社2013年版，第141页。

也难以掩盖其制度之下不公正的法律制度基础。当时行政法院的出现不过是为了迎合纳粹统治者专制统治的需要，而不是为了实现对个人权利的保护。

4. “二战”以后至今

“二战”后，德国作为战败国被美国与苏联一分为二，即联邦德国与民主德国。联邦德国很快建立起了独立的行政法院制度，并颁布行政法院法，通过排除列举原则的适用允许公民对行政机关的不作为等行为提起行政诉讼，极大地扩大了法院司法审查的范围。民主德国则基本依照苏联的诉讼制度。尽管在占领之初恢复了行政法院制度，但后来被废弃。[①] 1949 年《德国基本法》的颁布解决了历来为人们所争议的“是由建立独立的行政法院还是由普通法院进行行政监督”的问题。《德国基本法》第 19 条第 4 款规定：“公民的权利如果受到公权力机关的侵害，公民可以向法院提起诉讼以获得救济。”[②] 行政法院的设立获得了宪法的依据。与此同时，基本法还确立了联邦立法管辖权，解决了各州之间立法竞争的问题，为联邦行政法院实现统一的管辖奠定了基础。1952 年，联邦德国建立联邦行政法院。为了确保行政法院制度得以最终确立和运行，联邦德国政府颁布了《行政法院法》《行政程序法》等配套法律。《行政法院法》第 40 条规定：“凡是属于政府机关作出的任何性质的对当事人不利的决定或行为，当事人都有权利向行政法院申请救济。一切未被联邦法律划归为属其他法院管辖的非宪法性质的公法上的争议，对之均可提起行政诉讼。”行政诉讼程序启动的前提不再局限于“列举原则”，公民获得权利救济的途径也更加畅通。民主德国与联邦德国合并之后援用的是联邦德国的行政诉讼制度。

5. 影响德国行政诉讼体制选择因素的分析

德国行政法院系统具有专门的行政案件管辖权，它不仅与普通法院相分离，还与行政机关相独立。在审级上，德国行政法院分为联邦行政法院、高等行政法院与基层行政法院三级。每一州均设有至少一个高等行政法院与若

---

① 参见陈新民：《德国公法学基础理论（增订新版上册）》，法律出版社 2010 年版，第 133—135 页。

② See Christoph Möllers, *Das Grundgesetz: Geschichte und Inhalt*, Verlag C. H. Beck OHG, Müchen, 2009, at 45.

干基层行政法院。联邦行政法院是行政法院系统的最高法院，是处理州和联邦之间非宪法性质争议的终审法院。德国行政诉讼历经多个时期的发展形成了独具特色的审理模式。从历史沿革与发展趋势来看，德国行政诉讼体制的形成与确立过程具有以下特点：

首先，德国行政诉讼制度深受政治体制变革与政策选择的影响。自中世纪以来，德意志民族经历了封建分封制、邦国主权制、联邦共和制、纳粹独裁制等政治体制的变革，每一个政治体制背后都有统治者政治策略的选择与利益的博弈。制度形成的过程是当事人不断参与的过程，也是主体间利益博弈的过程。主体通过反复不断的博弈与讨价还价，最终形成相对均衡的制度。德意志行政诉讼制度经历了从无到有的过程。尽管中世纪的帝国法院本质上属于君主统治的一部分，但其确立的行政监督的思想却为行政诉讼制度的最终形成埋下了种子；在邦国主权下，地方政府设立行政法院，尽管基层和中级行政法院仍然隶属于行政机关，只有高等法院才具备独立的司法机关地位，但这种体制形成的直接原因在于邦国行政权与帝国司法权之间的对抗与博弈。邦国不希望帝国通过司法来干预邦国主权的行使，在邦国内设立隶属于其行政机关管辖的行政法院只是其政治选择的结果。亦即，制度必然体现人的主观价值取向与利益选择。

其次，德国行政诉讼制度深受德意志法律传统与法律价值偏好的影响。德国行政法继受罗马法关于公私法的划分，有学者甚至指出是罗马法学家关于公法与私法、公诉与私诉的划分导致德国采取行政法院制度而不是普通法院制度。[①] 这种说法不无道理，因为基于公私法划分理论，行政诉讼解决的纠纷涉及的是公共利益，是不同于民事诉讼中的私法利益的，理应由独立于普通法院的行政法院来管辖。[②] 公私法的划分体现的是德国法学对公共利益与私人利益的区分，因利益性质的不同采取的保护方式也不同。与此同时，宗教改革与启蒙运动带来的自然法与自然权利理念催生了保护公民权利不受行政侵害的观念，而法治国家理念则为保护公民权利提供了原因支持，因为国家

① 参见王麟、王周户主编：《行政诉讼法》，法律出版社2005年版，第45页。

② 但也有学者认为公私法的划分并非先验的、绝对的、本质的区别，其仅为一历史上之演变，为制度上、技术上的区分方法。参见翁岳生：《论行政处分之概念》，载《行政法与现代法治国家》，自刊，1976年，第18页。吴庚：《行政法之理论与实用（增订七版）》，自刊，2001年，第27、28页。

合法存在的前提就是保护和促进公民的基本权利。

最后，德国行政诉讼制度深受法国行政诉讼制度的影响。法国大革命之后建立了行政法院制度，其《人权宣言》等宪法文件所蕴含的人权理念传播到德国。德国在结合国家法律传统的基础上吸收了行政法院制度，但与法国不同的是，德国的行政法院从一开始确立就是完全独立于行政机关、与普通法院并行的司法系统。

（三）英国司法审查制度

作为英美法系国家的代表，英国的行政诉讼被称为“司法审查”。与美国的司法审查不同的是，由于英国并没有完整而系统的成文宪法，英国的司法审查不包括合宪性审查。历史上，英国法学家对于英国是否存在行政法持怀疑态度。英国宪法学家 A. V. 戴雪认为行政法是保护行政官员特权的法律，与英国的法治原则不相符。① 在其看来，英国的法治原则②意味着所有政府机关均由独立的普通法院管辖并对其行为负责，适用统一的普通法。然而，尽管学者在理论上没有建立起完整的行政法理论，但并不表示英国的法律传统中不存在行政法的因素。

1. 英国司法审查制度形成的历史背景

15 世纪至 17 世纪，英国在斯图亚特和都铎王朝的统治之下以普通法院为主要的司法机构。中世纪，英国进行司法监督的是威斯敏斯特王座法庭。普通法院与令状制度紧密联系，令状不同，其所适用的诉讼程序也不相同。这种僵化的令状制度使得普通法院的管辖十分有限，没有相应的令状就无法获得救济。为了解决这个问题，国王设立了具有衡平性质的大法官法院和星法院。大法官法院审理的案件主要是民事案件，而星法院审理的案件则偏向于刑事案件，用于监督地方政府。③ 由于英国没有公私法的划分，涉及政府与公

---

① See James W. Garner, “French Administrative Law”, in *Yale Law Journal*, April, 1924.

② 参见 A. V. 戴雪：《宪法学导论》，1885 年版。戴雪认为英国的法治有三个含义：一是政府没有专横的自由裁量权；二是法律平等；三是公民的权力不是来源于宪法，而是由普通法院的判例所形成，而英国的宪法建立在公民权利的基础之上。转引自王名扬：《英国行政法》，北京大学出版社 2007 年版，第 9—10 页。

③ 参见孙斌：《论英国星法院的兴衰》，载《中外法学》1991 年第 4 期。

民个人之间的纠纷也同样由以上法院来管辖。在都铎王朝后期，从枢密院分离出来的星法院成为审理政府与公民个人之间纠纷的主要机构，但其不久后就成为国王专门惩治不效忠贵族的专制统治工具。尽管此时英国暂未发展出类似于大陆法系的行政诉讼类型，但并不是说英国历史上未出现过因政府的公法行为而造成公民权利损害的情形。有学者认为，英国的行政诉讼制度在这一时期就已经确定下来了。[1]

普通法院进行司法审查是英国行政法的基本特点，实际上是历史长期演变的结果。星法院与大法官法院等特权法院的出现表明普通法院的管辖并不能完全满足人们对某些事项寻求救济的要求。但普通法院在英国人心中已经成为"公平正义"的权威，而星法院作为封建专制统治工具被人们所抛弃。1641年，克伦威尔发动资产阶级政变，下令废除星法院而保留大法官法院，自此英国形成了以普通法院与衡平法院为主的司法制度。英国资产阶级革命以后确立了君主立宪的政治体制，普通法院获得了对地方政府监督的权力，公民可以通过普通法院获得救济。普通法院受理行政诉讼案件适用一般的法律规则被沿袭下来。英国没有公私法区别的法律传统使得普通法院在审查行政机关行为合法性时主要遵循的是"议会至上"与"法治"原则。"议会至上"意味着普通法院司法审查的方式是通过寻求议会制定的法律文本中所表现出来的立法意图来确定授权范围。行政法上的法治原则已经发展成为超越戴雪"法治"理论的内涵，而应当确保有司法审查或其他机制保证行政行为在授权的范围内行使，使之不超越授权或滥用权力。[2] 20世纪初期，社会福利法的浪潮促使英国开始社会立法。普通法院解决纠纷的负担过重使得公民权利救济程序繁杂、耗时长，行政裁判所应运而生。1955年，英国成立了弗兰克斯委员会，用于研究行政审判和公开调查问题。委员会的调查报告指出行政裁判所制度的优越性，但同时也建议行政裁判所要更加注重"公开、公正和无偏私"。1958年委员会的调查报告建议在"行政裁判所和调查法"中得以体现。行政裁判所在一定程度上缓解了普通法院审理行政案件的负担，

---

① 参见王名扬：《英国行政法》，法律出版社2007年版，第5页。

② 参见［荷兰］勒内·J. G. H. 西尔登、弗里茨·斯特罗因克编：《欧美比较行政法》，伏创宇、刘国乾、李国兴译，中国人民大学出版社2013年版，第222页。

而委员会则对行政裁判所进行监督，并对裁判所的某些特殊事项进行特别调查发布特别报告。2000 年，负责司法监督的高等法院设立了一个分支机构——行政法庭，行政法庭成为司法审查的初审法庭，但同时也是一般民事或刑事案件的上诉法庭。2001 年，行政裁判所委员会成员安德鲁·莱格特爵士主持的一份关于行政裁判所的报告建议，应该授权司法部建立一个普遍的行政法律援助系统。当事人不满行政法庭的司法审查结果，有权向上诉法院上诉，但只有司法审查的案件才能向上诉法院上诉。当事人的上诉申请能否得到同意仍然取决于行政法庭的意见。与此同时，当事人不满上诉决定可以向上议院提起上诉，而能否获得上诉的决定权也在上诉法院的手中。

2. 影响英国司法审查制度选择因素的分析

任何一个国家的行政诉讼体制构建都是一个复杂的系统工程，要考量包括政治、经济、文化、历史等各种因素的影响和制约，英国也不例外。首先，英国的司法审查制度的理论基础在于法治、议会至上，但同时也受到孟德斯鸠权力分立思想的影响。行政机关的权力来源于议会制定的法律，其权力的行使必须按照法律规定的条件进行，这是“法治”的基本原则。而权力分立要求司法监督行政，尽管英国宪法中并没有严格设定权力分立的原则，但立法、行政、司法机关的划分比较明显。在议会至上、法治以及权力分立的基础之上，法院的任务就是保证任何公共机构在议会授权范围内合法地行使权力，否则，越权无效，这是英国司法审查的基础和基本要义。[①] 其次，普通法院审查体制建立在英国特殊的法律传统基础之上。与大陆法系不同，英国自 13 世纪以来就建立了普通法制度，而在此之前习惯法被广泛地适用。国王设立具有全国管辖权的王座法院，统一适用普通法，限制封建领主与地方行政官以习惯法为基础的审判权。从某种程度上来说，王座法院的设立不是为了给公民提供权利救济，而是为了维护国王的统治权。公民想要寻求王座法院的救济必须要获得国王的令状，“令状”被认为是国王赐予其臣民的特权。当公共机关侵犯私人权利时，公民可以持“特权令状”以国王的名义向王座法院寻求救济，这种救济方式被称为“特权诉讼”。特权状的最初目的在于维持

① 参见薛刚凌：《外国及港澳台行政诉讼制度》，北京大学出版社 2006 年版，第 236 页。

公共机构的效率和行政秩序，王座法院利用国王的名义来约束和监督低级法院和各种公共机构。[①] 英国继受日耳曼法的法律传统，没有明显的公私法划分。政府机关、公共机构不能因其履行公权力的职能而在诉讼过程中享有不同于私人权利的特权，受到特殊待遇。普通法院在审理涉及以上公共机构主体的案件时应当适用一般的法律规则和法律程序。基于此，英国普通法院就很难形成独立而完整的行政诉讼程序。最后，自中世纪以来，普通法院在英国已经具有较高的威望，被认为是"公平正义"的代表，由普通法院来承担司法审查更容易被公民所接受。

（四）美国司法审查制度

1. 美国司法审查制度的形成

作为英国曾经的殖民地，美国的司法审查制度深受英国司法审查的影响。长期的殖民地历史让美国吸纳了英国司法审查制度的法律传统，但也发展了具有自身特色的制度。18 世纪美国独立后，法院审查行政行为是否合法要么通过私人向普通法院提起诉讼的方式，要么以法院颁发特权令状的方式来实现，基本上继承了英国司法审查的基本方式。19 世纪早期，美国议会是代议制政府的基石，享有制定普遍的社会管理适用性法律规范的最终权威。国家行政及其附属机构的主要职责是在议会立法限定的范围内进行有限的规范自治或自由裁量——此即所谓的"行政传送带理论"。司法审查制度（不论是采用法国传统的行政法院体制还是采用类似法院的行政司法机构）的主要功能在于确保行政执行限定在法律的权威之内——即传统的越权无效。[②] 立法机关通过制定成文法来规制行政权力的范围，成文法规定获取司法审查的方式逐渐取代了特权令状方式。法院审查行政行为的合法性就是为了禁止政府对私人自由或财产的侵犯，除非该侵犯得到立法指令的授权。司法审查把行政机关的行为规制在国会颁发的指令范围之内，这与英国"议会至上"类似，即所有的行政行为实质上必须符合国会立法意图以及国会通过立法所制定的行

---

① 参见薛刚凌：《外国及港澳台行政诉讼制度》，北京大学出版社 2006 年版，第 240 页。

② See Peter L. Lindseth, "The Paradox of Parliamentary Supremacy: Delegation, Democracy, and Dictatorship in Germany and France, 1920s - 1950s", in *Yale Law Journal*, May, 2004, at 1344.

政程序，否则就会被遏制。进入20世纪，美国经济危机让罗斯福新政得以推行，国会通过立法指令将大量的权力授予行政机关，行政机关因其在特定领域具有“专家知识”而获得了宽泛的自由裁量权。国会还设立了大量不对总统负责的行政机构，大大增加了法院司法审查的难度。为了预防宽泛的行政自由裁量行使所带来的风险，法院对行政行为进行了更为彻底而全面的审查，从形式正义的角度来保护个人权利不受侵害。例如，要求国会应当在立法中明确立法目的，行政机关的行为应当符合这一目的。20世纪中期以后，美国行政法朝法典化的趋势发展，其中最为突出的是在行政程序方面的立法。①《小企业监管执法公平法》② 以及《无经费指令法》③ 的颁布表明美国政府开始关注行政法在运行过程中的经济问题。前者于20世纪60年代制定，目的在于增加小企业参与行政机关制定政策的机会，保护小企业的利益。后者于20世纪90年代制定，法令要求行政机关应当对其行为目标实现的手段进行成本效益分析，一旦这种分析不符合成本效益规律，法院有权进行司法审查。行政程序立法的出现表明美国行政法不再仅仅关注于个人的私权益保护，而是扩展到包括公共利益、集体利益在内的所有与行政行为相关的利益保护。④这是因为“行政决定是一个权力集中的决定者对可供选择的结果进行衡量的活动。受行政决定影响的利益主体对决定过程的直接参与并非是必然的要求。实际上，参与所导致的政治牵扯可能会威胁决定过程的公正性与合理性”⑤。然而，这无疑增加了美国法院进行司法审查的难度。与传统的司法审查相比，法官将要花费更多的时间和精力处理各种权利、权力与利益之间的关系。这使得法官面对繁杂的审查事项时更加克制，对行政机关的行为要求也更为严格。例如，行政机关在事实认定过程中必须提供具有实质证明力的证据，严格执行诸如听证程序的程序性要求；行政机关在作出行政决定的过程中应说明

---

① See Peter L. Lindseth, “The Paradox of Parliamentary Supremacy: Delegation, Democracy, and Dictatorship in Germany and France, 1920s – 1950s”, in Yale Law Journal, May, 2004.

② 全称为 The Small Business Regulatory Enforcement Fairness Act, SBREFA. 该法令规定小企业可以针对行政机关损害或者影响其利益的行为提起司法审查。

③ 该法令颁布于20世纪90年代中期。法令全称为 The Unfunded Mandates Acts.

④ See Ernst Brandl, Hartwin Bungert, “Constitutional Entrenchment of Environmental Protection: a Comparative Analysis of Experiences Abroad”, in *Harvard Environmental Law Review*, 1992, Rev. 1.

⑤ ［美］理查德·B. 斯图尔特：《美国行政法的重构》，沈岿译，商务印书馆2011年版，第61页。

理由，且在特定情形下尤其是涉及个人重大利益的情形下应单独说明理由并前后保持一致。

2. 影响美国司法审查制度选择因素的分析

美国司法审查继受了英国“法治”“议会至上”等原则，但与英国不同的是美国采取的是民主共和制政体。美国按照“三权分立”原则将立法权、司法权与行政权严格区分，彼此之间相互制约。美国宪法规定：宪法所授予的全部立法权均属于由参议院和众议院组成的合众国国会……行政权属于美利坚合众国总统。国会设立行政机关，规定行政机关的管理事项及其应当遵循的行政程序，由行政机关执行行政权。总统可以签署或者否决国会制定的法律，有权任命行政官员，但这种任命权的行使受到参议院的限制。法院依据国会制定的法律来判别行政机关是否逾越了国会设立的权限范围。宪法将美国立法、司法与行政三种权力分配给不同的机构，且三者之间互相影响。法院对行政机关行为的审查被严格限定在国会制定的法律权限范围之内。在这样的权力结构之下，立法权对司法权的牵制极强，美国很难发展出像法国、德国一样的独立的行政诉讼制度。与此同时，美国并没有公私法的划分，英国普通法院司法审查的法律传统得以沿袭，此不赘述。

二、行政诉讼体制选择的影响因素

从“影响行政诉讼体制选择的因素”这一命题出发，其中“选择”就内含制度设计的理念。美国经济学家道格拉斯·C. 诺思（Douglass C. North）指出制度实质上是一种社会博弈规则，是人们所创造的用于限制人们相互交往行为的框架。行政诉讼制度一方面为司法权介入行政权提供了合法依据，另一方面也为私权利与公权力提供了相对公平的对抗舞台。从某种程度上来说，行政诉讼制度就是公权力与私权利、司法权与行政权不断博弈的结果。国家制度不仅受制于制度外部的历史文化传统、道德观念、宗教伦理乃至地理位置等因素的影响，还取决于制度内部的权力、权利、利益之间的较量。从行政诉讼制度（不论是行政法院制度还是司法审查制度）形成的历史沿革来看，国家行政诉讼制度选择必然要受到来自政治、经济以及历史文化传统三方面的影响。政治影响因素体现在国家的权力结构形态、权力配置等方面，经济影响因素反映在国家经济发展程度、财政支持力度等方面，历史文化传统影响因素则表现在法律继承与法律移植两方面。

（一）影响行政诉讼体制选择的政治因素

国家权力配置直接影响国家的权力结构形态，而特定权力结构形态下的制度是实现其政策的有效手段。因立法权、行政权与司法权的配置不同，国家权力结构形态区分为一元制与多元制。在多元制国家权力结构形态下，国家立法权、司法权与行政权之间既相互独立又相互制约。行政诉讼制度体现的是司法权对行政权的介入，其理论基础在于“权力分立”与“法治”。尽管现代西方国家以“权力分立”为特点，但不同国家的权力分配比例却各不相同。英国以君主立宪制为基础，以立法权为核心，司法权、行政权都必须服从于立法权，因此而形成“议会至上与法治原则”。法国以总统共和制为基础，立法权、司法权与行政权相互制衡，以权治权。行政诉讼制度源于司法权对行政权的监督。为了服从具体国家权力配置，行政诉讼制度安排必然要作出不同的选择。英国君主立宪体制之下，尽管有立法权、行政权与司法权的基本区分，但三者的界限并非十分清晰。在“议会至上”的权威之下，议会制定的法律具有绝对的权威，法院的一切行为均被严格禁锢在议会立法范围之内。代表司法权的法院不可能成为代表立法权的议会的对抗者，更罔论发展出一套独立的行政法院系统。与此同时，英国的法学学者对于行政法一开始就存在偏见，认为行政法是为行政机关而不是为公民提供保护的法律依据。这种错误的观点促使人们更愿意采用其所信赖的普通法院作为其权利救济的途径。即使人们所诉确实属于“行政诉讼”案件，也不会因为这种属性的不同而采取不同的救济方式，这是因为人们始终认为无论是私人还是行政机构对其权利造成了损害，其实质都是侵权，都应当毫无例外地由普通法院适用普通的法律规则与程序来解决。在法国，行政法院制度建立在典型的三权分立基础之上。司法权对行政权的监督在一开始就被认同，并最终被制度化。法国大革命之后，政权不断更迭，政治体制也不断发生变革，行政法院制度并没有因为种种重大的政治变革而被完全抹杀。尽管这种制度化的过程十分曲折，但正是这种曲折表明行政法院制度是符合法国的政治需求的。在一元制的国家权力结构形态下，国家多将立法权作为国家权力结构的重心，其他的国家机构对立法机关具有不同程度的隶属关系。[①] 与三权分立不同的是，司法权、行政权与立法权之间是隶属关系，而不是并立的关系。在这种权力结构之中，法院以立法机关制定的法律为依据实现对行政机关的监督，其本身并无立法监督权。此外，行政诉讼是典型的“三角形”结构，涉及行政机关（被告）、行政相对人（原告）以及法官三方主体。在被告与原告之间，行政机关代表的是公权力，相对人代表的是私权利，两者构成三角形的腰，显然两者的权力/利是不对等的。在法官与行政机关之间，法官代表的是司法权，行政机关代表的是行政权，司法权对行政权的监督是三角形构图的支撑力。行政诉讼的这种特殊结构使得国家在制度构建时不得不更多地考虑权力、权利与利益之间的关系。

（二）影响行政诉讼体制选择的经济因素

行政诉讼制度的构建离不开国家财政经费的支持，因为不论是制度框架的构建还是制度的运行都离不开一定的人力与物力资源。影响行政诉讼体制选择的经济因素当然也离不开对制度产生时国家财政经济状况乃至整个社会经济发展程度的分析。现代行政诉讼制度肇始于资本主义发展初期，资产阶级开始逐步掌控国家的经济，其在政治上的需求也日益膨胀。行政诉讼制度的出现恰好满足了“私人权利与自由不受侵犯”的需求，即通过特定的法律制度来表达自身的政治需求。资产阶级掌权以后，资本主义进入自由发展阶段，国家的职能由“警察”向“守夜人”转变，公民对于公权力介入私人权利与自由十分反感，因而试图通过独立于法院将政府行为严格限制在体现其权益的法律范围之内。美国在这一时期爆发了平民主义运动，其目的就在于反抗政府管制私人商业的行为。平民主义运动催生了更为严格的行政裁决程序以及司法审查。法院的功能在于遏制，司法审查的指向在于把行政机关禁

① 参见江必新、梁凤云：《行政诉讼法理论与实务》，北京大学出版社2009年版，第57页。

锢在国会所颁发的指令范围内。[①] 20 世纪初期，世界爆发了一次严重的经济危机。西方资本主义国家选择了不同的应对危机的道路。德国、日本等国家由于资本的不足而走向侵略与扩张的道路，行政法院沦为法西斯专制统治的工具，其职能发生了颠覆性的变化。美国则通过罗斯福新政将权力一揽子授权给行政机关，政府对经济的管制得以加强，同时福祉国家观念的引入缓解了阶级矛盾，对司法审查的影响在于法院负累现象的出现。人们对行政权力扩张的担忧迫使法院审查标准更为严格，这主要表现在两个方面：一是要详细审查行政机关事实认定的证据的实质证明力，二是要求行政机关作出行政行为要详尽说明理由。“二战”以后，德国行政法院制度得以恢复，民主德国与联邦德国的分立使得民主德国的行政法院制度受到苏联社会主义法律思想的影响，直到东西德合并，联邦德国行政法院制度才重新得以确立。近年来，财政危机成为影响西方国家行政改革的阻碍。人们普遍认为，国家的经济效率和国民生产总值总是赶不上行政职能的扩张。由于政府财政资源的短缺，西方国家更倾向于采用具有社会自我规制特点的“合作与契约型”行政活动方式，而不是传统的具有命令行政特点的行政活动方式。这种行政活动方式的改变对行政诉讼体制（尤其是行政诉讼功能）的影响在于法院更愿意或者说更倾向于以保护个人权益为目的对行政进行审查，而不愿意单纯以对行政机关行为适法性进行控制为目的来审查。与之对应的是，行政诉讼模式出现了主观诉讼模式、客观诉讼模式以及二元混合模式等类型。例如，在某些公权力侵权案件中，行政权力非法行使和滥用并不直接对私人权利与自由造成损害，而是对公共利益或者集体利益造成损害，如果依据传统的直接受害人提起行政诉讼的理论，与之相关的第三人利益就得不到保护。在保护公民权利理念的支撑下，国家扩张行政诉讼主体的范围使第三人有机会获得权利救济，如德国在行政诉讼过程中已经发展出第三人权利保护的判例。经济与社会的发展总会对制度构建提出新的挑战与要求，这也成为行政制度需要不断改革的根本原因。[②]

---

① 参见［美］理查德·B. 斯图尔特：《美国行政法的重构》，商务印书馆 2011 年版，第 18 页。

② See Wolfgang Hoffmann – Riem, Zur Notwendigkeit enier Standigen Reform DES Verwaltungsrechte-am Beispiel Deutschlands.

（三）影响行政诉讼体制选择的历史文化因素

任何制度的产生都不可能脱离特定的历史文化环境，行政诉讼体制也不例外。影响行政诉讼体制选择的历史文化因素有外来因素与内在因素之分，而影响的途径主要是通过法律继承与法律移植的方式。法律继承是对国家原有的法律传统的沿袭与发展，而法律移植则是在外来法律传统的影响下逐步融入本国的法律制度的过程。从西方主要国家行政诉讼体制发展的轨迹来看，行政诉讼的产生可以追溯到罗马法、日耳曼法中的某些传统理念与学说，如罗马法对公私法的划分、日耳曼法中的国家权力来源学说以及古老的法治理念等。古罗马法学家乌尔比安将法区分为公法与私法，其目的在于强调国家职能的优越性，依此国家权力与国家财产应当受到高于个人权利及其财产的保护。[①] 君主掌握国家的统治权，其意志具有法律的效力，这是由于罗马法学家认为君主的权力来源于上帝，上帝将权力授予君主，他不欠任何人的情，臣民只能服从，丝毫没有调整和提出条件的权利。[②] 此即国家权力“下移论”。因而，君主行使公权力不受法律的约束，因公权力的行使而遭受不利益不应适用市民法的一般规范。与罗马法传统截然不同，日耳曼法学者认为国家权力来源于人民，统治者是人民的代表，统治者的统治行为要与人民的要求保持一致，要尊重人民制定的法律，否则其统治行为就是不法的，此即国家权力“上升论”。然而，由于中世纪宗教法学的介入，“下移论”的观点遮蔽了“上升论”，成为当时统治者维护君权统治的重要依据。在罗马法“下移论”思想的影响下，德国、法国自中世纪以来逐渐发展成为封建制君主专制以及邦国统治的政权形式。直到资本主义萌芽的出现，孟德斯鸠、卢梭等学者为了寻求反抗封建专制统治的理论依据而重新启用并发展“上升论”，“权力源于民”思想以及社会契约论的提出才打破了“下移论”的统治地位。在英国，日耳曼人的一种基本观念得以流传，即国王的统治不能逾越人民世代

---

① 参见蔡志方：《公法与私法之区别——理论上之探讨》，载《行政救济与行政法学（二）》，正典出版社1993年版，第3页。

② 参见［爱尔兰］：约翰·莫里斯·凯利：《西方法律思想简史》，王笑红译，法律出版社2010年版，第79页。

相传的法律界限，而且要受这些法律的影响。[①] 日耳曼法最初的法律并不是现代意义上的制定法，而是类似于一种高于普通法律而应被普遍遵循的自然法。英国普通法在极大程度上继承了这种思想，并基于这种思想来反抗斯图亚特王朝与都铎王朝的封建统治，最终于1640年确立了君主立宪制。

随着生产力尤其是资产本主义的发展，德国、法国的市民在经济、政治乃至整个社会的地位上升，其开始要求采取一些措施来对抗君主的统治权迫害，即由市民选举代表组成议会并制定法律来约束君主用公权力干涉市民的自由与财产的行为。[②] 可以说，行政法就是因保障私人权利、制约君主统治权的目的而生。与此相适应的行政诉讼制度也应运而生，如法国的国家参事院、德国的邦国法庭与特别法庭等。英国没有发展出独立于普通法院的行政法院制度，甚至某些学者否认行政法的存在，究其原因，与其法律传统不无关系。事实上并不是英国没有行政法，而是没有形成如德国、法国那般的行政法制度，英国普通法院已经在履行保护人民权利与制约君主权力的职能，且这种传统已深入人心，即普通法院制度已经满足了人民对权利救济的需求。直到20世纪初期，社会福利思想以及普通法院负累现象的出现催生了行政裁判所、监察委员会以及一些特殊的行政法庭。与此同时，法国、德国行政法院制度也表现为完全不同的发展轨迹，法国的行政判例制度得以延续，而德国的行政审判以成文法为主。

三、中国行政诉讼体制的建构

（一）中国行政诉讼的历史发展

行政诉讼制度在中国的确立，归根结底是清朝末期宪法思潮涌动和立宪实践的结果。[③] 以清末新政《行政裁判院官制草案》的颁布为标志，行政诉

① 参见［爱尔兰］：约翰·莫里斯·凯利：《西方法律思想简史》，王笑红译，法律出版社2010年版，第84页。

② See Nuno Garoupa, Jud Mathews, "Strategic Delegation, Discretion, and Deference: Explaining the Comparative Law of Administrative Review", in *American Journal of Comparative Law*, Winter, 2014.

③ 参见王立民：《从平政院到行政法院——民国时期大陆型行政审判制度探究》，载《法学评论》2007年第4期。

讼制度开始在中国萌芽。[①] 北洋军阀统治时期，学者们开始对行政裁判机关是定性为司法机关还是行政机关、采“一元制”还是“二元制”等问题进行了考察和权衡。[②]《中华民国临时约法》的颁布使得人民有权就官吏侵权行为申请司法救济。[③] 新中国成立以后，我国于1990年颁布了《行政诉讼法》，并多次对其进行修订与完善。对于行政诉讼体制究竟是采取“一元制”还是“二元制”也一直存在争议。

（二）中国行政诉讼体制的选择

行政诉讼制度与一国的政治、经济秩序、法治发展水平以及法律传统等因素密切相关，中国行政诉讼体制亦深受诸因素的影响。当前中国是一元制的国家权力结构形态，立法机关在国家权力机构中处于中心地位，其他国家机构对立法机关具有不同程度的隶属关系。[④] 中国采用在人民法院内设立行政审判庭的模式正是建立在以立法权为中心的权力形态之上。然而，此模式在实践中极易出现“司法行政化”“司法地方化”等弊端。有学者提出应借鉴德国、法国等大陆法系国家采用二元制的行政审判模式，建立专门的行政法院制度。[⑤] 但也有学者指出要坚持当前我国行政审判庭体制不变。[⑥] 中国行政诉讼体制改革势在必行，但改革的路径选择却必须符合当前中国的政治、经济与法治发展的水平。

1. 中国实行大陆法系的行政法院制度之探究

大陆法系的行政法院制度以德国、法国两国最为典型。法国的行政法院从属于行政系统，法院建立了完善的判例制度，行政法官不仅精通法律知识，

---

① 关于行政诉讼制度在中国的起源，一般认为是1912年《中华民国临时约法》的颁布，但在清朝末年立宪思想的传入就已经为行政诉讼制度的引入做好了铺垫，因而本书认为行政诉讼制度起步于清朝末年。

② 参见沈大明：《民国初年关于行政诉讼体制的争论》，载《社会科学》2007年第4期。

③ 《中华民国临时约法》第10条规定：“人民对于官吏违法损害权利之行为，有陈诉于平政院之权。”

④ 参见江必新、梁凤云：《行政诉讼法理论与实务》，北京大学出版社2009年版，第57页。

⑤ 参见解志勇：《行政法院：行政诉讼困境的破局之解》，载《政法论坛》2014年第1期；宋智敏：《论中国特色行政法院制度的具体构建》，载《时代法学》2010年第8卷第3期。

⑥ 参见姜明安：《我国行政诉讼体制是否应实行行政法院模式》，载《中国审判新闻月刊》2013年总第91期。

还具有专门的行政技能。德国的行政法院则隶属于司法体系，与行政机关相分离，行政法院与普通法院并立。如果中国要实行类似于以上两国的行政法院制度，首先要面临的是对宪法与行政组织法的修改。且不论修法成本的巨大，中国的国家权力结构形态短时间内也不可能允许这种制度的构建。其次，当前行政诉讼实务中出现的司法行政化与司法地方化的现象，不仅仅是因为行政诉讼体制构建不完善，还深受行政诉讼体制运行环境的影响。建构专门的行政诉讼法院固然能将行政权与司法权的关系厘清，但如果不对整个国家的司法体制、政治体制进行改革，那么行政机关仍然有干涉司法的余地。最后，当前中国行政诉讼体制在基层运行过程中，基层行政法庭涉及区县及其相关部门的行政案件时更容易受到地方行政的干预，一方面是由于地方行政掌握了法院的财政经费来源，另一方面在于法官缺乏审理行政诉讼案件的专业行政知识，极易受到地方行政的影响。行政诉讼体制的设计固然重要，但不能忽略制度运行环境与人民对于行政诉讼制度的期待与实际需求。台湾地区的行政诉讼制度在借鉴德国与日本的行政诉讼制度的基础上经历了多次修改，从最初设立一个行政法院到2011年确立三级二审制，每一次改革都是基于政治与实务的需要。例如2011年以前，只能向位于台北、台中与高雄的行政法院提起行政诉讼，当时做出这种安排是考虑到行政诉讼案件数量有限。但随后在实践中，人们发现向台北、台中和高雄的行政法院起诉存在困难，首先会增加起诉的成本，其次也不利于法院客观公正审理。基于此，台湾地区“行政诉讼法”于2011年作出修订，其修订的首要原则就是要保障人民的公法权利，在各个地方法院设立行政法庭，便于人民就近提起诉讼。[①] 台湾地区之所以能做出这种制度的改革，原因在于人民的期待与需求，同时其业已存在的行政诉讼制度运行环境允许这种改革。

2. 中国采用英美法系的普通法院制度之探究

英美法系的普通法院司法审查制度特点在于不论行政、民事还是刑事案件都统一由普通法院管辖。其制度构建的理论基础在于其不区分公法与私法。之所以采取这种体制，原因在于：普通法院既然能独立审判民事、刑事诉讼

---

① 参见陈清秀：《行政诉讼法修正简介》，载《法学论述》2012年第2期。

而不受外力支配，其对行政诉讼也必然较其他机关更能保障人民权益；私人违法与官署违法，同受法律制裁，不应另设特殊机关，否则不仅使司法职权分歧，而且也违背法律之下一律平等的原则。[①] 普通法院制度建构在这种理念之上并在实践中通过其他手段弥补制度运行中出现的不足之处，如设立行政裁判所、监察员制度等。中国采用英美普通法院审查制度的首要冲突之处在于中国有“公与私”的区分，根植于人们内心中的观念认为如果行政诉讼与一般的民事或者刑事诉讼适用同样的法律规则与法律程序势必会造成不公。受到中国传统法律文化中的“息讼”“行政无讼”“司法与行政不分”等思想的影响，人们对于“民告官”本来就心存疑虑。再加之在行政诉讼中私权利的弱势地位，如果没有不同于一般民事或者刑事诉讼的法律规则与程序保障人们能获得与公权力平等对抗的机会，那么行政诉讼就不可能满足人们的现实需求与期待。

3. 归纳与总结

行政诉讼制度建立在民主、法治与宪制的基础之上。借鉴西方国家的行政诉讼制度构建的经验，中国行政诉讼体制应当立足于自身的法律传统。当前，学界关于中国行政诉讼体制构建的方案主要有六种类型：一是建立法国类型的行政法院，行政法院隶属于行政机关；二是建立德国类型的行政法院，行政法院隶属于司法机关，与普通法院并立而存在；三是保持最高人民法院为最高司法机关，但在省市县等地方一级分别设立独立的行政法院与人民法院并列；四是保持人民法院内设立行政审判庭的模式不变，但行政审判庭采交叉管辖模式，即行政审判庭与所辖案件必然不在同一区域；五是保持原有的行政审判庭模式不变，撤销区县一级的地方行政法庭，由中级人民法院作为行政案件的一审法院；六是保持人民法院内设立行政审判庭的模式不变，不按行政区划来区分行政诉讼管辖权，而是以省、自治区为基础由中央统一划分为若干行政管辖区域，设立高级行政法院，同一个高级人民法院管辖范围内又以地市为基础区分中级行政法院。以上六种方案试图在不同程度上确保行政审判的独立，其中方案一、二、三、六主张建立行政法院制度，只是

---

① 参见马君硕：《中国行政法总论》，商务印书馆1948年版，第271页。

在具体构建上有所差异，而方案四、五则强调保持原有的体制，在具体管辖权方面进行调整。从上文分析可知，盲目照搬他国的行政诉讼制度是不可取的，但在符合我国当前的政治、经济以及法治发展水平的基础上，对原有的行政诉讼体制进行完善却是必然途径。我国行政诉讼体制之所以要进行改革，不论采取何种方案，其根源在于通过制度设计预防司法行政化、司法地方化，保障行政审判的独立，满足人们对行政诉讼体制的现实需求。

第四章　行政诉讼基本原则之比较

行政诉讼基本原则是行政诉讼的精髓与指引，对行政诉讼的所有活动都发挥着指导作用。确定科学合理的基本原则，可以有效指导行政诉讼的立法与实践，保障行政诉讼活动的高效进行。各国行政诉讼基本原则有所不同，例如，我国行政诉讼的基本原则以保障行政相对人的利益为核心，德国以调查原则和处分原则作为行政诉讼法基本原则，美国以成熟原则为司法审查的重要原则。本章通过研判行政诉讼基本原则设定的规律，结合理论探索与实践经验，尝试着对我国行政诉讼基本原则做进一步的发展。

一、行政诉讼基本原则之法律意义

庞德这样描述基本原则："一个原则是一种用来进行法律论证的权威性出发点。各种原则是法律工作者将司法经验组织起来的产品，他们将各种案件加以区别，并在区分的后面定上一条原则，以及将某一领域内长期发展起来的判决经验进行比较，为了便于论证，或者把某些案件归之于一个总的出发点，而把其他一些案件归之于某个其他出发点，或者找出一个适用于整个领域的更能包括一切的出发点。"① 这种释义更适用于英美法系国家；在我国，主要通过立法确定基本原则，将基本原则体现于法律条文中，具体是指"反映行政诉讼基本特点和一般规律，贯穿于行政诉讼活动整个过程和主要过程，

---

① ［美］庞德：《通过法律的社会控制》，沈宗灵译，商务印书馆1984年版，第85页。

指导行政诉讼法律关系主体诉讼行为的重要准则”①。

对于行政诉讼基本原则的探讨，可以从研究行政诉讼基本原则的功能入手。总体来说，行政诉讼基本原则的功能有以下几点：

第一，指导功能。基本原则是部门法的灵魂，用以全面指导部门法的立法与司法。基本原则是一种根本的法律准则，以基本原则为纲，在此基础上以具体条文为目，才能纲举目张地构建一部精巧的部门法。在立法时，基本原则是立法者首要考虑的因素，用以指导具体条文的设置。“不仅行政法律规范的制定需要接受基本原则的指导，而且修改、废止工作也同样要与基本原则保持一致。”② 即行政诉讼法的基本原则可以指导立法、解释、修改、废止等各个阶段。除了对法律条文的指导作用，行政诉讼法基本原则的指导作用还体现在法律的实施过程中。行政诉讼法在实施的过程中，由于具体案件的复杂性，法律条文的适用需要一定的基准，以确保司法的稳定性和权威性。法院应当根据行政诉讼法的基本原则，正确理解和适用具体法条，依据案件事实作出公正的裁判，达到法律效果和社会效果的统一。此外，行政诉讼的基本原则对于行政诉讼法学的发展也具备深刻的指导意义。行政诉讼基本原则体现着行政诉讼的基本目的和立法价值取向，具有稳定性，研究行政诉讼基本原则，有助于推动行政诉讼法学的深入发展。

第二，引导功能。行政诉讼法与司法实践紧密相连，行政诉讼基本原则可以引导法院和参加人按照行政诉讼基本原则，合法、高效地进行诉讼活动。根据引导的对象不同，基本原则的引导功能可以分为以下三个方面：首先，行政诉讼基本原则对法院的引导功能。行政诉讼法是法院审理行政案件和行政诉讼参加人进行诉讼活动所必须遵守的准则和依据，对解决行政争议，保护公民、法人和其他组织的合法权益，监督行政机关依法行使职权等方面起到了重要作用。法院在诉讼中需要坚持行政诉讼基本原则，顺畅案件受理途径，独立行使审判权，以事实为依据，以法律为准绳，维护司法权威，确保

---

① 姜明安主编：《行政法与行政诉讼法》，北京大学出版社、高等教育出版社2005年版，第455页。相近的表述可参见罗豪才、应松年主编：《行政诉讼法学》，中国政法大学出版社1990年版，第22—23页。“行政诉讼基本原则是指贯穿于行政诉讼始终，对整个诉讼活动起着指导和支配作用的行为准则。”

② 杨海坤、章志远：《中国行政法基本理论研究》，北京大学出版社2004年版，第109页。

行政诉讼的公信力。其次，行政诉讼基本原则对公民、法人和其他组织的引导功能。公民、法人和其他组织作为行政诉讼的原告，参与诉讼的水平和能力参差不齐，表述清晰的基本原则有助于原告快速理解行政诉讼的立法宗旨和基本制度，知晓自己在行政诉讼中的权利和义务，从而保护自身的合法利益。如 2014 年《行政诉讼法》新增的第 3 条第 1 款："人民法院应当保障公民、法人和其他组织的起诉权利，对应当受案的行政案件依法受理。"此法条明确了公民、法人和其他组织的起诉权利应当受到保障。我国目前每年的行政案件在十万件左右，这种数量较少的情况不是因为行政争议少，而是很大程度上受到行政诉讼"立案难"这一困境的影响。起诉权利保障原则可以增强"民告官"的信心，使认为合法权益受到侵害的公民、法人和其他组织可以积极主张自己的权利，通过行政诉讼解决行政争议，引导人民群众以理性、合法的途径表达利益诉求，增加人民对司法的信任，维护社会的和谐与稳定。最后，行政诉讼基本原则对行政主体的引导功能。行政主体作为行政诉讼的被告，应当遵守行政诉讼的基本原则，依法参加行政诉讼，使行政诉讼顺利进行。行政诉讼的独立审判原则规定，人民法院依法对行政案件独立行使审判权，不受行政机关、社会团体和个人的干涉。2010 年发布的《国务院关于加强法治政府建设的意见》强调，政府应当做好行政应诉工作，积极配合人民法院的行政审判活动，支持人民法院依法独立行使审判权。对人民法院受理的行政案件，行政机关要依法积极应诉，按规定向人民法院提交作出具体行政行为的依据、证据和其他相关材料。对重大行政诉讼案件，行政机关负责人要主动出庭应诉。尊重并自觉履行人民法院的生效判决、裁定，认真对待人民法院的司法建议。

第三，整合功能。行政诉讼的基本原则可以整合行政诉讼的法律体系，包括行政诉讼法及相关的司法解释、配套规定。《中华人民共和国行政诉讼法》是行政诉讼的主干法律，并有《最高人民法院关于适用〈中华人民共和国行政诉讼法〉的解释》《最高人民法院关于行政诉讼证据若干问题的规定》《最高人民法院关于行政案件管辖若干问题的规定》《最高人民法院关于行政诉讼撤诉若干问题的规定》等司法解释。行政诉讼法规定"依法实行合议、回避、公开审判和两审终审制度"，明确了行政诉讼合议的基本原则。相应地，司法解释对于一审、二审及审判监督程序中的合议制度也进行了规定，如对于“第二审人民法院裁定发回原审人民法院重新审理的行政案件，原审人民法院应当另行组成合议庭进行审理”[①]。保证了行政诉讼法律制度内在的统一性。

二、行政诉讼基本原则之扫描

（一）我国行政诉讼基本原则

1. 内地

根据我国现行《行政诉讼法》及2014年《全国人民代表大会常务委员会关于修改〈中华人民共和国行政诉讼法〉的决定》（以下简称2014年《修改决定》）的规定，我国行政诉讼的原则包括以下几点：第一，保障案件受理原则。“人民法院应当保障公民、法人和其他组织的起诉权利，对应当受理的行政案件依法受理。行政机关及其他工作人员不得干预、阻碍人民法院受理行政案件。”[②] 第二，独立行使审判权原则。人民法院依法对行政案件独立行使审判权，不受行政机关、社会团体和个人的干涉。第三，以事实为根据，以法律为准绳原则。第四，合法性审查原则。人民法院审理行政案件，对行政行为是否合法进行审查。第五，依法实行合议、回避、公开审判和两审终审制度。第六，当事人在行政诉讼中的法律地位平等。第七，使用民族语言文字原则。[③] 各民族公民都有用本民族语言、文字进行行政诉讼的权利。第八，辩论原则。当事人在行政诉讼中有权进行辩论。第九，监督原则。人民检察院有权对行政诉讼实行法律监督。

2. 香港

香港受英国的法律制度影响较深，有关行政诉讼的法律没有进行单独的

① 《最高人民法院关于适用〈中华人民共和国行政诉讼法〉的解释》第109条第2款。

② 《全国人民代表大会常务委员会关于修改〈中华人民共和国行政诉讼法〉的决定》新增第3条。2014年11月1日，修改决定获全国人大常委会第十一次会议表决通过，于2015年5月1日起施行。

③ 在少数民族聚居或者多民族共同居住的地区，人民法院应当用当地民族通用的语言、文字进行审理和发布法律文书。人民法院应当对不通晓当地民族通用的语言、文字的诉讼参与人提供翻译。

划分，行政诉讼通过一般民事诉讼程序或者司法复核程序进行。[①] 与内地的行政诉讼制度相较，司法复核是更为相近的概念。《香港基本法》第 35 条第 2 款规定，“香港居民有权对行政部门和行政人员的行为向法院提起诉讼”。同时对政府合法行政进行了规定，“香港特别行政区政府必须遵守法律，对香港特别行政区立法会负责：执行立法会通过并已生效的法律”。

司法复核的范围包括：政府的行政决定；公共机构有关公共大众的决定；低级法院的司法决定。司法复核的基本原则是“越权无效原则”，即法院可以对行政机关越权的行为宣告其无效，予以撤销或禁止执行。行政机关越权指的是行政机关在行使权力时，超越了法律规定的权限或者在法定的权限范围内违反法律规定。越权可以分为实质越权和程序越权。其中，实质越权包括没有法理依据、超越法律授权、不履行法定义务、错误解释法律、非法转授行政权力、没有真正行使酌情决定权、非善意的行政决定或行为、滥用权力。[②]

3. 澳门

根据澳门《行政诉讼法典》，行政诉讼的基本原则包括以下几点。第一，有效司法保护原则。就所有公权利或受法律保护之利益，均设有一种或多种旨在对其给予有效司法保护之诉讼手段，亦设有对确保该等手段之有用效果属必需之预防及保存程序。第二，代理原则。在行政上之司法争讼程序中，私人必须委托律师，但不影响有关在涉及律师本人、其配偶、直系血亲尊亲属或直系血亲卑亲属之案件中担任律师方面之法律规定，或依职权指定律师之法律规定之适用。在行政上之司法争讼程序中，行政机关必须依据相关规定被代理。[③] 第三，裁判公开原则。得将终审法院及中级法院之合议庭裁判之打字副本送交澳门政府印刷署，以便以汇编方式出版。汇编每季公布一次；

---

① 薛刚凌主编：《外国及港澳台行政诉讼制度》，北京大学出版社 2006 年版，第 281 页。

② 具体阐述见薛刚凌主编：《外国及港澳台行政诉讼制度》，北京大学出版社 2006 年版，第 248—254 页。

③ 对于下列事宜所规范之诉讼手段及程序中，在涉及职责之冲突中，以及在有关对司法裁判之上诉及所有针对公法人之执行程序中，行政机关的代理须由所委托之律师作出或由为代理之目的而明确指定担任法律辅助工作之法学士作出：司法上诉、对规范提出之争议、确认权利或受法律保护之利益之诉、命令作出已发应作之行政行为之诉、提供资讯及查阅卷宗或发出证明之诉、涉及行政上之违法行为之诉讼手段、预防及保存程序。在其他情况下，行政机关的代理须由检察院作出。

汇编中须载入在每季所作之裁判并附有裁判书制作人所编制之摘要，且须将终审法院与中级法院之裁判分开归组。第四，合法性审查原则，在司法上诉中仅审理行为之合法性，其目的在于撤销司法上诉所针对之行为，或宣告其无效或法律上不存在；但另有规定者除外。

（二）德国行政诉讼基本原则

在德国，程序基本原则贯穿了整个行政诉讼的过程，体现了法治国家原则根本的程序要求。程序基本原则主要包括调查原则和处分原则，二者并行适用，区别在于适用主体不同：调查原则适用于法院，而处分原则适用于当事人。

所谓调查原则，指的是德国法院对行政机关的事实认定享有广泛的审查权，即便存在行政机关对事实的认定，法院仍可以主动地行使调查权。如德国《行政法院法》第 86 条第 1 款规定，“法院依职权调查事实；于调查事实时，法院应通知当事人到场。法院不受当事人陈述及调查证据之申请约束”。这样的规定既授权法院以充分的调查权，同时也对法院提出了调查义务。“法院应在当事人陈述之外，独立对案件事实作出调查，并且还要用尽一切合理的方法查明案件事实。如果法院没有对为案件所需要的，并且对于审理结果有明显影响的事实作出调查，就构成了程序瑕疵。”①《德国基本法》在第一章“基本权利”第 19 条第 4 款规定，“无论何人，其权利受到公共权力侵害的，均可提起诉讼。如无其他主管法院的，可向普通法院提起诉讼”，阐述了对公民的法律保护原则。第 20 条第 3 款规定了合法行政原则，“立法应遵循宪法秩序，行政和司法应遵守正式法律和其他法律规范”。同时赋予了公民抵抗权：“对于企图废除上述秩序的任何人，如没有其他对抗措施时，所有德国人均有抵抗权。”基本法的上述规定共同构成了调查原则的根基。因为对于公民而言，对案情进行完整而准确的陈述较为困难，因此，在公民的陈述和提供的证据之外，法院需独立地对案件事实进行调查，以维护公民的

① 刘飞：《德国公法权利救济制度》，北京大学出版社 2009 年版，第 49 页。

正当权利,[①] 并通过调查，使行政受到法律的约束，进而实现合法行政。

处分原则，又称处置原则，是指行政诉讼的参加人对于争议标的、诉讼的开始和结束享有充分的处分的权利。《行政法院法》第 88 条规定，“法院不得超越诉讼请求”；“处分原则的基础是法律制度中私人自治的观念，依据这样的观念，每个人都有权决定是否以及在何种范围内通过法院来实现其私权利或公法权利”[②]。在判决确定之前，原告都可以撤诉，诉讼被撤回的，法院以裁定终结诉讼，宣布撤诉的法律后果。也就是说，行政诉讼旨在解决行政争议，为公民提供法律保护，因此，需要充分尊重当事人的意思表示。

（三）法国行政诉讼基本原则

法国《行政诉讼法典》[③] 对行政诉讼基本原则作了如下规定。第一，合议制原则。判决以合议的形式作出，法律另有规定的除外。[④] 第二，诉讼不停止执行原则。除非法律特别规定，未经法院允许，行政决定不因诉讼而中止执行。第三，辩论原则。案件的审理采用辩论形式，辩论原则同样适用于紧急情况下的审理，且辩论公开进行。第四，政府专员原则。这是法国行政诉讼特有的制度：法庭中有一名成员行使政府专员职能，独立地、公开发表他对于案件的意见和解决方案。政府专员由政府在法官中选任，但并不受政府的意见所左右，秉持客观、中立的态度参加诉讼。第五，秘密评议原则。评议由合议庭全体成员参加，政府专员参加会议，但没有发表意见和参加表决的权利。评议一律秘密进行。第六，说明理由原则。判决需要说明理由；判决是公开的，需要署法官的名字。[⑤]

---

① 当然，调查原则并不免除当事人的举证责任，德国《行政法院法》第 86 条第 3 款规定：“主审法官有义务要求诉讼当事人消除形式瑕疵，对不清楚的申请予以澄清，提出有益的申请，补充不充足的事实陈述，作出所有对确认及判决案件有意义的声明。”

② 薛刚凌主编：《外国及港澳台行政诉讼制度》，北京大学出版社 2006 年版，第 7 页。

③ 法国《行政诉讼法典》于 2000 年 5 月 4 日颁布，2001 年 1 月 1 日起施行。

④ 《行政法庭和行政上诉法院法典》第 L. 4 条规定，“除有关紧急审理程序的规定外，行政法庭和行政上诉法院的判决应由至少三名法官合议作出”，但为提高审判效率，法国议会数次颁布法律增加例外情形，如对免除建筑许可的工程提起的诉讼等特殊案由，可由一名法官独任审理。

⑤ 法国《行政诉讼法典》前言第 3 条至第 10 条。

（四）美国司法审查基本原则

成熟原则是美国司法审查的重要基本原则。所谓成熟原则，指的是行政行为需要发展到适宜由法院处理的阶段，即已经达到成熟的阶段，才能进入司法审查程序。《联邦行政程序法》第 704 条规定，“法律规定可受审查的机关行为和没有其他适当救济的机关的最终行为，应受司法审查。预备的、程序性的或中间阶段的机关行为或裁决，不能接受审查，应在审查机关的最终行为时受审查”。该法条将预备性的、程序性的或者中间阶段定义为“不成熟的”，排除在司法审查之外。第 702 条规定：“因行政行为而致使其法定权利受到不法侵害的人，或者受到有关法律规定之行政行为的不利影响或者损害的人，均有权诉诸司法审查。”这也说明司法审查的条件之一是产生了实际的影响或损害。司法审查的成熟原则强调在行政机关作出最终决定前，行政机关不受法院的影响。行政机关的职责是通过行使行政权力，实现行政管理目标，成熟原则可以保障行政机关正常的行政管理工作保持独立性，不受到干涉。

与成熟原则相对应的是穷尽行政救济原则。穷尽行政救济原则指的是当事人在寻求行政救济时，首先要在行政系统内部进行，在已经穷尽了其他的救济的可能性之后，再向法院请求救济。穷尽救济原则保证了法院以有限的人力和物力集中处理案件，给予行政机关自我改正的空间，而且，行政机关的自我纠错机制使得当事人和行政机关可以再次沟通，通过这种程序化解行政争议，有利于增进双方之间的理解，达致更好的社会效果。

三、行政诉讼基本原则设定之共性规律

各个国家及地区对行政诉讼基本原则的规定各不相同，但总体来说，都基于以下因素确立基本原则。第一，与本国的经济制度和政治制度紧密相连。行政诉讼作为解决行政争议的重要途径，相关的法律法规必然会受到本国经济制度和政治制度的影响；而行政诉讼的基本原则处于行政诉讼的核心，也会反映本国经济制度和政治制度的特点，并随着时代和国情的变化而发展。

第二，与本国的司法传统和实践紧密相关。英国不分行政争议和民事诉讼，以行政裁判所为主要处理行政争议的机构，普通法院具有最后决定权。法国是典型的大陆法系国家，与之相反，对行政争议和民事纠纷做了明确的划分，通过独立的行政法院系统处负责行政案件。第三，具有时代性。行政诉讼基本原则随着时代的发展而发展，并不断地丰富其内涵。

四、中国行政诉讼基本原则之重述

（一）构建行政诉讼基本原则之基础

"法治应包含两重意义：已成立的法律获得普遍的服从，而大家所服从的法律又应该本身是制定的良好的法律。"① 对于"良法"和"普遍服从"基本要素的强调，奠定了之后西方法治思想发展的方向。在形式法治的框架下，政府更趋向于法律依据的遵从，行政法上的"法无明文授权即禁止"对行政机关作出行为的范围进行了限定。而实质法治在中国语境下有以下特征：形式正义与实质正义的统一；合法性与正当性的统一；实体合法性与程序合法性的统一；形式平等与事实平等的统一；法的规范价值与正义价值的统一；法的稳定性与法的合目的性的统一；权利与义务、职权与职责的统一；法治与善治的统一。② 行政诉讼基本原则的构建即应在实质法治的背景下进行。

（二）构建行政诉讼基本原则之相关因素

首先，构建行政诉讼基本原则与我国的政治制度相关。我国实行人民代表大会制，全国人民代表大会和地方各级人民代表大会都由民主选举产生，对人民负责，受人民监督。国家行政机关、审判机关、检察机关都由人民代表大会产生，对它负责，受它监督。行政机关对国家事务和公共事务进行管理，法院是国家的审判机关，而行政诉讼是对行政机关进行监督的重要途径。

---

① ［古希腊］亚里士多德：《政治学》，吴寿彭译，商务印书馆1983年版，第184页。

② 江必新：《论实质法治主义背景下的司法审查》，载《法律科学（西北政法大学学报）》2011年第6期。

行政机关尊重法院的司法权，法院也给予行政机关充分的尊重，采取“不告不理”的制度，不主动对行政机关的行为进行审查，进入司法程序之后，对行政行为进行“有限”的审查。我国《行政诉讼法》规定：“人民法院依法对行政案件独立行使审判权，不受行政机关、社会团体和个人的干涉。”这一规定确立了独立行使审判权原则。独立行使审判权可以从两个方面来理解：从外部的独立性讲，人民法院依法独立行使审判权，不受行政机关、社会团体和个人的干涉；从内部来说，行政审判权由人民法院统一行使，而不是由某个审判员独立行使。为了落实独立审判原则，2014 年《行政诉讼法》的修改新增了“法院跨区域管辖”制度。针对行政诉讼中的地方保护和行政干预，各地法院在实践中进行了积极的、有益的探索，如异地管辖①、相对集中管辖和提级管辖等。在实践经验的基础上，规定“经最高人民法院批准，高级人民法院可以根据审判工作的实际情况，确定若干人民法院跨行政区域管辖行政案件”。党的十八届四中全会也要求“最高人民法院设立巡回法庭”，“探索设立跨行政区划的人民法院和人民检察院”。与这一制度相契合，党的十八届三中全会决定“推动省以下地方法院、检察院人财物统一管理”，以确保法院独立行使审判权。

其次，构建行政诉讼基本原则与我国的司法实践相关。一国的司法实践会对行政诉讼的基本原则产生重大的影响，2014 年《修改决定》的内容明确地反映了在行政诉讼中保护公民、法人和其他组织的合法利益的重要性，并将原立法目的中的“维护和监督行政机关依法行使行政职权”修改为“监督行政机关依法行使行政职权”。1990 年 10 月 1 日起开始施行的《行政诉讼法》已经历经了二十多年，修改的内容无疑是针对司法实践中出现的问题所给予的积极回应。对原告的保护和对被告行政机关的监督贯穿于行政诉讼程序的始终：在受案范围方面，公民、法人或者其他组织认为行政行为所依据的国务院部门和地方人民政府及其部门制定的规范性文件不合法，在对行政

---

① 如2014 年9 月1 日，黑龙江高院开始实施《关于行政案件异地管辖若干问题的规定（试行）》，对以下两类案件实行异地管辖：以县级人民政府为被告的案件，除依法应由中级人民法院管辖的以外，由被告所在地之外的基层人民法院管辖；中级人民法院管辖的以同级人民政府为被告的案件，由被告所在地之外的中级人民法院管辖。其他如河南省、甘肃省也进行了异地管辖的试点。

行为提起诉讼时，可以一并请求对该规范性文件进行审查。将规范性文件纳入行政诉讼审查的范围，主要是基于对实践中一些部门、地方受利益驱动，通过制定规范性文件谋求利益，导致公民利益受到损害的情况的考虑。在执行方面，明确了先予执行制度，对起诉行政机关没有依法支持抚恤金、最低生活保障费和工伤、医疗社会保险金的案件，权利关系明确、不先予执行将严重影响原告生活的，可以根据原告的申请，裁定先予执行。先予执行制度保障了在行政诉讼的进行期间，生活有特殊困难的人可以维持基本的正常生活，体现了司法的人文关怀。

最后，构建行政诉讼基本原则与行政诉讼特殊性相关。行政诉讼的基本原则既须具有普遍性，能够为行政诉讼提供指引，又能够体现行政诉讼这一部门法自身的特点。基本原则的阐述要避免泛化："原则的泛滥在当代中国的各法律部门绝不是个别的现象，它基于论者们对原则到底是什么缺乏正确的理解，他们似乎认为，任何重要的东西都是原则。"[①] 因此，行政诉讼基本原则的确定必须将立法和实践结合，提炼出行政诉讼的关键内核。

（三）构建行政诉讼基本原则之具体内容

第一，合法性审查原则。我国的《行政诉讼法》规定："人民法院审理行政案件，对行政行为是否合法进行审查。"这一条文明确了我国行政诉讼合法性审查原则。合法性审查的基础是司法权和行政权的关系。在我国，行政机关和司法机关都由国家权力机关产生，对其负责，受其监督。法院监督行政依法行使职权，对于在诉讼受案范围内的行政行为，经公民、法人和其他组织提起，对行为的合法性进行审查，纠正违法行为，保护公民、法人和其他组织的合法权益。同时，法院对行政机关的监督也只限于合法性审查。人民政府是各级国家权力机关的执行机关，管理本区域的行政工作，政府接受法院的监督，但法院需要在行政机关的法定职权范围内给行政机关以尊重，才能保持立法权、司法权和行政权的良好运行。

合法性审查原则的审查对象包括具体行政行为和部分抽象行政行为。

① 徐国栋：《民法基本原则解释》，中国政法大学出版社1992年版，第6页。

2014年《修改决定》将原条文的“具体行政行为”改为了“行政行为”。对于具体行政行为，行政诉讼法列举了可诉的具体行政行为的类型，对公民、法人和其他组织的人身权和财产权进行了兜底规定，并将法律法规规定可以提起行政诉讼的其他行政案件纳入行政诉讼的受案范围。对于抽象行政行为，公民、法人或者其他组织认为行政行为所依据的国务院部门和地方人民政府及其部门制定的规范性文件不合法，在对行政行为提起诉讼时，可以一并请求对该规范性文件进行审查。人民法院在审理行政案件中，经审查认为规范性文件不合法的，不作为认定行政行为合法的依据，并向制定机关提出处理建议。合法性审查原则的适用结果是法院以合法性为审查标准，依法作出驳回原告诉讼请求、撤销判决、履行判决、给付判决，只有一种例外情形就是变更判决。行政处罚明显不当，或者其他行政行为涉及对数额的确定、认定确有错误的，人民法院可以判决变更。但是，“明显不当”的限度仍属于要继续探讨的命题。

合法性审查的依据是法律、行政法规和地方性法规。地方性法规适用于本行政区域内发生的行政案件，人民法院审理民族自治地方的行政案件，并以该民族自治地方的自治条例和单行条例为依据。人民法院审理行政案件，参照规章。行政诉讼所依据的法律既包括全国人大及其常委会通过的规范性文件，也包括不以国家主席令形式公布的关于法律问题的决定，如《全国人民代表大会常务委员会关于司法鉴定管理问题的决定》。行政法规包括国务院制定的行政法规，立法法实施前按照当时的行政法规制定程序，经国务院批准、由国务院部门公布的行政法规，以及在清理行政法规时由国务院确认的其他行政法规。[①] 自治条例和单行条例是指自治区、自治州、自治县的人民代表大会依照当地民族的政治、经济和文化特点制定的规范性文件。规章包括部门规章和地方政府规章。对规章是“参照”，这与法律法规的“依据”不同，参照意味着法院在适用时可以对规章的条文进行判断，对合法有效的规章予以适用。除了对规章进行参照，规章制定机关作出的与规章具有同等效

---

① 全国人大常委会法制工作委员会行政法室编著：《中华人民共和国行政诉讼法解读》，中国法制出版社2014年版，第176—177页。

力的规章解释，人民法院审理行政案件时同样予以参照。

合法性审查作为行政诉讼的基本原则已经基本成为学界共识，合法性审查的标准应当符合“行政行为证据确凿，适用法律、法规正确，符合法定程序，不超越职权，不滥用职权”。但这些方面都是形式审查，如何在现行规定的基础上，逐渐探索实质意义上的合法性审查，或许是行政诉讼基本原则将要面对的一个重要问题。同时，还需要注意，“对合法性的审查不仅包括审理阶段，更主要的是贯穿于行政诉讼的全过程”①。

第二，保护原告原则。我国宪法规定，“中华人民共和国公民在法律面前一律平等”，行政诉讼法规定的“当事人在行政诉讼中的法律地位平等”即是这一宪法原则在行政法中的直接体现。但是，“平等保护并不完全否定基于合理的立法目的的差别对待。对于当事人中的弱者，立法上应给予他们一定程度的特殊保护，保证他们拥有与强者实质上平等的参与诉讼的能力和机会”②。

事实上，我国的行政诉讼法中已经设计了多项制度以保障在行政诉讼中行政相对人的权益不受到强势的行政机关的侵犯。但是，以权利制约和对抗权力的过程中，行政相对人还是处于事实上较为弱势的地位。在行政管理过程中，行政机关行使公权力对国家事务和公共事务进行管理，公民、法人或者其他组织作为行政相对人接受行政机关的管理，受到行政行为的影响及作用。即便在行政诉讼中强调双方当事人地位平等，如何在行政诉讼中保障相对人的权利，达到行政诉讼程序中原告和被告诉讼地位的平衡，仍是行政诉讼法中需要重点考虑的问题，因行政诉讼的特殊性，此点也应提炼和上升为行政法的基本原则。

对原告的保护包括实体和程序两个方面。就实体方面而言，2014 年修改后的《行政诉讼法》第 1 条规定：“为保证人民法院公正、及时审理行政案件，解决行政争议，保护公民、法人和其他组织的合法权益，监督行政机关依法行使职权，根据宪法，制定本法。”本条体现了行政诉讼法的立法目的，其中重要的一点即是“保护公民、法人和其他组织的合法权益”。公民、法人

① 江必新、梁凤云：《行政诉讼核心原则论要——以行政诉讼法的核心原则为视界》，载《公法研究》2007 年。

② 樊崇义：《诉讼原理》，法律出版社 2003 年版，第 172 页。

和其他组织认为行政机关和行政机关工作人员的行政行为侵犯其合法权益，有权依照本法向人民法院提起诉讼。这种保护，主要指的是就实体意义而言的利益保护，关注的是行政机关是否违反了依法行政原则，对相对人的利益造成了侵害，在此基础上根据诉讼的类型作撤销判决、履行判决、给付判决、确认判决或变更判决，使原告的利益通过诉讼得到保护。此外，原告和被告的资格恒定，公民、法人或其他组织作为原告，就行政机关的行为提起诉讼。行政机关只能作为被告，不能提起反诉。就程序方面而言，举证责任的分配充分地考虑了保护原告原则。《行政诉讼法》规定被告对作出的行政行为负有举证责任，应当提供作出该行政行为的证据和所依据的规范性文件。被告不提供或者无正当理由逾期提供证据，视为没有相应的证据。对于举证责任的分配，行政诉讼法的规定明显有别于其他诉讼法。刑事诉讼法的公诉案件中被告人有罪的举证责任由人民检察院承担，自诉案件中被告人有罪的举证责任由自诉人承担。当事人对自己提出的主张，有责任提供证据，“谁主张，谁举证”。行政诉讼中的举证责任分配充分地考虑到了原告的举证能力有限的问题。在行政管理程序中，行政机关可以依职权收集证据。《行政处罚法》第36条规定，行政机关发现公民、法人或者其他组织有依法应当给予行政处罚的行为的，必须全面、客观、公正地调查，收集有关证据；必要时，依照法律、法规的规定，可以进行检查。而原告在行政程序中没有国家强制力作支持，取证能力有限，在这种背景下行政诉讼法规定由被告证明行政行为合法是必要的。

为了树立保护原告这一基本原则和立法理念，除了现行法律已经制定和实施的制度，可以考虑从以下几个角度进行完善：

其一，加大保护原告诉权的力度。2014年《行政诉讼法》修改中，已经充分体现了对原告诉权的保护，新增第51条第1款规定，“人民法院在接到起诉状时对符合本法规定的起诉条件的，应当登记立案”。即变立案审查制为立案登记制，对于依法应受理的案件，做到有案必立、有诉必理，保障当事人诉权。同时，司法实践中，有些法院对本该立案的案件不予立案，或者为了防止原告上诉，不作出不予立案裁定，使得原告陷入状告无门的困境，针对这一情况，第52条规定，对于人民法院既不立案又不受理的，当事人可以向上一级法院起诉。上一级法院认为符合起诉条件的，应当立案、审理，也可以指定其他下级法院立案、审理。

其二，进一步规范调取证据制度。《行政诉讼法》规定的证据的调取方式分为依职权和依申请两种。《行政诉讼法》规定，对于与本案有关的下列证据，原告或者第三人不能自行收集的，可以申请人民法院调取：由国家机关保存而须由人民法院调取的证据；涉及国家秘密、商业秘密和个人隐私的证据；确因客观原因不能自行收集的其他证据。同时，人民法院有权向有关行政机关以及其他组织、公民调取证据。上述条文授予了法院调取证据的权力，但未对调取证据的情形作具体的规定，即没有规定法院如果怠于调取证据的法律后果。对于证据的调取和收集，法国采职权主义查证制度，法院调查证据不受当事人提供证据的限制，法官必须查明案件事实。德国《行政法院法》也有类似规定，法院调查事实不受当事人陈述和申请调查证据的约束，法院需要独立对案件事实作出调查，用尽一切合理的方法查明案件事实。这对法院的调查权既进行了授权性的规定，又进行了义务性的约束。因此，有必要将依职权和依申请两个途径的启动情形进一步细化，建立立法上的制约机制，以监督法院履行必要的调查职能。

“司法权源于人民、属于人民、服务人民、受人民监督”①。行政诉讼制度是保障广大人民群众利益最有效、最直接的法律制度之一，社会利益格局日趋多元化和复杂化，为充分保障公民、法人或者其他组织的切身利益，需要将保护原告上升为行政诉讼的基本原则。

---

① 《关于依法保护行政诉讼当事人诉权的意见》，法发〔2009〕54号。

第五章　行政诉讼类型构造之比较

所谓行政诉讼的类型，是指在行政诉讼中原告提起救济的类型及法院作出相应裁判的制度。德国对撤销之诉和课予义务之诉等诉讼类型进行了明确的规定，日本也直接将行政案件诉讼分为抗告诉讼、当事人诉讼、民众诉讼以及机关诉讼。我国《行政诉讼法》没有对诉讼类型进行直接规定，我们认为，应对诉讼类型进行明确，在此基础上有针对性地进行程序设计，为权利救济提供更多可能的途径。

一、类型构造之法律机能

一般意义下，类型化研究方法的目的是按照一定的标准对社会纠纷进行归类总结，以为相应诉讼救济途径的设计或者诉讼体系漏洞的弥补奠定社会实证基础。[①] 行政诉讼的类型化研究的法律机能主要包括以下两点：第一，通过设计与社会纠纷类型相应的诉讼救济途径，保护当事人的权利。所谓“有权利必有救济”，行政诉讼类型是指“公民、法人和其他组织可以提起行政诉讼请求救济且法院仅在法定的裁判方法范围内裁判的诉讼形态”[②]。无论各个国家是否通过法律明文规定了行政诉讼的类型，行政诉讼的类型研究都是行政诉讼理论的重要组成部分。行政诉讼类型与当事人的诉权、诉讼程序及判决形

---

① 樊崇义主编：《行政诉讼原理》，法律出版社2003年版，第551页。

② 马怀德、张红：《试论行政诉讼的种类》，载《天津行政学院学报》2002年2月。

式直接相关，而诉讼权可以被视为“现代法治社会中的第一制度性人权”[①]，因此行政诉讼类型与当事人的利益紧密相关。也可以说，“一国行政诉讼类型的多寡及其设置的科学与否直接影响到该国公民行政诉讼的保护程度以及法院司法审查功能的实现”[②]。第二，通过行政诉讼类型的科学设计，弥补诉讼体系的漏洞。行政诉讼类型不仅直接关系到原告的权益，与被告和法院也有着紧密的联系。比如，被告通过行政诉讼的类型可以相应地对自己的行政行为是否合法及适当作出检讨；法院审判程序的顺利进行也有赖于行政诉讼类型的科学化规定。行政诉讼的类型应当起到“纲举目张”的作用，以其为前提和基础构建整个行政诉讼的框架。行政诉讼的类型既要承担以上两个法律机能，又要考虑到审判权和行政权关系的定位，因此，构建行政诉讼类型是一个复杂且重要的命题。

二、类型构造之标准

研究科学的行政诉讼类型构造，需要明确的首要问题是行政诉讼类型构造的标准为何。对于标准的确立，不同的国家和地区有着不同的规定。法国以法官审判权的大小为类型构造的标准，在完全管辖之诉中，法官可以行使全部审判权力，对行政机关的行为进行撤销、变更、重新决定。德国以诉讼请求为类型构造的标准，分为撤销之诉、课予义务之诉、确认之诉等，而且根据诉讼类型的不同，所适用的诉讼程序也有所不同。日本以诉讼的性质为划分标准，分为抗告诉讼、当事人诉讼、民众诉讼和机关诉讼。我国目前的行政诉讼类型主要以当事人的请求为标准进行，体现了尊重当事人的意思表示。既然行政诉讼由当事人提起，那么是否提起诉讼以及提起何种类型的行政诉讼，都应依当事人的请求内容而定，具有合理性。另我国台湾地区以诉讼的内容为分类标准，如撤销诉讼、确认诉讼及给付诉讼。

---

① 莫纪宏：《论人权的司法救济》，载《法商研究》2000 年第 5 期。

② 杨海坤、章志远：《中国行政法基本理论研究》，北京大学出版社 2004 年版，第 570 页。

三、类型构造之典型模式

（一）法国行政诉讼类型构造

法国对于行政诉讼的类型没有进行明文规定，学术界对行政诉讼类型有着较为长久而深入的探讨。传统划分行政诉讼类型的标准是由 L. 奥科和 E. 拉弗里耶尔等提出的“法官审判权的大小”。[①] 以此为分类标准，行政诉讼可以分为完全管辖权之诉、撤销之诉、解释及审查行政决定的意义和合法性之诉、处罚之诉。

第一，完全管辖权之诉。在完全管辖权之诉中，法院审查是全面的、深度的审查，法官行使全部审判权力，可以撤销、变更、重新决定行政机关的行为，可以判决行政主体赔偿损失。这种全面的审查既包括对法律行为和事实行为，也包括单方行政行为、双方行政行为和多方行政行为。[②] 根据法国《行政诉讼法典》，最高行政法院对下列完全管辖权之诉，拥有一审和终审的管辖权限：由保险监督委员会采取的处罚措施；居住部采取的处罚措施；通讯主管机构采取的处罚措施；退休保障机构监督委员会采取的处罚措施；视听高级委员会采取的处罚措施；证券交易委员会采取的处罚措施；等等。第二，撤销之诉。撤销之诉是指由当事人请求法官撤销损害他的利益的违法的决定。撤销之诉中最重要的是越权之诉。越权之诉是当事人的利益由于行政机关的决定而受到侵害，请求行政法院审查该行政决定的合法性，并撤销违法的行政决定的救济途径。[③] 在越权之诉中，当事人只能使用法律上的理由。行政法院对事实问题的审查根据案件的不同，分为最低程度的监督、一般程度的监督和最大程度的监督等。原则上，事实问题只在构成法律的基础时才被审查。[④] 第三，解释及审查行政决定的意义和合法性之诉。在这种诉讼中，

---

① 王名扬：《法国行政法》，中国政法大学出版社 1988 年版，第 664 页。
② 王名扬：《法国行政法》，中国政法大学出版社 1988 年版，第 665 页。
③ 王名扬：《法国行政法》，中国政法大学出版社 1988 年版，第 671 页。
④ 王名扬：《法国行政法》，中国政法大学出版社 1988 年版，第 672 页。

法官的权力受到一定的限制，法官不能作出直接产生法律效果的决定，他只能为其他法官的判决提供基础，或者对自己先前的判决确定范围。[①] 第四，处罚之诉。处罚之诉是行政诉讼的特殊形式，在这种诉讼类型中，行政法官可以对违法的人直接判决处罚，适用范围非常狭窄，主要针对重要道路的违警处罚。

（二）德国行政诉讼类型构造

德国的《行政法院法》明确对撤销之诉和课予义务之诉作出了规定。一般认为，德国的行政诉讼类型并不仅限于此，还包括法院在司法实践中逐渐确立的确认之诉、一般给付之诉、规范审查程序、行政诉讼中的机构之诉、其他的形成之诉、协会之诉和民众之诉、公益诉讼。[②]

"撤销之诉"指的是原告要求撤销行政行为的诉，这种行为包括了经复议机关维持的原行为及复议机关改变的复议决定。"课予义务之诉"指的是原告要求法院判决被告作出一个被拒绝的或者不作为的行政行为，包括对行政机关拒绝作出某种行政行为提起的拒绝作为之诉、对行政机关不作为提起的不作为之诉和行政机关根据法院的法律观点进行答复的答复之诉。[③] "确认之诉"指的是通过诉讼确认某种法律关系的存在或不存在，或者一个行政行为的无效。如果通过形成之诉或给付之诉可以维护原告的利益，则不需要提起确认之诉。"一般给付之诉"指的是公民要求公共行政主体作出、容忍或者不作出除行政机关以外的行为，或者公共行政主体要求公民作出、容忍或不作出某种行为的诉。一般给付之诉的特点在于行政机关和公民都可以作为原告提起诉讼。"规范审查程序"是指法院经申请对有关行政机关制定的规范进行审查的程序，能够被审查的规范主要包括建设法典中规定的章程和规章，以及州法律规定行政法院可以审查的位阶低于州法律的规范。"行政诉讼中的机构之诉"主要解决内部机构争议的程序问题。"其他形成之诉"适用民事诉讼

---

① 薛刚凌：《外国及港澳台行政诉讼制度》，北京大学出版社 2006 年版，第 97—98 页。

② 薛刚凌：《外国及港澳台行政诉讼制度》，北京大学出版社 2006 年版，第 35—39 页。

③ 德国《行政法院法》第 113 条第 5 款规定："违法拒绝作出行政行为或对其不作为，原告权利受侵害的，法院可宣布行政机关的该义务，其他情况下，应作出对义务的宣判，根据判决的法律观点对原告作出答复。"

法的规定，包括变更之诉、再审之诉等。“协会之诉和民众之诉”的适用范围分别为，协会之诉是为了成员或他人的利益而诉；民众之诉是公民为他人或公共利益而诉。

（三）日本行政诉讼类型构造

日本是将行政诉讼类型法定化的典型国家，日本《行政案件诉讼法》在总则中直接将行政案件诉讼分为抗告诉讼、当事人诉讼、民众诉讼以及机关诉讼。基于此，纲举目张成为该法突出的结构特征，即以上述类型为纲，以不同类型的诉讼规则程序为目构建行诉法的章节条文体系。[①]

“抗告诉讼”是指关于对行政机关行使公权力不服的诉讼。抗告诉讼包括四种形态：撤销处分之诉、撤销裁决之诉、无效确认之诉以及不作为违法确认之诉。第一，撤销处分之诉是日本行政案件诉讼的核心，指的是为撤销行政机关的处分及其他相当于公权力行使的行为的诉讼。[②] 无论行政机关作为还是不作为，这种具有公权力行使表征的行为都可以成为撤销之诉的对象。第二，撤销裁决之诉。不同于原来的《行政案件诉讼特例法》将撤销裁决之诉合并于撤销或变更行政机关违法处分之诉讼，《行政案件诉讼法》将撤销处分之诉与撤销裁决之诉区别开来，赋予撤销裁决之诉以独立的法律地位。撤销裁决之诉主要指的是请求撤销对审查请求、异议申诉及其他不服申诉的裁决、决定及其他行为的诉讼。第三，无效确认之诉指的是请求确认处分或裁决是否存在或者是否具有法律效力的诉讼，因其超过起诉期限仍可提起，所以现行法律对其的适用条件进行了严格的限定，尤其是对原告资格。第四，不作为违法确认之诉。该种诉讼类型指的是请求确认行政机关依据法令对申请在相当期限内应该作出某种处分或裁决而没有作出任何处分或者裁决的不作为违法的诉讼。

“当事人诉讼”是指关于形成或确认当事人之间法律关系的处分或裁决的诉讼，是根据法令的规定以法律关系的一方当事人为被告的，以及关于公法

---

① 王丹红：《诉讼类型在〈日本行政诉讼法〉中的地位和作用——以我国〈行政诉讼法〉的修改为观察视角》，载《法律科学（西北政法学院学报）》2006 年第 3 期。

② 日本《行政案件诉讼法》第 3 条第 2 款。

上的法律关系的确认之诉等有关其他公法上法律关系的诉讼。[①] 当事人诉讼与抗告诉讼的首要区别在于，抗告诉讼以行使公权力的行政机关为被告，而当事人诉讼以法律关系的一方当事人为被告。《内阁总理大臣答辩书》中这样写道：希望确认诉讼在“行政立法、行政计划、行政指导等本身不能成为抗告诉讼对象的行政活动引发公法上的法律关系纠纷时”能够得到积极利用。[②]

“民众诉讼”是指请求纠正国家或公共团体机关的不合法行为的诉讼，是不以选举人资格以及其他涉及个人利益为条件而提起的诉讼。民众诉讼属于客观诉讼，与撤销诉讼最大的区别在于原告的资格不同，民众诉讼的原告以与法律上无利益关系为前提提起诉讼。

“机关诉讼”是指关于国家或公共团体的机关相互之间权限存在与否及有关权限行使纷争的诉讼。机关诉讼以机关为诉讼的当事人，主要解决机关之间的权限是否存在以及权限发生冲突的时候如何处理。机关诉讼主要包括职务执行命令诉讼和自治机关诉讼，同时，《行政案件诉讼法》对机关诉讼的适用范围进行了明确的限定：“行政机关属于上下级隶属关系，因为上级行政机关行使权力造成侵害下级行政机关的行政权限时，下级行政机关不允许提起行政诉讼。下级机关的行政处罚决定被上级行政机关或者第三者行政机关撤销时，下级机关不允许就行政处罚决定提起行政诉讼。”

（四）韩国行政诉讼类型构造

韩国的行政诉讼法受到了日本强烈的影响，在行政诉讼类型法定化的形态上，几乎别无二致。韩国在《行政诉讼法》中也将行政诉讼分为抗告诉讼、当事人诉讼、民众诉讼和机关诉讼。其中抗告诉讼指对行政厅的处分行为或不作为提起的诉讼；当事人诉讼指被告是机关诉讼中法律关系或公法关系中的一方当事人的一种诉讼；民众诉讼是指国家或公共团体的机关作出违法行为时，与自身的法律上的利益没有直接关系，个人为纠正其

---

① 日本《行政案件诉讼法》第4条。

② 内阁众质159第69号。转引自王天华：《日本的“公法上的当事人诉讼”——脱离传统行政诉讼模式的一个路径》，载《比较法研究》2008年第3期。

违法行为而提起的诉讼；[①] 机关诉讼指公共机构之间为解决管辖权纠纷提起的诉讼。

（五）我国台湾地区行政诉讼类型构造

我国台湾地区“行政诉讼法”于1998年修正，明确将行政诉讼分为撤销诉讼、给付诉讼及确认诉讼。[②]

第一，撤销诉讼。撤销诉讼有以下几个特征：首先，以行政处分的客观存在为前提。撤销诉讼发生在“人民因中央或地方机关之违法行政处分，认为损害其权利或法律上之利益”时（第4条）。其次，以原告主张行政处分违法并损害其权利或法律上的利益为启动条件。诉愿的利害关系人也有权对损害自身权利或法律上的诉愿决定提起撤销诉讼。[③] 再次，已经经过诉愿程序而没有得到救济。“经依诉愿法提起诉愿而不服其决定，或提起诉愿逾三个月不为决定，或延长诉愿决定期间逾二个月不为决定者，得向高等行政法院提起撤销诉讼。”（第4条）此项规定与诉愿前置制度相契合，旨在“给予行政机关自行矫正其违法或不当处分之机会，并减轻行政法院之负担”。[④] 最后，原告在法定期限内提起行政诉讼。根据相关规定，原告应当在诉愿决定书送达后两个月内起诉；诉愿人以外的利害关系人没有收到诉愿决定书的，自其知悉时算，但决定书送达后超过三年的不得起诉。

第二，给付诉讼。给付诉讼可以具体分为课以义务诉讼和一般给付诉讼。其中，课以义务诉讼具有以下几个要件：首先，原告已就需要依法申请的案

---

① 韩国目前的民众诉讼种类包括：《国家公民投票法》规定的“使国家投票无效的诉讼”，《公共官员选举法》规定的“使选举或被选举的候选人无效的诉讼”，以及《地方自治法》规定的最新引进的“当地居民诉讼”。尤其是，《地方自治法》规定，任何当地居民在寻求审计初始程序之后，可以对负责当地政府财政活动的当地政府首领提起诉讼。参见李熙贞：《韩国行政诉讼制度》，载宪行天下网，最后访问日期：2018年9月10日。

② 台湾地区“行政诉讼法”第3条规定：“前条所称之行政诉讼，指撤销诉讼、确认诉讼及给付诉讼。”其中，撤销诉讼为原有诉讼类型，确认诉讼和给付诉讼为新增类型。也有学者从法理上将撤销诉讼归于形成诉讼的一种，从而将诉讼类型分为形成诉讼、确认诉讼和给付诉讼。参见翁岳生编：《行政法》，中国法制出版社2002年版，第1340—1342页。

③ 有权提起撤销诉讼的诉愿的利害关系人与原诉愿人不能具备相同的利害关系，仅指与原诉愿人利害关系不同的人。

④ 吴庚：《行政法之理论与实用》，中国人民大学出版社2005年版，第380页。

件向中央或地方提出申请。如各种执照、资格证明的发放，社会保险的给付等。其次，主管机关在法定期限内“应作为而不作为”，或者“予以驳回”。前一种情况，“应作为而不作为”指的是中央或地方机关在法律、法规命令和行政规则所确定的时间内没有作为；对于没有规定具体期限的，诉愿法统一规定为“自机关受理申请之日起两个月”。再次，原告认为“其权利或法律上利益受损害”。最后，须经诉愿程序处理。（第5条）一般给付诉讼的要件包括：首先，因公法原因发生的给付。包括财产上的给付、请求作出行政处分之外的其他非财产的给付及因公法上契约发生的给付，其次，原告认为其权利或法律上利益受到损害。这一要件在法律中并未得到明确规定，但依据一般法理，也可推知利益受损存在的必要性。最后，不属于撤销诉讼的情形。如果是撤销诉讼，应当按照其程序进行诉讼，一并提出给付请求。

第三，确认诉讼。确认诉讼包括确认行政处分无效或违法之诉以及确认法律关系存否之诉。其中，确认行政处分无效或违法之诉的要件包括：确认的对象是行政处分违法或无效；确认无效需要先经过行政程序。① 确认法律关系是否成立之诉的要件包括：首先，确认的对象是“公法上法律关系成立或不成立”。其次，原告需要有“受确认判决之法律上利益”。再次，确认无效的行政诉讼，须已经向原处分机关请求确认无效未被允许，或者在请求后三十天之内没有答复的，才可以提起。最后，如果应为撤销之诉，则不能提起确认诉讼。撤销诉讼是解决行政争议的典型形态，原告如果认为自己的利益受到侵害，应该及时通过诉愿程序解决，之后再提起撤销诉讼。如果在应当提起撤销诉讼的情形下错误地提起确认无效诉讼，未经诉愿程序，“高等行政法院”应以裁定将该事件移送于诉愿管辖机关，并以行政法院收受诉状之时，视为提起诉愿。（第6条）

一般认为，我国台湾地区的行政诉讼类型在撤销诉讼、确认诉讼及给付诉讼之外，还应包括公益诉讼和选举罢免诉讼。公益诉讼，指的是人民为了

---

① 台湾地区所谓“行政程序法”第113条规定：“请求原机关确认其无效，原处分机关未于三十日内确答者，或对无效有不同意见者，请求人即得提起诉讼。”

维护公共利益，针对与自身权利及法律上的利益无关的事项，对于行政机关的违法行为也可以提起行政诉讼。但公益诉讼仅限于法律有特殊规定的情形。[①] 公益诉讼的设立目的在于监督行政机关依法行政，通过人民的行为促进政府或其他受管制者实现和保护公共利益。此外，对于选举罢免诉讼，其“行政诉讼法”第10条规定：“选举罢免事件之争议，除法律别有规定外，得依本法提起行政诉讼。”

（六）澳门行政诉讼类型构造

澳门《行政诉讼法》将诉讼分为五种类型：司法上诉；对规范提出之争议；选举上之司法争讼；诉；涉及行政上之违法行为之诉讼手段。在这些类型当中，司法上诉和诉属于基本类型。

司法上诉是指法院根据原告的请求对被诉的行政行为进行合法性审查，目的在于撤销司法上诉所针对的行为，或宣告其无效或法律上不存在。司法上诉是澳门行政诉讼中非常重要的一种诉讼类型，与大陆法系的撤销诉讼相对应。当司法上诉所针对的行为违反适用的法律原则或者是法律规定，尤其是在下列情况下，构成提起司法上诉的依据：越权；无权限；形式上的瑕疵（包括欠缺理由说明或等同情况）；违反法律，包括行使自由裁量权时有明显错误，或绝对不合理行使自由裁量权；权利偏差。（第20条）导致司法上诉所针对的行政非有效的其他原因，也构成提起司法上诉的依据，尤其是：欠缺构成该行为的主要要素；作出该行为者意思欠缺或者有瑕疵，且属重大者。（第21条）有资格提起司法上诉的原告如下：自认拥有被司法上诉所针对的行为侵害的权利或受法律保护利益的自然人或法人，又或指称在司法上诉理由成立时有直接、个人及正当利益的自然人或法人；拥有民众诉讼权的人；[②]

---

① 如台湾地区所谓“空气污染防制法”第74条规定：“公私场所违反本法或依本法授权订定之相关命令而主管机关疏于执行时，受害人民或公益团体得叙明疏于执行之具体内容，以书面告知主管机关。主管机关于书面告知送达之日起六十日内仍未依法执行者，人民得以该主管机关为被告，对其怠于执行职务之行为，直接向行政法院提起诉讼，请求判令其执行。”

② 民众诉讼即民众针对损害公共卫生、住屋、教育、文化财产、环境、地区整治、生活质素及任何属公产之财产等基本利益之行为提起的司法上诉。澳门居民、有责任维护该等利益之法人以及市政机构，都有权提起民众诉讼。除此之外，为对市政机关以及其具有法律人格及行政自治权之公共部门所作而损害其他公共利益之行为提起司法上诉，澳门居民亦为拥有民众诉讼权之人。

检察院；法人，就侵害其有责任维护的权利或利益的行为也有上述正当性；市政机构，就影响其自治范围的行为也具有正当性。

对规范提出之争议是一种较为特殊的行政上诉，对行政法规的合法性进行审查，旨在宣告行政法规中的规范违法，这种宣告具有普遍的约束力。具体来说：第一，宣告一项法规违法，自该规范开始生效时起产生效力；第二，基于衡平或格外重要的公共利益的原因而属合理时，法院经适当说明理由，可以指定有关宣告的效力在有关裁判确定之日或裁判确定前的某一日产生；第三，宣告一项法规违法，导致其所废止的规范恢复生效，但在宣告前已出现使被废止规范的效力终止的另一原因者除外；第四，因宣告法规违法而产生的追溯效力，不影响裁判已确定的案件以及在法律秩序中已确立的行政行为，但法院以有关规范涉及处罚事宜且其内容对私人较不利为依据而作相反裁判者除外。（第 89 条）

选举上之司法争讼是由有关选举中的当选人、可当选人或登记被遗漏人提起的上诉，法院对选举上的司法争讼享有完全审判权。“诉”与司法上诉共同构成澳门行政诉讼的基本类型。诉之目的主要在于就涉及下列内容的问题作出审判：确认权利或受法律保护的利益；命令作出依法应作的行政行为；提供资讯、查阅卷宗或发出证明；行政合同；行政当局或其机关负责人、公务员或服务人员对公共管理行为所造成损失的责任，包括求偿之诉；特别法规定出现争议时得须提起行政上司法争讼中之诉之法律关系。（第 97 条）“涉及行政法上之违法行为之诉讼手段”是澳门《行政诉讼法》修订后的新增类型，主要包括上诉与对决定的再审，主要适用司法上诉的程序。

四、类型构造之共性规律

第一，与法律传统相适应。法国是典型的大陆法系国家，现代的行政诉讼制度即源于法国。将公法与私法相区分，“在公法范围内，完全否认私权自治的思想，政府的作用决不限于保护私权，相反，公法所特别关注的是国家行为在实现公共利益上的作用。公法关系中，国家作为公共利益的代表者，它是一方当事人，但具有高于其他任何个人的权威”①。法国的独立的行政法院的设置充分体现了对公共利益的维护和追求，行政诉讼的受案范围不局限于具体行政行为，还包括抽象行政行为。就诉讼类型而言，以法官的审判权大小为标准，分为完全管辖之诉、撤销之诉、解释及审查行政决定的意义和合法性之诉、处罚之诉。与之相较，英美法系国家的行政诉讼与民事诉讼一样，都由普通法院进行管辖，一般情况下适用的规则也与民事诉讼相同。英国的诉讼类型按照诉讼程序性质的不同，可以分为普通救济诉讼和特别救济诉讼。

第二，充分保护原告利益。在法国的完全管辖之诉中，法院进行全面、深刻的审查，法官行使全部审判权力，可以撤销、变更、重新决定行政机关的行为，可以判决行政主体赔偿损失，充分反映了在法定案件类型中对原告的保护。我国台湾地区以诉讼的内容为分类标准，分为撤销诉讼、确认诉讼及给付诉讼，也体现了原告的直接诉求。

第三，监督政府依法行政，维持公共秩序和保护公共利益。在美国，为了公共利益，国会可以授权检察总长对行政机关的行为申请司法审查。我国台湾地区的公益诉讼即指人民为了维护公共利益，对于行政机关的违法行为，即使是与自身权利及法律上的利益无关的事项，也可以提起行政诉讼。

五、中国行政诉讼类型构造之重述

我国的《行政诉讼法》并未直接规定行政诉讼的诉讼类型，而是根据判决结果推定出来。② 以此逻辑为前提，1990 年《行政诉讼法》的诉讼类型包括撤销之诉、确认之诉、给付之诉、变更之诉等。2014 年《修改决定》将诉讼类型分为撤销之诉、履行之诉、确认之诉、给付之诉、变更之诉等。

现行的行政诉讼类型存在以下几个方面的问题。第一，现行诉讼类型的

---

① ［美］约翰·亨利·梅利曼：《大陆法系》，顾培东、禄正平译，法律出版社 2004 年版，第 107 页。

② 有学者不同意以判决结果来倒推我国诉讼的类型，认为这种结论“倒果为因”。参见杨海坤、章志远：《中国行政法基本理论研究》，北京大学出版社 2004 年版，第 574 页。

适用范围较为狭窄。比如，撤销之诉主要针对的行政行为有：主要证据不足；适用法律、法规错误；违反法定程序；超越职权；滥用职权；明显不当。履行之诉主要针对被告负有履行职责而不作为的情形。给付判决主要应对被告负有给付义务而不履行的情形。确认判决包括确认违法和确认无效。根据是否具备可撤销内容，确认违法可以分为两种情形：具备可撤销内容的，行政行为依法应当撤销，但撤销会给国家利益、社会利益造成重大损害的；或者行政行为程序轻微违法，但对原告权利不产生实际影响的，确认违法。不具备可撤销内容的，对于行政行为违法，被告改变原违法行为、原告仍要求确认原行政行为违法，被告不履行或者拖延履行法定职责，判决履行没有意义的，确认违法。确认无效是针对行政行为有实施主体不具有行政主体资格或者没有依据等重大且明显违法情形，原告申请确认行政行为无效。但现在的行政诉讼类型无法涵盖所有的诉讼请求，如对维护公共利益的诉讼，在现行的行政诉讼法制度中则无法提起。

第二，缺乏诉讼类别的制度设计。目前，行政诉讼都遵循同一程序进行审判，缺乏针对性，这种一刀切的做法不利于有效解决行政争议。应当根据行政争议的不同特点适用相对应的制度，明确不同类型的原告资格、适格被告、审查内容与起诉期限等。比如法国的行政诉讼制度，对于完全管辖权之诉，法官的审理内容包括法律行为和事实行为，单方行为、双方行为和多方行为。而在撤销之诉的越权诉讼中，行政法院对事实行为的审查较为审慎，分为最低程度的监督、一般程度的监督和最大程度的监督。一般情况下，法院只能对构成法律基础的事实问题进行审查。① 针对不同的诉讼类型设计不同的审批流程，可以使行政审判具有更强的操作性和针对性，提高审判效率。

第三，适用诉讼类别的模糊性。如我国行政诉讼法关于变更判决的规定："行政处罚明显不当，或者其他行政行为涉及对款额的确定、认定确有错误的，人民法院可以判决变更。"变更判决实际上显示了司法权和行政权之间的一种平衡，在发生行政争议的情况下，法院可以对行政行为进行变更。但此种规定的问题在于，将"明显不当"这种主观色彩较强的描述用于一种诉讼

① 王名扬：《法国行政法》，中国政法大学出版社1988年版，第672页。

类型的适用情形，难以有统一的基准进行判决，因此会造成法院极为谨慎地运用行政诉讼中的变更权。此外，“可以”意味着当发生上述情形时，法院对是否运用变更权可以进行选择，这更增加了适用变更判决的不确定性。

因此，可以从以下方面对我国行政诉讼类型进行重构：第一，诉讼类型的构建应当能够覆盖绝大部分的权利救济需求。如《德国基本法》第 19 条第 4 款规定：“任何人的权利受到了公权力的侵害，法律救济途径都向其敞开。”以日本和德国为例，将撤销之诉、确认之诉和给付之诉作为最基本的诉讼类型，可以在此基础上将行政诉讼进行细化分类和发展。行政诉讼旨在解决行政争议，保护公民、法人和其他组织的合法权益，因此，通过诉讼类型重构可以从根本上畅通救济途径，使公民、法人和其他组织的诉权得以落实。

第二，明晰行政诉讼不同类型之间关系。各种诉讼类型的适用规则，如发生交叉情形时优先适用哪种诉讼类型，不同诉讼类型之间的关系，都需要加以明确。由于原告的知识背景不同，在面对复杂的诉讼类型时，可能不知道如何选择，所以应当规定法院的指引义务。在德国，如果原告选择了错误的诉讼种类，法院必须依照《行政法院法》的规定，首先通过解释，必要时也可以通过转换，但至少要通过具体的指示，使之成为适当的诉讼种类。

第三，适当考虑增加诉讼类型。预防性诉讼是一种特殊的行政诉讼，指由行政相对人在强制执行前提请法院审查以达到阻止该违法行为执行的诉讼，主要用于防止违法行政行为的执行给当事人造成难以弥补的损害。

第六章　行政复议与行政诉讼程序衔接之比较

作为行政法领域最为重要的两种权利救济方式，行政复议与行政诉讼之间有着极为密切的逻辑联系。其中，二者在程序上的衔接便是这种逻辑联系的具体表现之一。在行政相对人不服行政行为而寻求法律救济时，是可以直接起诉还是需先行申请行政复议，不仅关系到其合法权益能否获得及时、有效的维护，而且还涉及司法权与行政权之间的分工与协调，甚至还直接影响到行政复议与行政诉讼制度功能的实现。因此，行政复议与行政诉讼之间的程序衔接就成为行政诉讼法的重要问题之一。从世界范围看，行政复议与行政诉讼程序衔接主要有三种典型模式：以穷尽行政救济为原则的美国模式，类型化差别对待的德国模式，以当事人自由选择为原则的法、日模式。这三种模式虽有差异，但亦有其共性规律。通过探寻其规律，可为我国行政复议与行政诉讼衔接制度之完善，提供有益的借鉴。

一、行政复议与行政诉讼程序衔接三种模式比较

从世界范围来看，受历史传统、国情、法制现实的影响，各国有关行政复议与行政诉讼程序衔接的立法制度不尽相同，呈现出差异化格局。概括而言，主要有三种典型性代表模式。

（一）以穷尽行政救济为原则的美国模式

“穷尽行政救济原则”即复议前置原则，也就是在提起行政诉讼之前，应

当经过行政复议。其基本含义是指当事人没有利用一切可能的行政救济以前，不能申请法院裁决对他不利的行政决定，当事人在寻求救济时，首先必须利用行政内部存在的、最近的和简便的救济手段，然后才能请求法院救济。[①] 美国法内部体系庞杂、制度多样，很难划一而论，但美国联邦采取的行政复议与行政诉讼衔接程序，基本上坚持的是这一原则，把行政救济当作司法救济的必经阶段。只有当所有的行政救济手段都不能解决相对人与行政机关之间的纠纷时，相对人才能够到法院寻求司法救济。例如，在美国曾有这样一个案例：某公司接到全国劳资关系委员会的申诉通知，称该公司卷入了不正当的劳动业务。该公司认为其没有从事州际商业活动，因而全国劳资关系委员会对其没有管辖权。尽管该公司声称强迫其参加不必要的听证会使其蒙受不可弥补的损失，但其试图获得即时司法救济的努力仍然被搁置。[②]

美国之所以采取以“穷尽行政救济”为原则的行政复议与行政诉讼衔接程序，与美国行政法的高度发达、法治化程度相当高直接相关。在美国，行政法是控权法，被理解为管理、约束行政机关的法。它特别重视行政程序的设定、严格、完整和行政行为相对人权利的保护与救济。为限制行政权的行使，1946 年美国颁布实施了《联邦行政程序法》；以示范州行政程序法为蓝本，大多数州也相继制定了本州的行政程序法。[③] 所以，美国虽为判例法国家，但行政法却在其发展过程中形成了完整而精密的体系。这其中就包括严格、精致和多层次的行政复议制度。行政程序法的发达，尤其是复议制度的高度法治化，使大量的行政纠纷在行政程序阶段得以有效解决。

此外，美国之所以采取以“穷尽行政救济”为原则的行政复议与行政诉讼衔接程序，还和美国三权分立的政治理念[④]与司法克制的司法理念有关。美国的宪法奉行严格的三权分立与制衡原则，对立法权、行政权和司法权的权

---

① 王名扬：《美国行政法》，中国法制出版社 1995 年版，第 651 页。

② ［美］盖尔霍恩等：《行政法和行政程序概要》，黄列译，中国社会科学出版社 1996 年版，第 231—232 页。

③ 具体可参考陈亚平：《美国联邦行政程序法典化之研究》，载《华侨大学学报（哲学社会科学版）》1997 年第 4 期。

④ 可参考［美］汉密尔顿等：《联邦论》，尹宣译，凤凰出版集团、译林出版社 2010 年版，“一论三权分开”“再论三权分开”两篇。

限划分和制衡关系规定得很明确。关于司法权对行政权的制约，宪法赋予法院的权力很大，司法对行政的审查范围非常广泛，附加限制条件很少，自由裁量权很大。但与此同时，法院却又遵循严格的分权理念，不越司法克制的底线，在对行政行为进行审查时秉持的是一种审慎与克制态度，尽量减少或避免对行政的不当干预。

具体到为何要坚持“穷尽行政救济原则”，美国联邦最高法院在1969年的“麦卡特诉美国案”判决中，阐明了详细的理由：（1）保证行政机关能够利用其专门知识行使法律所授予的自由裁量权；（2）让行政程序连续发展不受妨碍，法院只审查行政程序的结果，比在每一阶段允许司法干预更有效；（3）行政机关不是司法系统的一部分，它们是由国会设立执行特定职务的实体，“穷尽行政救济原则”保护行政机关的自主性；（4）没有穷尽行政救济时，司法审查可能受到妨碍，因为这时行政机关还没有搜集和分析有关的事实来说明采取行政的理由，作为司法审查的根据；（5）“穷尽行政救济原则”使行政系统内部有自我改正错误的机会，减少司法审查的需要，使法院有限的人力和财力能更有效地使用；（6）如果不进行行政救济而直接进行司法审查，可能降低行政效率，鼓励当事人超越行政程序，增加行政机关工作的难度和经费。[①]

美国作为一个判例法国家和联邦国家，法律制度普遍存在例外，“穷尽行政救济原则”的行政复议与行政诉讼衔接程序制度也一样。概括地讲，“穷尽行政救济原则”的主要例外情形包括：涉及违宪审查；问题涉及刑事处罚；行政程序被不正当拖延；纯粹的法律争议问题；行政决定可能对相对人造成不可弥补的损害；等等。

（二）类型化差别对待的德国模式

在大陆法系国家中，德国的行政诉讼制度具有很强的自身特色。其中很大的一个特色是行政诉讼的类型化。[②] 对诉的类型进行规范是德国《行政法院

---

① 王名扬：《美国行政法》，中国法制出版社1995年版，第652—653页。

② 吕艳滨等：《行政诉讼法学的新发展》，中国社会科学出版社2008年版，第135页。

法》的“核心内容”。《行政法院法》不仅对诉的类型进行了划分，而且其诉讼程序的设置在一定程度上就是建立在这一划分的基础之上的。德国的行政诉讼是类型化的，它的行政复议与行政诉讼程序衔接制度自然也不例外。依据《行政法院法》明确或默示的规定，再加上由该法律指示适用民事诉讼法的规定，形成了德国类型化的行政复议与行政诉讼程序衔接制度。德国《行政法院法》第68条规定：“提起撤销诉讼前，须于先行程序审查行政行为的合法性及合目的性。但法律有特别规定或有下列情形者，不需要该审查：(1）行政行为是由联邦最高行政机关或一个州的最高行政机关作出的，除非法律规定对此必须审查；（2）纠正性质的决定或复议决定首次包含了一个负担。申请行政机关为行政行为而遭拒绝的，所提起的义务之诉准用第一款的规定。”① 由此可见，德国没有像美国那样，为行政复议与行政诉讼程序的衔接设定一个统一的原则，而是区别对待，进行了类型化的处理，不同类型的行政诉讼适用不同的审理规则。行政复议并非在任何情况下都可以作为提起行政诉讼的必经程序，而只是在撤销之诉和课予义务之诉提起之前，原则上必须先经过行政复议程序，确认之诉、一般给付之诉及规范审查之诉则无需以行政复议为前置程序。由此可见，在德国，在行政复议与行政诉讼是选择关系还是行政复议前置关系的问题上，不可统一而论。从宏观看，可以分为径行起诉型和复议前置型两种。复议前置限定在撤销之诉和行政机关拒绝作为的“否定决定之诉”这两种诉讼类型上，值得注意的是，即使是这两种类型的诉讼，也不是全部实行复议前置。从微观上看，当事人应采取何种模式主要是根据诉讼的需要，即依据诉讼类型进行选择。

与美国模式相比，德国做法的最大特点在于类型化，将是否复议前置与后续的诉讼类型直接联结起来，不同类型的行政诉讼适用不同的审理规则。这一模式的确立与德国行政诉讼类型化的高度发达、行政程序立法成熟多样有直接关系。背后则是德国人精益求精的理性思维，他们试图靠理性智慧设计出一套严密的行政救济制度，来保障公民权益免受行政机关的不当侵害。

德国的这种由行政诉讼类型决定行政复议与行政诉讼程序衔接关系的做

---

① 章志远：《我国行政复议与行政诉讼程序衔接之再思考》，载《现代法学》2005年第4期。

法，得到了众多大陆法系国家和地区的效仿。在奥地利，也对行政复议与行政诉讼程序衔接进行了类型化处理，规定裁决诉讼采取行政复议前置主义。在瑞士，则规定以行政处分为标的的诉讼采取诉愿先行主义。我国台湾地区在德国基础上又进一步扩大了行政复议前置的范围。依据台湾地区所谓“行政诉讼法”第3条规定，我国台湾地区的行政诉讼可划分为撤销之诉、给付之诉以及确认之诉三种类型。依据其第4条、第5条的规定，当事人提起撤销诉讼和课予义务诉讼之前必须首先经过行政复议程序。除这两种以外其他种类的诉讼并不需要经过行政复议程序，可以直接向行政法院提起。

（三）以当事人自由选择为原则的法、日模式

行政复议与行政诉讼程序衔接的第三种制度模式是以当事人自由选择为原则、以复议前置为例外的模式。这一模式的代表国家是法国和日本。同为大陆法系国家，法国、日本却选择了与德国不同的行政复议与行政诉讼程序衔接制度。

在行政复议与行政诉讼程序衔接关系的设置上，法国经历了“以行政复议前置为原则”到“以行政复议前置为例外”的转变。转变节点是1889年的“卡多案件”。在法国最高行政法院针对此案作出判决之前，当事人提起任何行政诉讼都必须首先经过行政救济。而在此之后，当事人如果不服行政决定，可以直接提起行政诉讼，不再必须经过行政救济程序。行政救济已经不再是行政诉讼的前置程序了。从此，法国确立了以当事人自由选择为原则、复议前置为例外的模式。只有在某些特殊情况下，当事人提起行政诉讼之前需要先经过行政救济程序。这些情况主要有两种：一是当事人请求行政主体赔偿损害时，除了公共工程赔偿之诉以外，都必须先向有关行政机关提出。当事人只有在仍然不服行政机关作出的决定或者行政机关不作决定时才能向法院起诉。二是特别法规定实行行政救济前置的例外情况。这类情况很少，以法律规定为限，主要涉及政府采购、签证、军人和公务员纪律处分等方面的事宜。①

---

① 王名扬：《法国行政法》，中国政法大学出版社1988年版，第539页。

在行政复议与行政诉讼程序衔接制度领域，日本和法国一样，也经历了类似的转变。日本1962年颁布的《行政事件诉讼法》中废除了复议前置的规定，扫清了当事人申请权利救济的障碍。该法允许当事人在提起行政诉讼之前自由选择是否提起行政复议。其第8条第1款规定："取消处分的诉讼，即使就该处分依据法令规定可做审查请求时，也不妨立即提起。"和法国类似，在坚持自由选择原则的同时，日本也规定了某些行政复议前置的例外情况。[①]这些情况主要有两类：一类是《行政事件诉讼法》本身的规定；另一类是特别法的规定。比如依据《国税通则法》《地方税法》《关税法》等的规定，所有税务行政诉讼仍旧实行复议（异议或不服审查）前置程序。

法国、日本的以当事人自由选择为原则、以复议前置为例外的行政复议与行政诉讼程序衔接模式，是历史演化的结果，其背后是法治理念的升级变迁。从行政优先到相对人权利救济优先，体现了社会法治观念的变革。这一模式的最大特点在于将程序选择权直接赋予行政相对人，充分体现了对公民权利和公民权利行使的尊重。同时，这种可选择模式也避免了"一刀切"，能适应当今时代行政纠纷日益多样化、复杂化的现实情势。可以说是既体现了法治精神，有利于促进对行政相对人权利的保护，又与社会发展趋势相吻合。

二、程序衔接共性规律之寻找

前文对行政复议与行政诉讼程序衔接的三种典型模式进行了初步考察，本节将试着对这三种制度模式的形成进行一些规律总结。

（一）法无定法，理念与现实契合最重要

通过考察，我们可以得出的第一个规律性认识就是：行政复议与行政诉讼程序衔接，可以存在多种制度模式。我们发现，就不同国家而言，至少存在美国模式、德国模式、法国和日本模式等多种模式。就同一个国家而言，在不同时期，制度模式也不尽相同，如法国、日本、德国等，都经历过模式

① 章志远：《我国行政复议与行政诉讼程序衔接之再思考》，载《现代法学》2005年第4期。

的变革与革命。这些不同的模式，在某些时期、某些国家，都可以运转得很好。某一个模式，即使开始在某些国家运转得好，随着时代发展，也会运转不灵，被淘汰。这充分说明，行政复议与行政诉讼程序该如何衔接，不存在统一的标准答案，可以有多种答案，多个模式。在第一个规律基础上进一步得出的一个递进性规律是：这一制度要想运转得好，关键是要和该国当时当地的历史社会环境、人民法治观念相契合。在一国运行得好的制度，移植到另外一国，效果不见得好。各国行政复议与行政诉讼衔接关系可能存在较大差异，但不同模式本身却无绝对优劣之分。评判的标准就是看该制度模式是否和该国法律传统、政治体制、文化背景及具体国情相适应。各国都在努力寻找最契合本国国情的制度模式。美国因为有三权分立的传统、发达的行政控权法，所以愿意也能够坚持行政救济的独立性，先行政救济、重行政救济，把行政救济放在与司法救济同等重要的法律地位，把行政救济程序前置作为司法审查的一项基本原则确立下来。虽然其他国家已经基本不采用穷尽行政救济这一原则，但该原则在美国行政法治实践中所发挥的巨大作用却是有目共睹的。因此不能说这一原则就不符合现代法治精神了。德国类型化的模式与德国高度发达的行政诉讼、成熟的行政程序立法是密不可分的，也契合其国民严谨、理性的思维、行事风格，同样运行良好。法国、日本在逐渐的摸索过程中，也形成了比较可行的制度安排。这些国家积累的众多具有共性的经验表明，在寻找行政复议与行政诉讼程序衔接最优的制度模式过程中，理念本身不是答案，理念和现实合拍更重要。即使一时选择了某一制度模式，还存在发展变化的问题。这一规律对于当下中国行政复议与行政诉讼程序衔接制度的重构无疑具有很强的启示意义。

（二）法无常形，公民权利有效救济是灵魂

从制度表现形式上看，可以说是“法无常形”，不同模式对行政复议与行政诉讼衔接关系的处理可谓泾渭分明。例如，美国以穷尽行政救济原则主导的复议前置模式与以当事人自由选择为原则主导的法、日模式的制度设计可谓天壤之别。然而，透过制度形式看制度背后的制度出发点、制度意图，我们就会发现，不管是复议前置主义还是自由选择主义，其最根本的立足点和

归宿都是公民权利的有效救济。公民权利救济，其实构成了这些制度模式设计的灵魂。不同的是追求这一目的的途径和手段，而非精神内核。某一具体行政争议，是直接通过司法途径解决还是先在行政系统内部解决，决策的出发点是看哪种方式更利于维护公民的合法权益。例如，美国之所以实行穷尽行政救济原则，是因为美国的行政控权法和程序法发达，在正常情况下，行政救济能确保公民权利得到有效救济。如果出现意外，在特殊情况下，当法院认为当事人由于这个原则受到的损害远远超过政府由于适用这个原则得到的利益时，就不会适用这一原则。其出发点，就是要有效救济公民权利。法国和日本模式，这一出发点就更加明显。日本虽然允许在例外情况下实行复议前置，但是同时对哪些情况构成例外进行了严格限制，严格限于法律规定且范围狭窄。在德国，之所以对不同诉讼类型作出精细区分，就是为了根据不同类型作出不同制度设计，更有效地救济公民权利。例如，通过考察拒绝作为之诉和不作为之诉是否需要复议前置不同的制度设计，可以看出其内在的基准：前者适用复议前置，有助于当事人的合法权益在行政救济程序中获得及时维护，即复议机关可以迅速地撤销该拒绝性决定甚至还可以亲自作出被申请的行政行为①；后者不适用复议前置，因为复议程序难以及时而有效地维护当事人的合法权益，只有行政法院才能够命令原行政机关作出被申请的行政行为。由此可见，对行政相对人的权利给予最有效救济是前述三种行政复议与行政诉讼程序衔接制度模式的共同出发点和基准。只是由于既有的制度约束环境不同，为了达到目标，采取的措施当然有差异。

（三）注重效用，最大限度发挥不同救济程序的优势

行政救济和司法救济是行政法领域两种不可或缺的纠纷解决机制和途径。该如何配置才能最大限度起到救济公民权利的作用，近现代的行政法治发展史并没有提供统一的标准答案。相反，历史经验表明，只有从本国既有的制度约束环境出发，关照本国行政救济机制和司法救济机制各自的发展水平，充分发挥它们各自在既有体制内最大的制度潜能，才能得到最优的效果。这

---

① 章志远：《我国行政复议与行政诉讼程序衔接之再思考》，载《现代法学》2005 年第 4 期。

主要体现在两个层次。第一个层次是注重发挥行政机关和司法机关在纠纷解决中的比较优势。现代社会是分工的社会，不同系统的知识优势并不相同。通常来讲，一方面，专门负责行政管理的行政机关拥有专业的行政管理人员、专门的技术装备和长期的行政管理经验。与之相比，法院则不具备以上优势。因而“由技术上文盲的法官对数学和科学证据所作的实体审查是危险和不可靠的”①。另一方面，专司审判的法院则拥有经过科学法律训练、具备长期司法经验的法官，是解决法律问题的专门机关。与之相比，行政机关解决法律问题的能力则要欠缺很多。所以，既不能笼统强调司法救济，完全让法院裁断所有的行政争议，而漠视行政机关的行政管理专业判断，也不能完全把法院排除在救济程序之外，完全不让法院在检验行政行为合法与否上发挥作用。较为妥帖的选择是：“第一，通过比较侵略式地检查机关的法律结论，确保机关并未超越特定授权的边缘界线；第二，通过持尊重态度地检查机关的有关事实和自由裁量的决定，确保机关以合理的方式行使其被授予的权力。”② 第二个层次是尊重本国既有制度环境约束，根据本国行政法发展实际和法院情况，妥善配置行政救济和司法救济的职能。第一个层次的立足点是：行政更懂行政、法院更懂司法。但这只是一般情形，具体到各国法治实践中，情况则可能千差万别。例如在美国，行政程序和行政救济就很发达，在一般情况下能够很好地救济公民权利。在英国，国会也曾经将对非法入境者的处理权力授予内务大臣而非法院。由此可以看出，虽然各国都抱定了公民权利救济的宗旨，但在有关行政复议与行政诉讼程序衔接具体程序的设计上，却没有固守统一的原则，而是注重效用，充分发挥行政与司法系统各自的优势，发挥制度功能。

（四）坚守底线，实行司法终决

司法终决，由司法在法律纠纷中作最后裁断，已经成为现代法治的基本

① ［美］盖尔霍恩等：《行政法和行政程序概要》，黄列译，中国社会科学出版社1996年版，第70页。

② ［美］盖尔霍恩等：《行政法和行政程序概要》，黄列译，中国社会科学出版社1996年版，第46—47页。

原则。司法终决对公民权利的保障，具有无可替代的意义。截至目前，司法终决原则已经逐渐被各文明国家所接受。对此，《世界人权宣言》第 8 条作出了经典性的规定："任何人当宪法或法律所赋予他的基本权利遭受侵害时，有权由合格的国家法庭对这种侵害行为作有效的补救。"这一规定表明，到司法机关寻求解决法律纠纷是公民的基本权利，同时也宣示或要求：所有法律争议，原则上都只能由法院来进行最终性的裁决。在行政法领域，司法终决原则的具体要求是：行政机关所作出的行政行为虽具有效力先定性，但并非最终性的法律正确，原则上以法院的司法审查为最终效力标准。正如美国著名政治家汉密尔顿所言："国家与其成员或公民间产生的纠纷只能诉诸国家法庭。任何其他方案均既不合理，违反惯例，而亦不得体。"① 在行政复议与行政诉讼的程序衔接上，各国虽然具体做法不一，模式分殊，但在最后决断上，都无一例外地实行司法终决，让法院享有最终裁决行政争议的审判权。美国的穷尽行政救济也好，德国的类型化也好，法国的自由选择也好，都概莫能外。例如，《日本宪法》第 76 条第 2 款明确宣称："行政机关不得施行作为终审的审判。"法国也规定"行政法院自成一个体系，对行政诉讼案件有最后的决定权力。"从这个意义上说，司法终决原则构成了各国行政复议与行政诉讼程序衔接的底线，是兜底性的公民权利救济制度保障。

三、中国行政复议与行政诉讼程序衔接之再造

（一）我国既有的行政复议与行政诉讼程序衔接制度

1. 五种衔接情况

《行政诉讼法》第 44 条是我国有关行政复议与行政诉讼程序衔接关系最为直接的法律规定。该条规定确立了"当事人自由选择是行政复议与行政诉讼关系的一般原则，行政复议前置是行政复议和行政诉讼关系的例外"的模式。具体而言，根据《行政复议法》《行政诉讼法》及有关司法解释的规定，

---

① ［美］汉密尔顿等：《联邦党人文集》，程逢如译，商务印书馆 1980 年版，第 400 页。

行政复议与行政诉讼的衔接，共有以下五种情况。

（1）行政复议终局，不可诉。相对人对行政机关所作出的行政行为不服，只能通过行政复议的方式寻求救济，即使对行政复议决定不服，也不能提起行政诉讼。在我国，行政复议终局有法律规定形成的，也有事实上的。法律规定的复议终局，如《行政复议法》第30条第2款规定："根据国务院或者省、自治区、直辖市人民政府对行政区划的勘定、调整或者征用土地的决定，省、自治区、直辖市人民政府确认土地、矿藏、水流、森林、山岭、草原、荒地、滩涂、海域等自然资源的所有权或者使用权的行政复议决定为最终裁决"；《集会游行示威法》第13条规定的人民政府针对不许可集会、游行、示威决定作出的复议决定。事实上的复议终局，如复议机关对除行政处罚之外的其他明显不当的具体行政行为所作的变更复议决定；复议机关对不当具体行政行为所作的复议决定。

（2）行政复议前置，可诉。当事人对具体行政行为不服时，应当先向复议机关申请复议，对复议决定仍不服的才可以向人民法院提起诉讼。如《海关法》第64条规定："纳税义务人同海关发生纳税争议时，应当缴纳税款，并可以依法申请行政复议；对复议决定仍不服的，可以依法向人民法院提起诉讼。"

（3）非终局性自由选择。当事人可以在行政复议与行政诉讼间选择其一，如果选择了行政复议，复议决定不是终局决定，对复议决定不服，仍可以提起行政诉讼；也可以直接向人民法院提起行政诉讼。《行政诉讼法》第44条第1款规定："对属于人民法院受案范围的行政案件，公民、法人或者其他组织可以先向行政机关申请复议，对复议决定不服的，再向人民法院提起诉讼；也可以直接向人民法院提起诉讼。"《行政复议法》第5条规定："公民、法人或者其他组织对行政复议决定不服的，可以依照行政诉讼法的规定向人民法院提起行政诉讼，但是法律规定行政复议决定为最终裁决的除外。"

（4）自由选择终局。相对人对行政机关作出的行政行为不服，可以申请行政复议，也可以向法院提起行政诉讼；但一旦相对人选择了行政复议，就由行政复议机关作出终局性裁决，对行政复议决定不能再向法院提起行政诉讼。《行政复议法》第14条规定："对国务院部门或者省、自治区、直辖市人民政府的具体行政行为不服的，向作出该具体行政行为的国务院部门或者省、自治区、直辖市人民政府申请行政复议。对行政复议决定不服的，可以向人民法院提起行政诉讼；也可以向国务院申请裁决，国务院依照本法的规定作出最终裁决。"

（5）径行起诉。相对人对行政机关所作出的行政行为不服，可直接通过提起行政诉讼的方式寻求救济。《土地管理法》第16条规定，关于土地所有权和使用权争议，"当事人对有关人民政府的处理决定不服的，可以自接到处理决定通知之日起三十日内，向人民法院起诉"。《水污染防治法》第97条规定，因水污染引起的损害赔偿责任和赔偿金额的纠纷，当事人可以直接向人民法院提起诉讼。此外，《商标法》《著作权法》《兽药管理条例》等少数行政法律、法规也有类似规定。

2. 现行做法的缺陷分析

如前所述，我国立法对行政复议与行政诉讼衔接的处理是多元化的，严格意义上讲，并不构成三种典型模式中的任何一种。行政复议与行政诉讼衔接，本无标准模式可循。所以，单纯从理论上讲，这一做法并无不合理之处。但从该法律制度的运作实践来看，我国现行做法存在很多不足，主要表现在以下三个方面。

（1）处理的标准不明确、体系过于混乱。如前所述，关于行政复议与行政诉讼衔接，我国是由多部法律规定的。现有的衔接制度，是历史长期演化的结果。《行政诉讼法》《行政复议法》虽然进行了一些原则性规定，但特别性、例外性规定同样有很多。根据领域不同、立法时间不同，各个特别法的规定差异性也很大。更严重的是，不仅不同种类的法律法规之间规定的模式不同，而且同一种类的法律法规之间、同一类型或同一机关管辖的案件之间甚至同一部法律法规不同条款之间的规定也不一致。[①] 对这些差别，由于其内在标准的缺失，根本无法进行理性的分析和论证。当事人该如何启动法律救济程序，完全听凭于单行法律、法规的规定。导致的结果是法愈繁而治愈乱。例如，同样是属于自然资源保护方面的法律，《野生动物保护法》规定的是非

① 顾磊君：《论我国行政复议与行政诉讼之程序衔接》，载《成都行政学院学报》2013年第3期。

终局性自由选择，而《草原法》规定的则是径行起诉；同样是涉及水资源的法律，《水污染防治法》规定的是径行起诉，《水土保持法》规定的则是非终局性自由选择；同样是公安机关作出的行政处罚决定，《公民出境入境管理法》规定的是自由选择终局，《治安管理处罚法》规定的则是复议前置。在同一法律内、同一法条中，《税收征收管理法》第 88 条第 1 款规定的是复议前置，第 2 款规定的则是非终局性自由选择。制度设计的随意性如此之大，实难想象。

（2）司法终决原则贯彻不彻底，未能克服行政救济的不足、发挥司法救济的优势。现代法治的一个基本命题是，任何法律争议最终应当由法院裁决，司法是权利的最终救济方式。现行做法偏重于强调行政救济的作用，司法救济功能较弱。[①] 而在我国，由于行政程序法不发达，行政机关法治化行政水平不高，行政救济的局限性较为明显，不利于对当事人权利的救济和保障。在行政救济不足的情况下，司法救济却不容易接近，司法终决得不到尊重，更进一步助长行政救济的非理性。在我国，大量的复议前置和复议终局的存在即是设置不正当的体现。这种不当的设计，在侵蚀司法权的同时，也助长了行政权的不当履责，易损害行政权的权威，进而导致整个救济体系的紊乱。值得注意的是，复议终局的广泛存在事实上是对司法终决的否定。从尊重行政专业管理权的角度，并不能论证这一做法的合理性：国务院也是行政机关，并非作出的决定都具有不可替代的专业性，为何把它作出的决定笼统都定为具有终局性？难道说行政级别高可以成为组织公民寻求司法救济的正当理由？[②] 专业性、技术性更强的商标、专利纠纷都已经全部纳入了司法审查的范围，为何技术性较弱的出入境纠纷却被排除在司法审查之外？

（3）不利于公民权利救济，影响行政纠纷的妥善化解。行政复议与行政诉讼衔接制度的本意或制度出发点，应当是为公民权利救济提供最优的途径，确保公民的合法权益得到方便、及时、有效的救济。然而，我国现行的行政复议与行政诉讼衔接制度设计，却在很大程度上违背了这一理念。这种不当

① 江必新、梁凤云：《行政诉讼法理论与实务》，北京大学出版社 2011 年版，第 272 页。

② 章志远：《我国行政复议与行政诉讼程序衔接之再思考》，载《现代法学》2005 年第 4 期。

设计主要体现在以下几个方面：一是任意扩大复议前置、复议终局的案件范围，剥夺公民寻求司法救济的权利或延缓公民寻求司法救济的时间。二是人为地复杂化制度体系，增强制度的复杂性，这增加了公民选择救济的成本、提高了公民程序失误的概率，使得救济程序的不可接近性大大提高，等于是为公民寻求法律救济设置了障碍。三是强化行政、弱化司法，大大降低了公民成功获得救济的概率，使得救济程序虚化、过场化。四是将复议前置的规范依据下放至“法规”级别，导致实践中相对人救济权行使的自由度受到一定的限制，且在客观上加大了当事人维权的成本。以上这些不当设计，与公正的原则精神是相违背的，是不正义的。正义是法的灵魂，符合正义要求的法才具有道德效力，才易于被一般公众所接受。如果公民的权益受到了不当侵害，又没有得到公正的救济，他便会诉诸自己内心的正义法则。在这种情况下，即便实证的法律规定的救济程序已经走完，他还是会不断寻求救济的途径，去上访、去闹事、去自残、去报复等，从而使得行政纠纷得不到及时化解，进而损害法的权威，降低法治的正当性。

（二）改进我国行政复议与行政诉讼程序衔接制度的建议

面对我国行政复议与行政诉讼程序衔接制度存在的上述问题，学者们提出许多改进意见。这些建议可以概括为两种：第一，废除复议终局类型，建立“以自由选择为主、以复议前置为辅、以径行起诉模式为特例”的新模式。此种观点具体内容包括四个方面：逐步废除行政复议终局型、明确列举行政复议前置型、严格限定径行起诉模式、努力推进自由选择型。① 第二，建立行政法院模式。持此观点的学者认为，应将行政复议纳入行政诉讼的范畴，由行政法院统一行使对行政相对人的法律救济和对行政主体的法律监督权。② 这一建议可以彻底解决行政复议、行政诉讼的矛盾，专业化而不失司法化地解决行政法律救济问题，可谓高效而合理。但建立行政法院的改革涉及司法体制甚至是政治体制的大变革，目前在我国基本不具有可操作性。我们认为，

---

① 章志远：《我国行政复议与行政诉讼程序衔接之再思考》，载《现代法学》2005 年第 4 期。

② 王学政：《论中国行政诉讼与行政复议制度之创新》，载《中国法学》2001 年第 4 期。

应当采取局部改革的方式，在充分汲取域外相关模式有益经验的基础上，对我国行政复议与行政诉讼程序衔接制度进行改革，采行法、日以自由选择为主的模式，同时把德国类型化的理念和美国穷尽行政救济的理念进行结合，在某些类型上以穷尽行政救济为原则设置复议前置程序作为对自由选择的补充和辅助。具体建议如下。

1. 取消行政复议终局。司法终决是现代法治国家的基本原则。为了保障行政复议的公正性，西方各国一般都确立了司法最终解决原则。在我国，无论是法律所明确规定的还是事实上存在的行政复议终局情形，抑或是因为当事人的选择而引起的行政复议终局情形，在本质上对司法终决原则贯彻得都不够彻底，不利于保护公民合法权利。我国已经加入了 WTO，行政终审的这些规定与 WTO 所确立的争端解决机制有时候存在冲突。此外，其他一些国际公约等也都有司法终决的要求。所以，不管是从法治原则讲，从国际义务讲，还是从救济公民权利讲，我国都应在更高程度上尊重司法终决原则，以树立司法权威和强化司法权能。未来，要对行政复议终局、国务院终局裁决等有关行政复议终局的规定进行清理，让司法的力量全面介入行政纠纷处理，确立司法权威地位，促进对公民合法权益的保护。具体可以采取以下做法：（1）对《行政复议法》第 14 条、《出境入境管理法》第 64 条进行修改，赋予当事人寻求救济时的自主选择权，彻底废除复议终局。（2）废除《集会游行示威法》第 13 条及《行政复议法》第 30 条第 2 款的规定，逐步缩小《行政诉讼法》第 3 条第 4 项有关“行政机关最终裁决”的实际范围。（3）鉴于我国刚修订的《行政诉讼法》对衔接制度并没有进行调整，对于行政复议机关针对“规定”、行政处罚之外的其他明显不当的具体行政行为以及所有不当的具体行政行为等所作出的复议决定事实上为终局性的规定，暂时可以不作修改。但是，必须对《行政复议法》第 5 条的规定进行严格解释，使法院对一切行政复议行为的合法性均享有完全的司法审查权。也就是说，除非法律有明确的排除性规定，否则，当事人均可以行政复议机关为被告，请求法院对行政复议决定本身的合法性进行审查，从而加强司法权对行政复议权的制约，落实司法终决理念。[①]（4）在《行政诉讼法》下次修改之时，明确确立司法终决原则，并对必须排除司法审查的行政行为进行明确而严格的法律性限定。即确立以下原则：一切行政行为均须接受司法审查，只有国家行为、行政立法行为等极少数法律明确规定的行为例外。

2. 科学设定复议前置程序。我国目前行政复议案件居高不下的维持率、法院改判率和相当高的当事人信访上访率表明，行政救济在中国不尽科学、合理，很难起到有效救济当事人权利的作用。这说明，所谓的“穷尽行政救济原则”，在中国不能盲目地应用。也说明，行政复议前置所意图达到的减轻法院负担、加速救济程序等功能不仅无法得到发挥，甚至还在某种程度上阻碍着当事人及时有效地获得权利救济。所以，未来应当考虑减少行政复议前置的情形，科学合理地对复议前置进行再规划：（1）升格有权力规定复议前置的规范的级别，从“法规”升级为狭义的“法律”。具体是对《行政诉讼法》第 44 条第 2 款进行修改，取消“法规”可以设置复议前置程序的规定，将此项权力只授予全国人大及其常委会所制定的“法律”。如此一来，将会在实质上缩小行政复议前置的范围，为当事人权利的救济提供更为有效的保障。（2）实行“上帝的归上帝、恺撒的归恺撒”，行政救济和司法救济各归其位，将行政复议前置引向那些真正能够发挥行政机关优势的特定事项上。把行政复议前置限定在那些技术性极强、专业性特殊的案件上，充分发挥行政机关的专业和技术优势。这些领域主要包括外交、国防、海关、外汇、税务、特殊药品监管等。（3）涉及行政行为合理性问题审查的案件，原则上实行行政复议前置。这是因为我国目前的行政诉讼一般仅限于合法性审查，对涉及行政行为合理性问题的案件进行行政复议前置，可以避免因法院程序耽误当事人寻求行政救济。值得注意的是，在这类案件中，应当把辨别义务放在法院而不是当事人身上。如果相对人到法院起诉，法院有义务在案件受理之后的合理期限内对案件性质进行初步审查，看是否涉及合理性审查。如果法院发现该案件因涉及合理性争议而无法审理，应当告知相对人撤回起诉转而去寻求行政救济，对复议决定不服，再进行起诉。

---

① 章志远：《我国行政复议与行政诉讼程序衔接之再思考》，载《现代法学》2005 年第 4 期。

3. 确立自由选择为主。本质上讲，行政复议和行政诉讼都是为保护当事人的权利而设置的权利救济程序。立法者应当相信公民作为法律主体能够作出理性的选择以保护自己的私人利益。并且，立法者还得明白，进行选择本身也是当事人的权利，这种权利是国家立法不应当予以剥夺的。也就是说，国家一般无权替当事人作出选择，公民个人的自主权本身就值得尊重。所以，在行政复议与行政诉讼衔接上，我们应当确立自由选择的原则，把选择救济程序的权利交给当事人自主行使。① 法国、日本行政复议与行政诉讼程序衔接制度的变迁史就表明，在这个崇尚个人自由的时代，自主选择本身就很重要，也越来越得到世界各国的认同。有竞争才会有革新动力，把行政复议与行政诉讼的选择权交给当事人，还会促进行政复议制度和行政诉讼救济制度的竞争，从而激活这两种程序的潜能，最大化程序的效用。

---

① 也有专家提出应当以复议前置为原则，可参考谢尚果：《行政复议与行政诉讼衔接机制之反思与重构》，载《河北法学》2013 年第 2 期。

第七章 行政诉讼证据制度之比较

本章主要对行政诉讼证据制度进行比较分析，共分三个部分。第一部分是行政诉讼证据规则，主要对诉讼结构与证据规则繁简度、举证规则、取证规则、质证规则、认证规则等进行比较。第二部分是行政诉讼证明标准，主要对英美法系的证明标准、大陆法系的证明标准进行比较。第三部分是我国行政诉讼证据制度的改进，首先阐述我国现行诉讼证据制度存在的问题，然后介绍2014年《修改决定》对证据制度的改革，最后提出进一步完善我国证据制度的建议。

一、行政诉讼证据规则之比较

（一）诉讼结构与证据规则繁简度之比较

证据是证明案件事实的依据，证据问题是诉讼的核心问题，全部诉讼活动实际上都是围绕证据的搜集和运用进行。证据规则的作用，在于保证诉讼的效率和对案件客观事实的正确确认。对诉讼主体的证明活动而言，证据规则至少有两个作用：一是在诉讼活动中规范诉讼各方的取证和举证行为；二是在根据证据认定事实时限制对证据的自由取舍。具体到内容，在不同国家，证据规则的内容不尽相同，主要受到诉讼基本结构的制约。当今世界主要有两种诉讼结构，即在证据调查上控辩方主导的对抗制和法官主导的审问制（即当事人主义和法官职权主义）。[①] 不同的诉讼结构，对证据规则有着不同

① 刘飞：《变迁中的德国行政诉讼制度——问题、对策与展望》，载《行政法论丛》第13卷。

的要求。最突出的差别在于：对抗制的证据规则复杂而严格，审问制的证据规则则十分简略且灵活。

英美等国的对抗制诉讼，确立了详细而复杂的证据规则。如关于证明材料必须与案件实质性问题有关的相关性规则；关于防止难以确认不能质证的证据进入诉讼的传闻证据规则；关于不允许证人以意见或结论的形式提供证言的所谓意见规则；关于禁止非法获取被告口供的供述自愿性规则；对非法获取的物证所采用的违法证据排除规则；对文件材料适用的所谓最佳证据规则；等等。在对抗制下，两造对抗并推动诉讼的发展进行，如不设严格具体的标准和规则，则当事人难免随意使用证据。既易形成叠床架屋、拖延诉讼，又容易模糊讼争要点，甚至造成真假难辨。而在审问制诉讼中，一切证据虽然可以由辩诉双方提出，但在诉讼中双方不得自由立证，决定何种证据应当在法庭上调查、何种证据可以不予理睬的权力在法院。由于证据调查和诉讼推进完全受制于法院，所以即使没有详尽的证据规则，也不用担心诉讼的拖延和争议点的模糊。审问制鼓励法官运用各种法律允许的方法主动发现证据查明案件真相，这种实体真实主义的要求，在一定程度上与严格而程序化的证据规则约束是相排斥的。所以，强调法官职权主义的，一般都强调法官的自由心证而不订立复杂的证据规则。

行政诉讼证据规则主要是指在行政诉讼的举证、作证、取证、质证和认证过程中必须遵循的规定和原则。同民事诉讼和刑事诉讼相比，行政诉讼虽具有某些自身的特殊性，其证据规则也有自己独立的、有别于其他诉讼活动证据规则的特征，但其在基本设置上，也遵循上述规律。

美国的司法审查制度形成得比较早，可以追溯到1803年的马伯里诉麦迪逊案。但长期以来，并没有形成真正的、独立的行政诉讼制度。① 美国既没有

---

① 需要注意的是，广义的美国“行政诉讼”分为“行政裁判”与“司法审查”。美国的“行政诉讼”（Administrative Proceedings），是指行政机关就涉及相对方权益的有关问题，依行政程序法或其他有关法律规定的程序作出裁决的活动。美国联邦行政程序法（Administrative Procedure Act）第551条第12项规定：“行政诉讼”包括行政机构制定规章、核发许可证和制作裁决令的活动。美国法律用语中与我国“行政诉讼”一词含义相近的词是“司法审查”（Judicial Review）。它是指法院应行政相对方的申请，审查行政机关行为的合法性，并作出相应判决的活动。因此，美国行政诉讼是指两种不同的事物：一是美国人自己说的行政诉讼，即行政机关进行的行政裁判活动；另一种是我们根据中国制度理解的美国行政诉讼，即美国法院进行的司法审查活动。

相应于我国人民法院行政审判庭的专门行政审判机构，也没有与我国行政诉讼法相对应的专门调整行政审判的统一行政诉讼程序法典。行政案件的司法审查由普通法院统一审理。[①] 美国法院审理行政案件，适用统一的民事诉讼程序和某些特别法规定的专门规则，如行政程序法、司法审查法、侵权赔偿法等法律。其证据规则详细而复杂。

与美国截然不同，德国、法国的普通司法诉讼和行政诉讼是区分开来的，分别交由司法法院和行政法院受理及裁判。法国设置有专门的行政法院系统，由最高行政法院和各省所设的27个行政法庭组成，负责审理行政机关之间的纠纷和公民对行政机关的控告。法国制定有《行政诉讼法典》，作为专门的行政诉讼程序规定。法国的行政诉讼采取审问制的方式，法官负责查明事实，调查证据。所以，虽然法国行政诉讼法以程序缜密出名，但证据规则比起美国法来，就简单多了。

（二）举证规则之比较

行政诉讼的举证是指当事人在法官的指导下，提出支持和证明自己诉讼主张的具体证据的活动。举证是质证和认证的基础，是法院审理的前提。举证活动通常包括被告举证、原告举证、第三人举证以及人民法院依职权调查、收集证据四个部分，相应地同举证有关的规则也以上述四种活动为调整对象。[②] 这其中，对诉讼活动最具有实质影响的是举证责任分担规则。

1. 英美法上的举证规则。英美法系举证责任配置的理论依据主要是利益衡量说，认为举证责任的分配不存在一般性标准，只能在综合若干要素的基础上，就具体案件进行具体分配。也就是针对具体案件从政策、公平、证据、方便、盖然性、经验规则、请求变更现状的当事人理应承担举证责任等方面进行利益衡量，决定举证责任的分配。英美法上的举证责任主要有两层含义：一是提出证据的责任，二是说服责任。英国和美国民事诉讼和司法审查程序基本相同。所以，它们的司法审查举证责任分担规则基本上是：谁主张，谁

---

① 江必新：《中国行政诉讼制度的完善》，法律出版社2005年版，第19页。

② 杨寅：《行政诉讼证据规则梳探》，载《华东政法学院学报》2002年第3期。

举证，特殊情况例外。首先，司法审查申请人即原告负有举证责任，证明行政行为的违法性；其次，被告反驳，负行政行为合法性的举证责任。举证责任相互转移之后，法院审查证明力的优势方，优势方获胜。当然，这种规则也有例外。比如，美国法上，举证责任配置由法律明确规定，不适用“谁主张，谁举证”规则。例如，根据美国情报自由法的规定，政府拒绝提供文件的司法审查，举证责任倒置，申请人不负举证责任，被告负举证责任。根据美国判例，这种举证责任，法院要求比较严格。由此可见，美国法上举证责任分担主要考虑的是，谁更应该或更有能力负举证责任。这种公正标准，是前述利益衡量说作用的产物。[①] 比如，在政府拒绝提供文件的情况下，文件掌握在政府手中，申请人不具备控制文件的条件，所以让政府负举证责任是公正的。具体而言，美国司法审查举证责任分担主要适用以下普通法规则：（1）诉讼程序法事实方面，申请人和被告各负举证责任；审判地点的确定，申请人和被告各负举证责任。申请人对管辖地首先负举证责任，被告反驳，被告也负举证责任。（2）司法审查期间停止执行行政决定的条件适用“谁主张，谁举证”规则。（3）申请司法审查的受理条件适用“谁主张，谁举证”规则。（4）案件的实体性审查，基本上通用“谁主张，谁举证”规则。（5）被告负提供行政案卷或记录的举证责任。

2. 大陆法系上的举证规则。大陆法系的行政诉讼多实行法官主导的职权主义诉讼结构，行政法官可依职权调查证据。既可在庭内调查，也可在庭外调查。所以，当事人的举证责任负担相应减轻。但是，举证责任负担没有免除。关于举证法则配置的理论依据，大陆法系并无统一共识，存在多种学说。法国按照诉讼类型分类。在法国，行政诉讼分为越权之诉、完全管辖之诉、解释行政行为意义之诉、处罚之诉等。对这些诉讼，举证责任配置基本适用“谁主张，谁举证”的规则。法律要件分类说是德国学者提出的一种观点。该学说将法律规范分为权利产生规范、权利妨害规范、权利消灭规范和权利排除规范。前者为基础规范，后三者为对立规范。主张权

---

① 李莎莎：《美英法德行政诉讼证据规则比较研究》，载《山西高等学校社会科学学报》2007年第3期。

利存在者就权利规范中关于权利事实存在的构成要件承担举证责任；主张权利不存在者应就对立规范中，权利消灭、权利妨害或权利排除等负举证责任。权利限制、扩张区别说是日本学者提出的。他们认为，限制国民权利、课处义务的行政处理诉讼，由行政机关就行为的适法性负举证责任；国民请求扩张权利或利益领域应就其请求权的基础事实负举证责任。

（三）取证规则之比较

在英美普通法国家，由于采用的是当事人主义诉讼模式，法院一般不主动收集证据，只需行政机关将行政案卷和记录全部移交有权机关审查。而大陆法系国家，则一般采取职权主义诉讼模式，法院可以依职权主动收集、审查证据。在这种情况下，就涉及当事人的证明责任与法院依职权调取证据之间关系的处理问题。在德国，首先是法院依职权调取证据，但是法院取证有边界：如果法院依职权调取证据的手段已经用尽，而事实依然不清，就依据证明责任来分配举证。关于证明责任的分配，没有一个统一的原则，要视适用于案件的具体法律规范而定。例如，如果法律规定取得建筑许可要具备一定的条件，那么当原告想要获得这个许可时，就要证明他自己具备这个条件。而如果法律同时规定在例外的情况下行政机关可以不颁发这个许可，则作出此不予许可决定的机关就要证明他们的决定符合这些例外情况。在法国，取证规则则更加灵活，条条框框的限制并不僵化。法院有调查的责任。法国最高行政法院的某些判例甚至载明，起诉人可以不提供证据，只需要明确诉讼请求并提供必要的信息来说明理由即可，法院可以帮他收集证据。在有些情况下，原告甚至可以提供更少的证据。例如，如果原告以受到了不公正处罚为理由起诉其所在单位，法官会要求单位提供证据证明处罚的正确性，而不是要求原告提供证据，或仅要求原告提供力所能及的证据。值得注意的是，德国、法国均没有成文的行政诉讼证据制度，现有的做法也极为灵活，但是它们的目标却十分明确，那就是查明事实。[①] 为了实现这一目的，证据制度当

---

① 李莎莎：《美英法德行政诉讼证据规则比较研究》，载《山西高等学校社会科学学报》2007 年第 3 期。

中没有也不允许添加任何伦理或价值平衡因素。

证据查证和取证紧密相关。西方主要发达国家对行政诉讼证据一般都采用书面查证方式。英国司法审查原则上适用简易诉讼程序，可以用书面审查方式进行，言词审查不及刑事、民事诉讼用得多。因为其司法审查一般是法律审，只审查行政案卷和行政记录，所以采用书面查证和简易程序基本上可以达到审查的目的。美国司法审查也往往是着重审查行政案卷和行政记录，美国判例也要求行政机关尽可能制作行政记录。无论是正式程序的裁决还是非正式程序的裁决，一般都适用书面查证规则。法国行政诉讼从行政程序发展而来，强调行政行为用书面形式保留，必须做行政记录。德国行政法院解决行政争议，一般也有条件地适用书面审查，采用书面查证规则。

（四）质证规则之比较

质证是指在法庭的主持和当事人的参加下，对当庭出示的证据的真实性、关联性和合法性进行相互辨认和质疑的诉讼活动。质证的规则有很多，包括证据展示、质证顺序、质证方式等，对证据的关联性、合法性和真实性进行说明和辩驳。但最核心的是对证据合法性的认定。非法证据排除规则也就成了重要的质证规则。

在美国，非法证据排除规则的起源是为了限制和禁止警察等公权力机构在行使职权时对公民人身等权利进行侵害。美国是最早确立非法证据排除规则的国家，其目的就是禁止和纠正警察的不良、违法行为，其宪法依据是美国宪法第四修正案。1791 年美国《联邦宪法修正案》第 4 条规定："人民保护其身体、住宅、文件与财产之权利，以对抗无理由之逮捕和扣押，不得被侵犯。除有合理根据并宣誓保证，并详述搜查之地点、须扣押之人或物之外，不得颁发搜查证。"① 后来，美国又发展出了"毒树之果"，对非法证据以及从非法证据获得的证据进行排除。而对私人以违法方式获取的证据，美国绝大多数的案例是不予排除的，除非该违法取证行为是在警察的授意下进行的。之所以进行这种区分，是因为美国法院认为，宪法修正案第 4 条的规定，旨

① 韩红俊：《民事诉讼中确定非法证据排除规则的非理性》，载《社会科学论坛》2005 年第 7 期。

在禁止政府人员的非法侦查行为，并非禁止私人的行为，故不适用于私人非法收集证据的情形。对私人在民事诉讼中利用警察以非法方式取得的证据，美国法院亦持宽容的态度，允许私人将它们作为证据使用。[①]

传统上，大陆法系国家并不存在真正意义上的非法证据排除规则。但近来，在保护公民个人基本权利不受侵害等观点的影响下，大陆法系国家开始转变态度。如德国，法院“已在实践中创造出与之相适应的排除非法所得证据的条件和原则”[②]。当然，由于诉讼理念、诉讼体制和法律传统的差异，德国和美国的非法证据排除规则表现形式并不相同。在德国法学说中，把类似美国证据排除规则的内容称为“证据禁止”。证据禁止又分为“证据取得禁止”，即对法官调查证据以及当事人收集证据进行限制，以及“证据使用禁止”，即把某些证据材料排除在作为判决基础的证据之外。虽有这种发展，但从整体上而言，大陆法系在诉讼中对证据资格不作限制，主要由法官通过自由心证来判断证据认定事实的效力，没有英美法系证据规则中严格意义上的排除规则。

传统上，日本法中也不存在非法证据排除。但“二战”后，受美国影响，日本开始实行非法证据排除规则。根据《日本宪法》第 21 条、第 35 条的规定，以欺骗手段进行的秘密录音，因侵犯了个人人格权，违法取得而完全无证据资格。日本法院在民事诉讼中采用“重大违法”作为排除非法证据的依据。日本东京高等裁判所于 1977 年及日本最高裁判所第三法庭于 1981 年都对私录谈话录音的证据作出判决，都不认为其获取证据的方式存在重大违法情形，因此获取的证据具有证据能力。[③]

概括而言，采取非法证据规则的，证据排除的情况一般有以下几种：（1）对违反行政调查规则的证据予以排除。行政调查规则包括调查主体、证件主义、法定权限及具体的调查手段、步骤、过程规则，违反这些规则的证据一般要排除。如越权和滥用权力的取证，既构成程序违法，也使程序违法的毒树之果——证据被排除。在英国、美国，非法搜查获得的证据一般不可采信。当然，如前所述，美国适用这个规则也有一定的范围和灵活性。法国事实上也

---

① 周叔厚：《证据法论》，三民书局 1995 年版，第 1147 页。
② 岳礼玲：《德国证据禁止的理论与实践初探》，载《中外法学》2003 年第 1 期。
③ 王亚新：《对抗与判定》，清华大学出版社 2002 年版，第 182—183 页。

适用证据调查违法的排除规则，程序滥用也构成法国权力滥用的一种。(2) 违反行政程序规则的证据应予排除。例如，没有经过行政质证的证据，原则上应予以排除；违反防偏见规则，违反禁止单方面接触规则，违反阅卷规则的证据，都应予以排除。(3) 违反行政采证规则的证据也应予以排除。如行政机关违反案卷排他性规则的证据应予以排除。

(五) 认证规则之比较

认证是指在当庭举证、质证的基础上，对证据的关联性、合法性和真实性进行分析判断，从而确定证据材料的证据能力和证明力的诉讼活动。[①] 简单讲，认证就是对证据能力和证据证明力进行确认。证据能力是指法律关于某一证据材料能够作为证明案件事实证据的资格或条件。证据证明力是指证据在证明案件事实上体现出来的价值大小与强弱。认证规则是人民法院证据规则体系的重要组成部分，是规范法官认证行为的规则总称，一般由认证程序规则、证据能力认证规则、证据证明力认证规则三部分组成。

在认证原则上，西方法治发达国家一般采取自由心证的原则。自由心证是指某一事实材料能否作为证据采用，证明力的大小与强弱如何，法律不作预先规定，由法官根据案件的具体情况自由判断，形成内心确信后作出认证的结论。[②] 1791 年 1 月，法国宪法会议通过杜波尔改革证据制度的草案，并于同年 9 月发布训令，正式宣布：法官必须以自己的自由心证作为裁判的唯一根据。[③] 1808 年，法国《法兰西刑事诉讼法典》最早以立法的形式规定了自由心证："法律不要求陪审团讲出他们获得确信的途径和方法，法律也不给他们预订的规则，要求他们必须按照这些规则决定证据是否完全和充分。法律所规定的是，要求他们集中精神，在自己良知的深处，探求控方提出的针对被告人的证据和被告人的辩护证据在自己头脑中形成了什么印象。法律只向他们提出一个能够包含他们全部义务的问题：你们内心确信吗?"[④] 经过

① 戴伟群等：《行政诉讼认证规则初探》，载《行政法学研究》2001 年第 4 期。
② 江必新、梁凤云：《行政诉讼法理论与实务》，北京大学出版社 2011 年版，第 625 页。
③ 毕玉谦：《民事证据法及其程序功能》，法律出版社 1997 年版，第 93 页。
④ 吕艳滨等：《行政诉讼法学的新发展》，中国社会科学出版社 2008 年版，第 15—16 页。

200 多年的发展，传统的自由心证也经历了时代变迁，更加开放、透明。它的基础是证据裁判主义，认为证据必须有规范意义，即证据必须有适格性。这种适格性体现为两方面：证据力和证明能力。美国证据法理论认为作为裁判基础的证据必须具有相关性和可采性。《联邦证据规则》第 401 条将“相关证据”定义为：证据具有某种倾向，使决定某项在诉讼中待确认的争议事实的存在比没有该项证据时更有可能或有更大可能。不得不承认，自由心证并不是一种尽善尽美的证据裁判方法，但是与灾难性的主观擅断相比，它的缺陷尚可容忍。对此，英美学者坦言：“法庭关于特定事实已获证明的判断并不必然反映实质真实，它在很大程度上建立在形式真实基础之上，仅根据面前的证据材料，而且这些材料通常是那些当事人出示的符合证据规则的证据……实际上，法官并不查明事实，他所作的是根据呈现于他面前的证据，那些经常是不全面的而且法官本人不参与其收集与出示的证据，作出判决。法官所要看到的只是由证据规则限定的材料。”①

对于证明能力，无论是大陆法系国家，还是英美法系国家，各国一般都制定有较详尽的规则，如非法证据排除规则、传闻排除法则、意见排除规则、最佳证据规则等。这些规则，一方面体现了程序对多重价值的追求，同时也可以避免法官形成心证时享有的“自由”被滥用。

证明力和证明能力比较起来，规范意义弱了很多。因为各国除了防止偏重某一类证据（如口供）以外，对证明力限制甚少，一般将其交由法官自由裁量。所以，英美法系对证据证明力的认证，以法官的自由心证为主，只辅之以较少的法律规则。

二、行政诉讼证明标准之比较

证明标准，是指法院在诉讼中认定案件事实所要达到的证明程度。证明标准是法院判断待证事实的基准。与刑事诉讼、民事诉讼证明标准相比较，行政诉讼证明标准既具备证明标准的共同性，又因其诉讼性质呈现出特殊性。

---

① 转引自汪海燕、胡常龙：《自由心证新理念探析》，载《法学研究》2001 年第 5 期。

（一）英美法系的证明标准

英美普通法法系国家没有专门的行政诉讼制度，行政机关的行为是否符合宪法及法律，通常由普通法院适用一般的诉讼程序审查，一般与民事诉讼适用同样程序，当然，特别法有特殊规定的除外。所以，在英、美等国，行政诉讼和刑事诉讼的证明标准是不同的。英美法系国家对刑事案件与民事案件的证明标准采取差别对待。对刑事案件证明要求的最低限度是控诉一方必须将所指控的犯罪证明到“排出一切合理怀疑”的程度，有罪事实才能成立。对于行政诉讼案件，则依其性质不同区分为普通案件与特殊案件分别规定不同的证明标准。概括而言，英美法系行政诉讼证明标准的特点主要有：（1）证明标准比较低。依据普通法的基本精神，公民与政府受同一法律支配，因此司法审查的证明标准与民事诉讼的证明标准基本一致。美国一般民事诉讼证明标准为优势证据标准或盖然性标准。“民事诉讼中的证明标准，一般为盖然性优势标准。当一事实被陪审团确信为在证据上具有占优势的盖然性，即存在的可能性要大于其不存在的可能性时，就可以认定该项事实为真实。”① （2）无论是事实问题的审查标准，还是法律问题的审查标准，皆是弹性证明标准。英、美都是判例法国家，在法律没有确切规定的情况下，法官拥有丰富的自由裁量空间。（3）行政程序证明标准与司法审查标准具有一致性，这一点从美国的司法审查标准皆引用于《联邦行政程序法》便可看出。②

所以，英、美的行政诉讼证明标准灵活性较大。对事实问题和法律问题适用的证明标准不同。这和英美国家秉持的司法审查信念有关。它们认为，“司法审查只能监督行政机关行使权力，不能代替行政机关行使权力”。司法审查过程中，法官在法律问题上最有发言权，行政机关则是认定事实问题的专家。对不同的行政程序适用的证明标准也不同。以美国为例，根据美国《联邦行政程序法》的规定，就行政行为事实认定的审查，基本上采用两种不同的证明标准：实质性证据标准与清楚的、明确的和令人信服的标准。实质

---

① Steve L. Emanuel, *Howard M. Rossen et. Civil procedure*, West Publishing Co. , 1977, p. 184.

② 解志勇、崔晓婧：《行政诉讼证明标准》，载《证据科学》2008 年第 6 期。

性证据标准本质上是一种“占优势的盖然性标准”，强调行政机关认定案件事实必须具有一定的、可靠的和有证明力的证据，而不是排除其他合理的可能性的证据。实质性证据标准对行政行为认定事实的证据要求得较为宽松，是一般性的证明标准，除非宪法、法律要求更高的证明标准。依据实质性证据标准，法院对于行政行为关于事实裁定的审查，适用合理标准。只要行政机关的证明合理，就具备了实质性证据的支持。实质性证据标准只适用于审查根据正式裁决程序所作的决定的事实问题。① 清楚的、明确的和令人信服的标准（clear and convincing）较为严格。② 该标准是由联邦最高法院在伍德巴艾诉移民和归化局一案中确立的。这个标准与刑事诉讼中“排除一切合理性怀疑”证明标准相似，只适用在一些特殊案件，如吊销执照案件、纪律处分案件等。在这些案件中，因行政机关不利于当事人的裁决会给当事人造成灾难性后果，标准要更加严格。该标准的具体内容是：（1）行政机关用来定案的证据必须是确实的；（2）行政机关认定案件事实的要点是明确的、清楚的，证据与认定结论之间的证明关系是清楚的；（3）认定的结论是可信的，虽然从相同的证据中得出的结论可能不是唯一的，但是从相同的证据中能够令人信服地得出行政机关得出的结论。

总的来说，英美国家采用的行政诉讼证明标准是一种较低的标准。这种“较低标准”之所以可行，是由一系列法治化的制度支撑作为保障的。（1）法院公正性高、自由裁量权大。换言之，法官的公正性是值得信任、可以信任的；标准虽然低，但法官自由裁量权大，最终决定权还在值得信任的法官手里。在法律问题上，法官完全可以以自己的判断取代行政机关的裁定；在事实问题上，《联邦行政程序法》只明确规定了本质为“合理性”的标准，同时把对“合理性”的解释权交给了法院。（2）陪审制度成熟完善。事实问题交由陪审团去判断，可以更可能接近事实、保障社会公众民主参与权利。通过这样的制度安排，既减轻了法官在诉讼中的责任，又维护了社会公众的民主权利。（3）诉讼采用对抗制，当事人积极的诉讼活动可以发挥积极作用。

---

① 肖穆辉：《行政诉讼证明标准之重构》，载《湖南公安高等专科学校学报》2009 年第 4 期。

② John W. Strong, Etc. McCormick on Evidence, *Horn Book Series West Group*, 3th ed., 1999, p. 959.

对抗制下，发现案件事实真相的重任很大程度上在当事人双方。他们积极的诉讼活动，使发现真实的概率更大。

（二）大陆法系的证明标准

严格意义上讲，大陆法系国家行政诉讼并未形成统一的证明标准。学术界一般也把证明标准作为法官心证的客观化尺度而内含在自由心证原则之中。一般认为，大陆法系行政诉讼，采取的是高度盖然性证明标准：“一项事实主张具备非常可能的盖然性，一个理性的人不再怀疑或者看起来其他的可能性都被排除了，这种情况足够形成法官的心证。”① 德国的行政诉讼被认为采取的是排除合理怀疑的高度盖然性标准。这一要求介于民事与刑事诉讼证明标准之间。当然这只是一般情形。在特殊情形下，法律的特别规定或者行政法院的解释，可能会修正此标准，对其进行降低。

法国行政诉讼适用的一般证明标准是合法性标准。该标准允许法官对行政决定的事实根据进行独立判断而不必考虑行政机关的看法或意见。具体而言，根据被审查的行政决定性质的不同，可以分为三类：（1）最低程度的监督。在这种程度下，行政法官只审查行政决定的权限、程序、权力正当行使、法律依据。关于事实问题，法院一般只审查其是否实际存在，不审查其性质。但是，法院保留明显的判断错误标准的审查权力。最低程度的审查，适用范围狭窄，基本限于外事警察、政治安全警察等技术性或专业性非常强的行政事项。（2）中等程度的监督。在这种程度之下，法院除审查行政行为的内外在合法性条件之外，关于事实问题，如果法律规定以具备某种性质为要件时，法院也审查事实性质的判断是否符合法律的规定。（3）最高程度的监督。在这种程度之下，法院审查行政行为的合法性，也审查其妥当性。这种情况适用于涉及公民的重大利益或法律有规定的情况。②

总体而言，大陆法系国家行政诉讼适用的证明标准是一个较高的标准。之所以做如此安排，也是由大陆法系国家司法理念和既有制度约束决定的。

---

① ［德］普维庭：《现代证明责任问题》，吴越译，法律出版社 2000 年版，第 111 页。
② 肖穆辉：《行政诉讼证明标准之重构》，载《湖南公安高等专科学校学报》2009 年第 4 期。

概括而言，主要有以下几点：（1）诉讼性质和诉讼目的决定。在大陆法系，行政诉讼属于公法上的争议，其诉讼目的在于限制国家公权力。为了加强对行政权的监控、维护公民权利，行政诉讼才有必要实行更严格的证明标准。（2）职权主义诉讼构造的影响。大陆法系行政诉讼采行的是职权主义诉讼构造，更强调法官的主导作用。这种主导作用不仅体现在法律适用上，还体现在事实调查上。法官不仅要对法律适用负责，还要对案件事实的调查负责。适用较高的证明标准，更能确保法官主导的事实调查的真实性。这对法院社会权威的树立也有好处，过低的证明标准可能会引起公众对法官公正性不必要的怀疑。（3）较高的标准可以更好地确保法官达成自由心证。自由心证是法官的自由裁量，是对案件事实进行判断和内心确信的过程，具有很强的主观性。为确保心证结果的公正性、客观性，有必要对证据认证过程设置更多的客观限制。

（三）比较带来的启示

关于行政诉讼证明标准，普通法系和大陆法系采取了不尽相同的标准。可以说是两种进路、两种标准，差异性明显。但是在制度表面的差异性之下，还是有很多共性的东西。（1）证明标准的采纳并不是单纯地由主观喜好决定，而是深受所在国诉讼制度构造、诉讼目的追求约束，和所在国行政程序发达程度、司法地位等紧密相关。（2）两大法系采纳的具体标准虽然有差异，但都追求的是法律真实。高度盖然性标准、排除合理怀疑标准、实质性证据标准等所意图发现的，均是法律真实。例如，德国学者就反对将客观真实作为证明标准追求的对象，认为客观真实如果没有反映到人的主观的意识中，缺少人的判断的客观真实就根本无法成为衡量的标准。① （3）证明标准均是服务于自由心证原则的。从实质上讲，两大法系都采纳的是自由心证原则，在证据判断上都赋予法官充分的自由裁量权。证明标准的设定虽然有差异，但都是要服务于法官的自由心证。（4）证明标准都具有层次性、灵活性。两大法系的各个国家几乎都对诉讼证明标准进行了分层、分类，根据不同类型的

---

① ［德］普维庭：《现代证明责任问题》，吴越译，法律出版社2000年版，第51页。

案件，设置不同层次的标准，并且表现出极大的适用灵活性。这是由行政争议类型的复杂性决定的。根据被诉具体行政行为对相对人利益影响的大小、争议问题种类的不同设置不同层次的标准，对确保诉讼公正、提高诉讼效率有重要作用。此外，还针对一些专业性执法领域，在事实问题与法律问题上采用不同的证明标准。

三、中国行政诉讼证据制度之改进

（一）现行行政诉讼证据制度存在的问题

我国现行行政诉讼证据制度的相关规定主要集中在《行政诉讼法》《最高人民法院关于执行〈中华人民共和国行政诉讼法〉若干问题的解释》《最高人民法院关于行政诉讼证据若干问题的规定》中。这些规定在过去一段时期发挥了其应有的作用，值得充分肯定。但是随着社会新情况、新问题的出现，随着人民权利需求的增强，随着我国法治建设往深层次推进，尤其是法治政府建设不断向前发展，这些规定的不足也逐步显现出来。

总体上而言，现行行政诉讼证据制度，在立法理念、思路上主要存在的问题突出表现在：行政诉讼证据制度在一定程度上背离了行政诉讼制度控制行政权和保障合法权益的制度目的。[①] 诉讼构造不适当，合法性审查原则贯彻不彻底。合法性审查原则是行政诉讼的基本原则。行政审判应当对行政行为是否合法进行全面审查。这就要求采取比民事诉讼更强的职权主义模式。法院在审理行政案件时应不受原告诉讼请求和理由的限制，从而可以对被诉行政行为合法性进行全面审查。恰恰相反，现有证据制度体却现出了很强的当事人主义特点。如举证和质证都以当事人为主体，这与合法性审查原则在某些方面存在冲突。再如，证据制度规定原告在二审期间无正当理由不允许提供证据，但是，如果该证据能够证明被诉行政行为违法呢？二审期间一概排除提供这些证据与合法性审查原则存在一定的背离。又如，对排除非法证据，

---

① 柳砚涛、刘宏渭：《行政诉讼证据制度的几个问题探析》，载《法学论坛》2003年第1期。

采取过于保守的态度。

具体而言，我国现行行政诉讼证据制度主要存在以下几个方面的问题。

1. 证据规则设计上的问题

第一，关于举证责任分配的问题。现行证据制度规定，被告对作出的具体行政行为负有举证责任，原告所负举证责任主要限定在起诉符合法定条件、起诉不作为时提出申请的事实、行政赔偿案件中受侵害造成的损失等。实践中，关于原告、被告的举证责任，易出现以下争议：（1）在不作为案件中，原告是否已提出申请的举证责任问题。在行政机关执法活动规范化程度不高的情况下，让原告提交提出申请的证据比较困难。随着电子政务发展，很多地方推行电子政务，原告如何证明通过电子方式提出申请也是个问题。这个问题，实践中争议很大。（2）起诉人的初步证明责任问题。原告对起诉条件负举证责任是明确的，但对何谓起诉条件，含义并不明确。对起诉期限、原告适格、复议前置等问题是否都应当由原告承担举证责任，实践中存在争议。（3）关于不履行法定职责案件，申请事项是否属被告法定职责范围由谁举证，规定不明，存在分歧。有人认为应由被告负责举证，因为被告有优势。有人认为应由原告负责，因为这属于起诉条件问题。（4）行政行为中没有认定的、与被诉具体行政行为合法性有关的事实，由谁负举证责任问题。如被告滥用职权问题、被告实施法律禁止行为（应当回避而未回避，一个人取证）的问题等。（5）关于原告对行政赔偿案件受侵害造成的损失负举证责任是明确的，但当被告的行为妨碍了原告的举证、原告无法举证、被告不举证、法院又无法鉴定时如何处理。如在国有集体土地上房屋被行政机关违法拆除的情况下房子及物品的损失。关于行政诉讼中，行政程序性事实的举证责任，规定并不统一。我国没有统一的行政程序法典，有关行政程序性事实的举证一般由各个单行行政法规规定。而这些单行法规对行政程序性事实的举证责任分担，规定并不统一、明确。对程序性的事实，有的认为应当适用“谁主张，谁举证”的基本举证原则，有的认为应当由行政机关承担行政程序事实的举证责任。

第二，关于举证期限。关于被告的举证期限，主要存在以下问题：（1）规定被告收到起诉状副本之日起 10 日内提供证据，同时规定了正当事由的延期提供。但是，对于被告认为原告起诉不符合起诉条件或提出管辖异议的，对具体行政行为合法性的举证可否超过10日？对此，实践中争议较大。[①]（2）如果被告在收到起诉状10日内没有提交的证据，在10日后又提交了，且该证据对证明被诉行政行为合法性非常关键，是否一律不予采纳？对此，实践中也有争议。关于原告的举证期限，同样存在争议。通常认为，笼统规定原告提供证据时间在开庭审理前或人民法院指定的交换证据交换日，是不科学的。对不同类型的举证，应设定不同的期限，进行分类规定。如关于起诉条件的证据，关于证明被诉具体行政行为违法的证据，关于一并提起行政赔偿诉讼案件的损害事实的证据的提供时间，关于程序性事实，关于被告认为原告起诉不符合法定起诉条件的提供证据的期限，等等，要区分开来。

第三，关于法院调取和保全证据的权力和程序问题。这方面主要存在以下几个问题或争议：（1）法院要求或允许当事人补充或提供证据存在的问题。《行政诉讼法》第39条规定，人民法院有权要求当事人提供或者补充证据。相关司法解释还进一步对此进行了细化规定。之所以赋予法院要求或允许当事人补充或提供证据的权力，其主要目的有二：一是确保查明案件事实的真相，通常在司法实践中要求提供证据主要是针对被告；[②] 二是平衡当事人的诉讼地位，防止证据权利的不平衡。[③] 但这一规定，实质上违背了诉讼的程序严肃性和司法的中立性。在实践中，也很容易为行政机关干预行政诉讼开方便之门。行政机构可能通过给法院施加影响，让法院允许提交新证据。而行政相对人即原告却基本不具备这一能力。从而容易导致诉讼审理活动中的力量制衡失衡。赋予法院主动介入的权力以"帮助查明案件事实"，背后蕴含的是典型的客观真实主义证据观，偏离了法律真实。（2）法院主动调取证据的问题。《行政诉讼法》第40条规定，人民法院有权向行政机关以及其他组织、公民调取证据。相关司法解释进行了细化规定。法院来调取证据虽然可以在一定程度上解决当事人取证能力不足、公共利益维护等问题，但同时会严重削弱司法的中立性。法院调取证据会使法院在审理案件之前接触到案件事实

---

① 江必新、梁凤云：《行政诉讼法理论与实务》，北京大学出版社2011年版，第547页。

② 张步洪：《中国行政法学前沿问题报告》，中国法制出版社1999年版，第220页。

③ 张树义：《寻求行政诉讼制度发展的良性循环》，中国政法大学出版社2000年版，第154页。

以及当事人，可能会使法院产生先入为主的主观判断，不利于公正审理案件。此外，法院直接调取证据，会使法院成为程序法律关系的当事人，当各方当事人与法院就调取证据的行为是否合法或适当发生争议时，会导致法院审查法院的程序法律行为是否合法的状况，这种自己审自己的结果有违“自己不能做自己法官”的程序公正原则。[①]

2. 证明标准设定上的问题

在我国，行政诉讼法并未对诉讼证明标准作明确的规定。但这并不表明我国的行政诉讼没有证明标准。从学理的角度概括而论，我国行政诉讼证明标准的设定，主要存在以下问题：（1）从理念上讲，抱守不切实际的“客观真实”标准，落后于各国通行的法律真实标准，实践效果也不好。和其他两大诉讼法的规定一样，行政诉讼法也把证明标准笼统规定为“案件事实清楚，证据确实充分”。从这一规定可以看出，我国的行政诉讼追求的实际是客观真实。相比国际上的“法律真实”理念，我国的观念已经落伍了。且多年的审判实践证明，这也是比较失败的。从哲学上看，在案件审理中对客观上的真实的追求，事实上永远也无法达到。已经发生的客观事实，只能被最大限度地接近，却不可能被完全重现。在审批中，这种最大限度的接近，只能通过诉讼程序、通过法官自由心证来达致。这种经过诉讼程序得来的真实，只能是“法律真实”。因此在未来，我们不应再禁锢于“案件事实清楚，证据确实充分”之“完美主义”的定式证明标准，而应根据具体客观情况灵活运用。（2）和民事、刑事诉讼采取同样的“客观真实”标准，没有照顾到行政诉讼的特殊性。从性质上讲，行政诉讼与民事诉讼、刑事诉讼是有差别的。行政诉讼应当有自己的证明标准。（3）证明标准的设定缺乏层次性、灵活性。行政争议类型的复杂性决定了行政诉讼的证明标准不应当是统一的、单一的。行政诉讼证明标准并不是一个统一适用的标准，而是根据行政行为的种类、行政案件的性质及对当事人权益影响的大小等因素具体考量的多元化证明标准。两大法系的主要国家几乎都对诉讼证明标准进行了分层、分类，根

① 杨桦、罗兴：《我国行政诉讼证据制度的价值取向与缺陷分析》，载《江汉大学学报》2004 年第 6 期。

据不同类型的案件，设置不同层次的标准，并且表现出极大的适用灵活性，主要根据被诉具体行政行为对相对人利益影响的大小、争议问题种类的不同设置不同层次的标准，对确保诉讼公正、提高诉讼效率有重要作用。此外，还针对一些专业性执法领域，在事实问题与法律问题上采用不同的证明标准。而我们国家却只是笼统地规定了统一的客观真实标准，缺乏灵活性、多元性。

（二）2014 年行政诉讼法修改决定对证据制度的改革

2014 年 11 月 1 日上午，第十二届全国人民代表大会常务委员会第十一次会议审议通过《全国人民代表大会常务委员会关于修改〈中华人民共和国行政诉讼法〉的决定》（以下简称《修改决定》），全文共计 61 条，自 2015 年 5 月 1 日起施行。《修改决定》的亮点有很多，其中很重要的一块是对行政诉讼证据制度的改革。具体而言，其对行政诉讼证据制度的改革如下。

1. 明确被告逾期不举证的后果。将第 32 条改为第 34 条，增加一款，作为第 2 款：“被告不提供或者无正当理由逾期提供证据，视为没有相应证据。但是，被诉行政行为涉及第三人合法权益，第三人提供证据的除外。”

2. 完善被告的举证制度。1990 年《行政诉讼法》规定在诉讼过程中，被告不得自行向原告和证人收集证据。为了查明事实，增加两条，作为第 36 条、第 37 条。第 36 条有两款：“被告在作出行政行为时已经收集了证据，但因不可抗力等正当事由不能提供的，经人民法院准许，可以延期提供。”“原告或者第三人提出了其在行政处理程序中没有提出的理由或者证据的，经人民法院准许，被告可以补充证据。”第 37 条：“原告可以提供证明行政行为违法的证据。原告提供的证据不成立的，不免除被告的举证责任。”

3. 明确原告的举证责任。1990 年《行政诉讼法》对原告举证责任的规定不清晰。但在有些情况下，如果原告不举证，就难以查清事实，作出正确的裁判。因此，修改决定增加规定，作为第 38 条：“在起诉被告不履行法定职责的案件中，原告应当提供其向被告提出申请的证据。但有下列情形之一的除外：（一）被告应当依职权主动履行法定职责的；（二）原告因正当理由不能提供证据的。在行政赔偿、补偿的案件中，原告应当对行政行为造成的损害提供证据。因被告的原因导致原告无法举证的，由被告承担举证责任。”

4. 完善人民法院调取证据制度。将第34条改为两条，作为第39条、第40条。第39条：“人民法院有权要求当事人提供或者补充证据。”第40条：“人民法院有权向有关行政机关以及其他组织、公民调取证据。但是，不得为证明行政行为的合法性调取被告作出行政行为时未收集的证据。”增加一条，作为第41条：“与本案有关的下列证据，原告或者第三人不能自行收集的，可以申请人民法院调取：（一）由国家机关保存而须由人民法院调取的证据；（二）涉及国家秘密、商业秘密和个人隐私的证据；（三）确因客观原因不能自行收集的其他证据。”

5. 明确证据的适用规则。增加一条，作为第43条：“证据应当在法庭上出示，并由当事人互相质证。对涉及国家秘密、商业秘密和个人隐私的证据，不得在公开开庭时出示。人民法院应当按照法定程序，全面、客观地审查核实证据。对未采纳的证据应当在裁判文书中说明理由。以非法手段取得的证据，不得作为认定案件事实的根据。”

（三）对进一步完善证据制度的思考

2014年的修正，是《行政诉讼法》自1989年制定后作出的首次修改。此次行政诉讼法修改，主要针对实践中立案难、审理难、执行难等“三难”问题，从保障当事人的诉讼权利，完善管辖制度、诉讼参加人制度、证据制度，完善民事争议和行政争议交叉的处理机制、完善判决形式等十个方面对我国行政诉讼制度进行了完善。修改后的《行政诉讼法》从明确法院和行政机关应当保障当事人的起诉权利、扩大受案范围、强化受理程序约束等五方面保证行政诉讼的入口畅通，完善了对当事人的诉权保护。可以说是意义重大、影响深远。这标志着在我国“民告官”开始迈入“2.0时代”。

对证据制度，《修改决定》也是着墨颇多。这些改革举措，对举证责任制度完善、证据规则完善等无疑具有重要意义，值得充分肯定。但析而言之，仍有不足，未来应进一步改革完善。具体言之，至少有以下几点：（1）就人民法院调取证据而言，《修改决定》规定了人民法院调取证据的条件，但没有规定调取证据的程序。未来，有必要通过司法解释，对调取证据的程序进行进一步的规定。[①]（2）进一步完善非法证据排除规则。《修改决定》明确规定了非法证据排除，“以非法手段取得的证据，不得作为认定案件事实的根据”。应当说，这一规定意义重大，进步明显，具有相当的合理性。有利于明确审判人员在审判实务中对相关证据审核、认证方面问题的操作，也有利于间接性地规范行政程序中的取证行为。但在将来的个案审判实践中，我们需要认真考虑此规则适用的例外情况。在国外，一般有国家利益与社会公共利益例外、紧急情况例外、善意取得例外、最终或必然发现例外等例外情形。[②] 在这些例外情形下，不适用非法证据排除规则。未来要通过司法解释等形式，探索完善非法证据排除规则。（3）进一步完善证明标准。此次修改，对证明标准没有做相应改动，不得不说是个遗憾。未来，随着举证规则、证据适用规则的不断完善，应逐步对证明标准进行改革，确立法律真实标准，授权法官根据案件各方面因素具体考量，灵活、合理地适用证明标准。

---

① 余凌云：《论行政诉讼法的修改》，载《清华法学》2014 年第 3 期。

② 李跃等：《略探行政诉讼证据制度存在的几个问题》，载《理论与改革》2007 年第 1 期。

第八章　行政诉讼原告资格之比较

原告资格事关何人可向法院提起一个“合法之诉”，它是诉讼制度的入口。原告资格规则在民事诉讼与行政诉讼中均是一项重要规则，相比于民事诉讼，行政诉讼中的原告资格规则更为关键，亦更为复杂。在民事诉讼中，只要作为诉讼标的的民事权利或法律关系的主体，以该民事权利或民事法律关系为标的请求法院作出本案判决，其即具备原告资格。具体而言，在给付诉讼中原告仅需向法院主张自己的给付请求权即可；在确认诉讼中原告只要主张自己是作为诉讼标的的民事法律关系的主体，其即具备原告资格；而在形成诉讼中，原告是否适格通常由法律予以特别规定，也就是说，只有在法律特别赋予形成权的情况下，原告才可提起形成诉讼。与之相对，在行政法律关系中，实体法并没有先行设置撤销请求权，[①] 然后再以此创设撤销诉讼制度，甚至撤销诉讼的前提——合法权益受到损害——本身都需要通过解释才能予以确定；同时，撤销诉讼是行政诉讼中的重心，而撤销诉讼属于形成诉讼，行政法亦未对此形成权一一作出规定。因此，在行政诉讼上，原告资格的确认就成为需要进行大量的解释才能解决的重大问题。[②] 所以，在行政诉讼

① 此与行政法律规范的特性相关。行政法律规范以规定行政机关的义务的形式来保障相对人，相对人的权利并不像民事领域一般被明确地规定于民事法中，而需要通过对义务规定的解释才能得出。在行政法上是否存在请求权的概念如今在学界仍有争论，近来我国出现了试图建构行政法上请求权的努力，如徐以祥：《行政法上请求权的理论构造》，载《法学研究》2010 年第 6 期；王锴：《行政法上请求权的体系及功能研究》，载《现代法学》2012 年第 5 期。

② 马立群：《论行政诉权的构成要件与审查规则——行政诉权保障的路径及发展趋势》，载《南京大学法律评论》2013 年第 1 期。

法学中讨论原告资格问题意义尤为重大。

作为行政诉讼制度中的一项重要规则，原告资格在普通法系与大陆法系的存在状态并不相同。由于普通法系并不存在公、私法的严格区分，亦不存在独立的行政诉讼制度，因此，其对行政诉讼原告资格的讨论是被置于统一的诉讼体系之下的，而且通常取决于每一具体案件的具体事实背景与法律背景，在很大程度上取决于当时的司法政策和法官的自由裁量，没有形成体系化的原告资格判断规则。大陆法系则与此不同，其对原告资格问题采取的是"原告适格"的论述方式，并发展出了一套严密的判断原告是否适格的规则体系。简而言之，原告适格是指原告具有提起行政诉讼的主观上的利益，具有实施诉讼并承受诉讼结果的资格，它被置于诉讼权能乃至更为高远、更为抽象的行政诉权的讨论之下。后文对各国行政诉讼原告资格之论述将充分体现此等差异。

一、原告资格之法律意义

根据现代法治国家的一般原理，任何公民都应当有权向法院提起诉讼以获得有关权利的救济，多数国家在其宪法中明确规定诉（讼）权、接受法院裁判的权利是公民享有的一项基本权利，而接近法院的权利则是诉（讼）权中的基本内容。原告资格制度的存在即意味着对接近法院的权利的限制，此项限制必须具备充分的正当性，或者说必须具备足够的法律意义和功能，才能符合法治要求，才能使原告资格制度具有合宪性。原告资格的法律意义与功能主要体现在以下几个方面。

（一）原告资格能够确保诉至法院的纠纷的可裁判性

原告资格划清了行政诉讼中司法权的界限，保证诉至法院的案件是适合由法院进行裁判的案件。关于司法权的界限，人们早已达成了一个基本共识：具有高度政治性的国家行为不应由司法机关作出评判，行政诉讼中司法权的行使同样要遵循这一基本共识。此外，行政诉讼相比于民事诉讼有其特性，它涉及司法权与行政权之间的关系问题，即涉及权力分立原则。行政诉讼作为一种裁判，当事人所争议的、法院所审查的是行政机关作出的行政行为，而非权利义务关系本身；行政处分是一种公权力行使，它作为一种法律行为具有高于私人法律行为的效力。[①] 因此，司法权的行使必须尊重行政机关的“首次判断权”，不得过度介入行政权的行使。如果不对原告资格设置一定的限制，可能会使司法权在某些情形下超出其应有的界限，导致司法权侵害行政权，从而违反权力分立原则。因此以特定原告资格限制公民利用诉讼制度的可能性，也有维护权力分立原则的机能。美国有学者即认为，原告资格的功能之一是保护“国会将一些未决事项留待适当的立法共识达成后解决的权限”[②]。

与此相对应的有关原告资格功能的学说为“三权分立说”，该学说由美国身兼学者和法官双重身份的安东尼·E. 斯卡利亚提出。[③] 其基本出发点是原告资格的自由化将导致“行政管理过程的过度司法化”，因为如果允许原告不仅针对自己利益遭受的损害提起诉讼，还允许原告为了一部分公众的利益甚至是全部公众的利益提起诉讼，那么法院针对此类纠纷的裁判结果无疑是在针对涉及多数人利益的事项普遍性地制定规则。因此设置原告资格的目的在于将司法权限制在恰当的角色之上，以免司法机关介入本应由其他两个机关负责处理的事务，防止司法机关履行宪法分配给立法机关或行政机关履行的功能。要实现这一目的，就必须用“独特而有形的损害”标准、“具体损害”标准来限制国会通过立法赋予宽泛的原告资格的权力以及法院试图广泛扩大原告资格的自由裁量权。只有如此，才能将司法机关的功能维持在保护少数人利益而非多数人利益之下，才能阻止司法机关因当事人起诉而不断介入广泛的公共争议。也就是说，原告资格制度要想实现维护“三权分立”原则的功能，就必须将涉及多数人利益的纠纷排除在外，它通过强调原告所遭受的利益的“具体性（个人性）”，把原告与一般大众或所谓的公益代表人区别开来，从而使涉及全体公众或大部分公众利益的纠纷被排除在法院之外。由于

---

① 王天华：《行政诉讼的构造：日本行政诉讼法研究》，法律出版社 2010 年版，第 14 页。

② Maxwell L. Stearns, Standing Back from the Forest: Justiciability and Social Choice, 83 *Cal. L. Rev.* 1995, p. 1309.

③ Antonin Scalia, The Doctrine of Standing as an Essential Element of the Separation of Powers, *Suffolk University L. Rev.*, 1983.

原告资格的这一限制，法院的功能得以纯化，从而与立法机关、行政机关保持分立。①

（二）原告资格能够实现司法资源的合理分配

诉讼的进行是需要成本的，该成本主要为国家对司法资源的投入，而司法资源具有有限性，立法者对诉讼制度的设置必须斟酌国家财政能力以及法院的负担。因此立法者设置的诉讼制度应该符合诉讼经济原则，避免诉讼的进行对法院造成无意义的负担，并且进而影响其他潜在当事人利用法院的机会。因此合理设置原告资格，能有效分配司法资源，实现普遍正义。

与此相对应的有关原告资格功能的学说为“预防滥诉说”②，该学说认为，由于诉讼制度的运行成本主要是由国家提供的，也就是成本由纳税人整体而非单个诉讼当事人承担，因此不能期望诉讼制度的使用者将始终进行审慎的成本—效益分析，他们很有可能进行滥诉。所以，国家有必要依靠原告资格来排除不适当的诉讼当事人，以将有限的司法资源配置到那些值得通过司法程序加以解决的案件中，从而实现司法资源的优化配置。具体而言，法院应在具体案件中判断原告享有的个人利益的大小以及运用司法机制对其进行保护所产生的社会利益的大小，以此来决定是否赋予其起诉资格。当前两项利益越大时，法官越可能赋予原告起诉资格，反之则可能拒绝赋予其起诉资格。③

（三）原告资格的合理设置能够保证提起诉讼之人对案件进行热心辩护

行政诉讼原告资格的享有主体不外乎两类：对于所提起之诉讼直接享有个人利益的主体；为他人利益或公众利益提起诉讼的主体。对于前一主体而言，由于法院的裁判结果将直接影响其个人利益，因此该当事人必定会为其观点进行热心辩护，以向法官提供作出最终判决所需的充分信息，对此自不

① 陈亮：《美国关于原告资格功能之争及其对我国的启示》，载《河北法学》2009 年第 7 期。
② Scott, Standing in the Supreme Court – A Functional Analysis, *Harv. L. R.* 1973, p. 86.
③ 陈亮：《美国关于原告资格功能之争及其对我国的启示》，载《河北法学》2009 年第 7 期。

待言。原告资格对热心辩护的保障功能主要体现在后一类主体中。为他人利益或公众利益提起之诉讼即为公益诉讼，行政公益诉讼主要是随着环境保护问题的凸显而成为各国行政诉讼中的显著问题。由于行政公益诉讼已属于客观诉讼的范畴，因此对其原告资格的享有主体这一问题必须依赖法律的积极而明确的规制，法律作出此类规制的重要标准即为被赋予原告资格的特定主体是否具有充分的诉讼代表性，能否为与其个人利益或团体利益无直接关联的公众利益进行热心辩护。这一规制标准因诉讼领域的不得重复起诉原则而显得尤为重要。因此，在行政公益诉讼中，从提起诉讼之主体的选取到具体诉讼行为的实施，都应当被合理设置，只有如此才能保证提起诉讼的原告能对案件进行热心辩护，并最终维护、实现公众利益。正是在此意义上，有美国学者认为，原告资格的宪法基础在于确保热心辩护的实现。[①]

（四）原告资格与行政诉讼的功能设定一脉相承、相互对应

行政诉讼制度的基本功能取向，可以划分为两大类型：保障主观公权利和维持客观法秩序。前者对应于主观诉讼模式，后者对应于客观诉讼模式。主观诉讼模式是指行政诉讼的最终目的在于保护公民的权利，或者以之为主要目的，而关于行政的法规的维持或行政行为合法性的确保，只是保障公民权利的附带作用或当然结果而已。客观诉讼模式是指行政诉讼的首要目的在于确保行政活动的合法性，使关于行政的法规能被正当适用或遵守，至于公民权利因此而获得的保障，则仅是附带目的或附随作用而已。

在主观诉讼模式下，行政诉讼的形态主要表现为“权利被害者诉讼”，界定原告资格的因素也主要是“权益”标准。不过此种“权利被害者诉讼”并不以行政行为相对人所提起的“相对人诉讼”为限，它还承认由名义上相对人以外的第三人主张自己的主观公权利受到侵害而提起的“第三人诉讼”（如建筑法上的邻人诉讼以及竞争者诉讼即属此类）。也就是说，当行政诉讼的功能主要被设定为保障主观公权利时，享有原告资格的主体主要是行

① Craig R. Gottlieb, How Standing Has Fallen: The Need To Separate Constitutional and Prudential Concerns, *U. P. L. R.* 1994.

政行为的相对人以及与行政行为有法律上利害关系（而非事实上利害关系）的第三人。

在客观诉讼模式下，行政诉讼的形态主要表现为“利害关系者诉讼”，在某些领域（如环境保护领域）甚至承认公民诉讼。此时主张个人权利受到侵害者（包括行政行为相对人以及有法律上利害关系的第三人）当然享有原告资格，而仅仅主张具有事实上利害关系的人，同样享有原告资格。[①]

因此可以说，原告资格享有主体的范围直接反映了行政诉讼的功能，它由后者直接决定。至于对原告资格前三项法律意义的不同侧重，则将直接影响原告资格的确定标准与范围。比如若侧重“三权分立说”，则可能将原告资格限定在一较窄范围内，从而将涉及多数人利益的公众诉讼排除在司法审查之外；若侧重“热心辩护说”，则可能克服“三权分立说”的局限，将那些与诉争案件无直接利害关系，但能为案件进行热心辩护的利他主义者纳入原告的范围之内。下述各国原告资格之演变即受其对原告资格法律意义立场之认识、取舍的影响。

二、各国行政诉讼原告资格之演进

（一）美国

美国对于行政诉讼的受案范围采取的是原则上都可起诉，除非法律另有排除规定的立场，也就是说，行政诉讼的原告资格原则上被普遍地、广泛地授予所有公民。这一立场是由美国《宪法》与《联邦行政程序法（司法审查节）》予以明确的。美国《宪法》第 3 条规定了司法权的普遍适用范围，《联邦行政程序法（司法审查节）》第 702 条规定司法审查权适用于所有“因机关行为而使其法定权利受到侵害的人，或者受到有关法律规定范围之内的机关行为的不利影响或损害的人”，第 703 条规定“除法律规定有优先的、恰当的和专门的司法审查机会外，机关行为均应接受为求得司法强制措施而进行的

① 盛子龙：《撤销诉讼之诉讼权能》，载《中原财经法学》2001 年第 7 期。

民事或刑事诉讼中的司法审查”。但同时，《联邦行政程序法（司法审查节）》第 701 条、第 702 条也明确承认了司法审查权可以受到限制。

在具体的司法实践中，美国联邦最高法院发展出了一套判断原告资格之有无的“三要件”标准：可救济性、损害的实际存在、因果关系。

不具有可救济性的行为主要是《联邦行政程序法（司法审查节）》第 701 条第 1 款规定的两种情形：法律排除司法审查的行为以及属于法律赋予行政机关自由裁量权的行为。对于前一情形，美国法院一般将排除的情形限定在明确禁止司法审查的法律，且对此类法律通常采取限制性的解释，而极少承认默示的排除。[①] 对于自由裁量权的问题，由于该法第 706 条规定主观武断、滥用自由裁量权的行为、决定和结论可被法院判定非法并予以撤销，从而导致美国法学界、司法部、法院等各界对其争论不一。此外，还有一些行为因其性质本身不适合进行司法审查而被排除在外，如国防和外交行为、军队的内部管理行为、总统任命高级助手和顾问的行为、国家安全行为等。[②]

美国法院争论较多也经历了较大转折的要件是损害事实要件，法院意图扩大原告资格范围或限缩原告资格范围主要都是通过解释损害事实要件得以实现。损害事实要件大致经历了从“权利损害”标准到“法定损害”标准，再到“双层结构”标准，最后到“事实不利影响”标准的演变过程。（1）在 1940 年以前，美国法院主要采纳“权利损害”标准，即起诉人只有在法定权利受到侵害后才能具备原告资格。进言之，如果原告不能主张其普通法上的权利遭受了损害，或不能主张其正是行政执法直接指向的对象，那么法院将不得为其提供救济。（2）1940 年以后，起诉人只要表明行政行为侵犯了其被宪法或法律所保护的人身上或经济上的权利或利益，即可具备原告资格，此为“法定损害”标准。这种转变的发生主要得益于美国《联邦行政程序法》的颁布，该法第 702 条的规定将受司法审查程序保障的权益范围扩充为普通法上的权利、法定利益以及宪法上的利益。（3）其后，最高法院在 1970 年资料处理服务组织联合会诉坎普案[③]中确立了“双层结构”标准，起诉人要具

---

① 王名扬：《美国行政法》，中国法制出版社 1995 年版，第 604 页。

② 王名扬：《美国行政法》，中国法制出版社 1995 年版，第 615—616 页。

③ See Association of Date Processing Serv. Orgs. V Camp, 397 U. S. 150（1970）.

备原告资格须满足以下两项要求：事实上遭受了损害、该损害属于受法律保护的利益范围。“双层结构”标准下的利益范围要比“法定损害”标准下的利益范围宽泛得多，因为它并不像后者一样要求该利益必须是法律特别规定或特别保护的利益，而只要求该利益有可能处于法律规定或调整的范围之内。比如观看电视节目的人、受到居住歧视的人、享受美好环境的人都能因其相关利益受到损害而提起诉讼。法院的救济范围从“普通法上的权利”扩充到宽泛的“法定利益”[①]，美国学者将之归纳为原告资格从私法模式转向了公法模式。[②]（4）前述“双层结构”标准其实已经具备了相当程度的普遍性，因此，法院在此基础上进一步发展，将损害事实要件彻底发展为“事实不利影响”标准，也称“事实损害”标准，即起诉人只要事实上受到了所指控的行政行为的不利影响，他就具备了原告资格，而无须对此不利影响进行法律意义上的评判。[③] 损害事实要件发展至此似乎已达其极限，但司法实践的发展却又峰回路转，法院不仅没有随着现实的需求（特别是环境保护领域的需求）不断扩大“事实损害”标准的适用范围，反而以此作为限制原告资格范围的利剑。[④]

20 世纪 70 年代以后，美国国会通过大量环境法律中的“司法审查”条款、“公民诉讼”条款，[⑤] 为扩展行政诉讼原告资格作出了许多努力，“事实损害”被扩展到包含各种各样的无形损害，如对环保组织的审美损害。但是，在国会试图扩展原告资格的同时，联邦最高法院也作出了诸多努力试图限制

---

① Cass R. Sunstein, Standing and the Privatization of Public Law, *Columbia Law Review*, Vol. 88, 1988, pp. 1433 - 1442.

② 原告资格的公法模式的典型表现是针对政府的大量公民诉讼条款的存在以及公民诉讼的出现，且法院对此予以支持。如在 Natural Resources Defense Council vs. Lujan 案中，法院认可了原告的起诉资格，并认为政府若对可能存在的环境损害风险未进行充分解释，则侵害了原告的知情权与程序权。See NRDC vs. Lujan, 768 F. Supp. 878.

③ 王学辉主编：《行政诉讼制度比较研究》，中国检察出版社 2004 年版，第 192—193 页。

④ 美国法院对“事实损害”要件的限制除体现在下述环境诉讼中外，典型的还体现在纳税人诉讼中，法院为了避免联邦司法权对联邦行政权的干预，通常会否定那些挑战与原告个人利益无关的国家政策的纳税人诉讼资格。See Nancy C. Staudt, Taxpayers in Court: A Systematic Study of A (Misunderstood) Standing Doctrine, 52 *Emory L. J.* 771, 2003, p. 843.

⑤ 典型的如 1970 年《清洁空气法》规定，普通公民可以以“私人检察长”的身份对美国环境保护署未履行职责的行为提起诉讼。See Clean Air Act. 42 U. S. C. § 7604 (a) (2000).

这种扩展。这种限制源于保守的伦奎斯特法院对其前任——奉行司法能动主义的沃伦法院——进行矫正的企图，从而防止司法机关对立法机关和行政机关的过度干预；这种限制是对沃伦法院引发的“诉讼爆炸”的一种反弹。而在限制环境法上原告资格这一问题上，影响最大的大法官当属提出前述反对法院介入多数人利益的“三权分立说”的安东尼·斯卡利亚，他对环境公益律师提起诉讼表示强烈厌恶，希望联邦法官“关于环境诉讼的爱心”能够趋于终结。其在 Lujan vs. Defenders of Wildlife 案中作出了非常严格且被作为权威反复引用的原告资格的认定。[①] 法院认为，“事实损害”不是法院认定原告资格的充分条件，而只是必要条件，没有它则立法机关无权授予原告资格。而关于“损害”的证明则处于法官控制之下，他们可以随意地把损害的定义限制到尽可能小的范围。也就是说，除非一项损害能使法官满意，否则，立法机关无权据此授予原告资格。从 1970 年《清洁空气法》修正案开始，美国许多环境法律都增加了“公民诉讼”的规定，但这都被法院的利剑所扼住。在伦奎斯特法院之下，“事实损害”要件从保护公众司法救济权利的庇护，变成了一把砍掉美国国会扩张公民原告资格的利剑。当然，不断扩大公民的原告资格，尤其是在风险社会下允许个人或团体为公众利益提起公民诉讼毕竟是大势所趋。在联邦最高法院以“事实损害”要件限制公民的原告资格的同时，即不断有学说对此提出尖锐的批评，这些学说共同指向这样一个结论：历史地看，美国《宪法》是在一种宽泛的原告资格氛围下制定的，公众诉讼长期以来已是英美法的一个特征，而具体至环境法领域，公民可以提起告发人诉讼（公民诉讼）最早可以追溯到美国 1899 年《垃圾法》[②]。随着联邦最高法院成员的变更，法院对“损害”的认定立场已发生了转变，[③] 如今其承认的损害事实已包括对环境利益造成的损害，甚至包括基于风险的损害和合理的恐惧和担心。[④]

---

① See Lujan v. Defenders of Wildlife, 260 F. Supp. 2d. 997.

② John E. Bonine：《原告资格：接近正义的第一步》，李鸻译，载中国法学网 http：//www. iolaw. org. cn/showNews. asp? id = 15886，最后访问日期：2014 年 12 月 2 日。

③ 祖博媛：《浅谈美国行政诉讼原告资格的宪法标准》，载《人民法院报》2013 年 11 月 22 日，第 8 版。

④ See Covington vs. Jefferson County, 358 F. 3d. 626 (9th Cir. 2004).

对于因果关系要件，美国法院的立场通常摇摆不定，经常基于诉讼外的目的来掌握其解释力度。有时当事人所受到的损害和行政行为的关系非常疏远，也认为有因果关系存在；有时两者间的关系很近，法院却拒绝承认因果关系的存在。随着权利保障需求的不断增长，法院对因果关系的认定还是转向了比较开明的态度，只要求具备实质性的可能性即可。①

总体而言，美国行政诉讼原告资格之发展呈现出总体上不断完善、局部上有所迂回的态势，特定行政法领域的原告资格经常经历着宽松—严格—新的转机的发展历程。这一发展历程主要体现出以下两大特色。

首先，行政诉讼原告资格的发展与宪政理论密切相关，尤其受到分权理论与国家权力配置目标的直接影响。美国诉讼制度始终与其宪政体制保持着较好的联动状态，而行政诉讼这一直接针对“公法关系”展开的诉讼更是受到宪政体制的显著影响。原告资格作为诉讼制度的入口，其设置始终面临着公民权利保障与国家权力配置之间的张力关系。毋庸置疑，公民权利需要受到愈来愈完善的保障，但是这种保障主要是应当由立法机关通过法律规定来保障，还是应当由行政机关通过政策来保障，抑或应当由法院通过能动司法来保障？对这一问题的不同立场与回答将直接决定法院在诉讼过程中对原告资格认定的不同姿态。法院对行政诉讼原告资格的认定这张“晴雨表”，就充分反映了不同诉求——法院应贯彻议会的立法意图、法院应尊重行政机关的政策考量、法院应充分发挥其能动性——之间的角逐。

与法院在1970年后逐渐放宽行政诉讼原告资格这一“诉是否合法”之程序要件相对应的是，其在1984年以谢弗林案件②为标志，开始在“诉有无理由”这一实体要件上奉行司法尊重原则，若国会没有就特定问题作出明确指示，那么只要行政机关的解释是“合理”的（而不是法院所认为的“最合理”的），法院就应当对此予以尊重。巧合的是，放宽对行政机关提起诉讼的原告资格与放宽对行政机关的审查力度最初都出现在环境行政诉讼当中。这一“巧合”毋宁被理解为在环境行政这一与经济发展直接挂钩的行政领域中，

① 王名扬：《美国行政法》，中国法制出版社1995年版，第632—633页。

② See Chevron vs. NRDC，467 U. S. 837（1984）.

司法权对政策因素之影响以及行政目标之实现的回应，原告资格与胜诉要件之间“宽进严出”的反向发展正是反映了司法权与行政权之间的动态平衡。因此，要考察美国行政诉讼的原告资格，必须将其置于国家权力配置这一更为宏大的背景之中，而不得仅将其作为一制度层面的问题单独剥离出来，如此始能获得较为客观的认识。

其次，行政诉讼原告资格的发展是由立法机关与司法机关共同推进的，两者彼此质疑与巩固。正因为行政诉讼原告资格的发展存在上述三方面的角力，在这种角力之中，原告资格逐渐走向成熟。

（二）英国

英国对行政诉讼同样采取原则上准许的立场，也就是说，只要法律没有禁止规定，公民可以自由地对所有行政行为提起司法审查请求。英国排除司法审查的条款主要包括：最后决定条款、最后证明条款或部长认为满意条款、排除提审令条款、排除任何司法审查条款、法定的救济手段。且法院一般会严格控制对这些条款的适用。①

19 世纪，英国司法审查对原告资格采取“法定权利”标准，也就是说，“除非某个人有着自己的个人冤情，否则，法院是不愿意让任何人跨进自己大门的。一般来讲，一个人必须指出他自己的哪些合法权利受到了侵犯或哪些财产受到侵害，如果他仅是成百或成千的受害者之一，他就没有足够的资格来法院起诉”②。

其后英国司法审查针对公法上的救济手段和私法上的救济手段设置了不同的原告资格标准。私法上的救济手段所要求的原告资格标准较严，只有在个人权利受到公共机构违法行为侵害时才能起诉；公法上的救济手段对原告资格的限制则较小，只需有直接利益受到公共机构违法行为的侵害即可提起诉讼。这种双轨制的原告资格标准在 1977 年被修正，英国最高法院第 53 号令对原告资格作出了统一规定：“申请司法审查必须根据法院的规则得到高等

---

① 王名扬：《英国行政法》，中国政法大学出版社 1987 年版，第 205—209 页。

② ［英］丹宁勋爵：《法律的训诫》，杨百揆等译，法律出版社 1999 年版，第 125 页。

法院的同意。高等法院不能同意，除非该院认为申请人对于申诉事项具有足够的利益。”这一规定后被纳入1981年的《最高法院法令》中。从此，“足够的利益”被作为申请司法审查的原告资格的统一认定标准，并在1982年国内税收委员会案中得以适用。①

“足够的利益”标准的提出虽然因消除了公法上救济手段和私法上救济手段原告资格上的差异，从而降低了公民提起司法审查的复杂性而值得称赞，但该标准本身并不必然比之前公法上救济手段中的“直接利益”标准更为宽泛，并不必然导致原告资格的扩张。因为这一标准具备相当的抽象性与灵活性，法院可以进行宽泛的解释以扩大原告资格范围，也可以进行严格的解释以限缩原告资格范围。如最初法院在认定“足够的利益”时，就要求起诉之人能够证明他对所诉之行为享有比其他公众更大的利益，这种认定标准其实还是侧重违法行政行为所造成损害的具体性与个人性。这种仍显狭窄的认定方式逐渐受到批判，因为它忽略了行政法的特性，忽略了对公法上所确认的公共利益的促进和保护。② 有时行政机关的行为主要是侵犯了公共利益，而没有对具体个人造成直接损害，此时如果限制公民对此类行为提起诉讼，将过分束缚法院对公共机构违法行为的监督。因此法院提出：“如果有充分理由假定一个政府部门或一个公共机构正在违反或即将违反法律，使女王陛下的成千上万的臣民受到损失或伤害，那么，任何受损或受伤害的人都可以把这种情况提请法院注意，并请求法院贯彻法律，而法庭则可以自行决定使用一切适当的救济手段。”③ 此后，“足够的利益”标准基本上被法院用来作为扩大行政诉讼原告资格的解释工具。

在伦敦报业临时工案件中，上议院改变了它之前的立场，裁定纳税的小企业可以就税务当局对另一组纳税人所作的行为提起诉讼，该案被认为是在重要的公益案件中“开放原告资格”的标志性案件。④ 然而，这一进步趋势在玫瑰剧院案中很快破灭。20世纪80年代后期伦敦市中心的建设中，一个挖

---

① 王名扬：《英国行政法》，中国政法大学出版社1987年版，第200—201、380—382页。

② 王学成：《英国的行政公益诉讼制度及其启示——兼论我国行政公诉制度的建立》，载《政法学刊》2004年第5期。

③ ［英］威廉·韦德：《行政法》，徐炳等译，中国大百科全书出版社1997年版，第383页。

④ See (1980) 2 WLR 579.

地基的承包商损坏了玫瑰剧院遗址，一个关注文物保护的信托公司对此行为提起诉讼，诉请法院防止该剧院遗址遭到破坏。然而，法院却因该信托公司无法证明其比一般公众对剧院遗址的保存享有更大的利益而认定其不具有原告资格。该案其实回归了“足够的利益”的传统认定标准，从而被恰如其分地称为“原告资格争议的低谷”。[①] 此后，在一些环境案件中，一系列的裁判又开始扩张原告资格的范围。如 Thorp 案中，作为环保团体的绿色和平组织被授予挑战拟议中核电站许可的诉讼资格，他们被认为具有“作为代表人的原告资格”，法官认为他们并非纯粹的爱管闲事的人，他们所主张的公众利益对于他们被授予的原告资格而言是充分的。[②] 此后，法院一般都对“足够的利益”标准进行宽泛的解释，如今，英国的法官们具有比 20 世纪 80 年代以前宽泛得多的关于原告资格的裁量权，他们相信，最高法院第 53 号令和《最高法院法令》对“足够的利益”的规定其实就是有意识地允许法官在适宜的案件中作出放宽原告资格的判断。[③]

作为普通法的代表性国家，英国除了成文法的发展之外，其行政法判例在拓宽行政诉讼原告资格方面发挥了不可磨灭的作用，但由于判例法上确定的原告资格判定标准过于原则，导致其（尤其在与经济发展有密切联系的行政法领域——如环境行政法领域）受政策的影响较大，因此，英国行政诉讼原告资格的判例法发展表现出较大的复杂性。英国判例法与成文法在行政诉讼原告资格问题上的发展并不同步，相比于美国，英国法院在行政诉讼原告资格的认定上呈现出更多的曲折与迂回。尽管如此，“足够的利益”标准总体上还是成为法院拓宽行政诉讼原告资格的利器。

（三）德国

在德国，公民对行政机关提起行政诉讼是基本法上的一项基本权利，《德国基本法》第 19 条第 4 项规定：“任何人之权利受官署侵害时，得提起诉讼。

---

① See（1989）2 All ER 938.

② See（1994）4 All ER 329.

③ John E. Bonine：《原告资格：接近正义的第一步》，李鸻译，载中国法学网 http：//www. iolaw. org. cn/showNews. asp? id =15886，最后访问日期：2014 年 12 月 2 日。

如别无其他管辖机关时，得向普通法院起诉，但第十条第二项后段之规定不因此而受影响。”该条规定向来被认为是以根本法的形式确认了公民的行政诉讼权。为落实该项基本权利，德国《行政法院法》第 40 条第 1 项规定：“一切未被联邦法律划归为属其他法院管辖的非宪法性质的公法上争议，对之均可提起行政诉讼。州法律范畴的公法争议，也可由州法律划归其他法院管辖。”从而一般性地赋予了公民提起非宪法性公法争议的原告资格。但法院对特定案件的受理必然受制于一定要件的判断，于是该法第 42 条、第 43 条进一步规定了撤销之诉、课予义务之诉、确认之诉的诉权构成要件，也即规定提起诉讼之人须符合何种情形才能被法院实际地认定具有原告资格。一般认为，德国《行政法院法》为原告资格设定了“权利和合法利益损害”的判断标准，因此关键的问题在于判断原告是否享有权利或合法利益。

众所周知，行政法律规范与民事法律规范存在差异，它并不直接规定相对人享有何种权利，而主要是规定行政主体须履行何种义务，同时，由于行政主体履行义务时通常涉及公共利益，因此，在行政法领域，相对人的权利与行政主体的义务之间并不完全呈现出一一对应的关系，不能直接从行政主体的义务推导出相对人的权利。因此，相对人是否享有权利成为一个复杂的解释论问题，为此，德国司法实践和理论界发展出“保护规范理论”来考察相对人在特定情形下是否享有某项权利。保护规范理论的基本分析框架是：首先，须有课予公行政作出特定行为之义务的法律规范存在；其次，该法律规范（具体而言是与公行政履行义务相关的那部分规定）必须至少也具有达成个别人民之利益的目的，而非专以实现公共利益为目的；最后，该法律规范须授予当事人贯彻其权益的法律力量，亦即该项权益必须具有可诉讼性，通过诉讼程序的进行能为个人带来客观的法律利益。[①] 根据保护规范理论的梳理，人民享有的权益即表现为三种形态：法律上权利（对应于课予行政主体作为义务的法律，其主要目的在于保护特定人的利益的情形）、法律上利益（对应于课予行政主体作为义务的法律在保护公共利益之外，同时还旨在保护特定个人之利益的情形）、反射利益（对应于课予行政主体作为义务的法律仅

---

① 陈敏：《行政法总论》，新学林出版有限公司 2009 年版，第 263—265 页。

是为了保护公共利益的情形）。其中，符合原告资格认定标准的权益形态为法律上权利和法律上利益。从这一设定可以清晰地看出，最初判定原告资格的目的不仅在于防止公民为了公共利益向行政法院提起民众诉讼，而且还试图区分法律上的可能受害者与纯事实上的被干扰者，并将后者排除在行政诉讼之外。① 应当说，经此标准划定的原告资格处于一较狭窄的范围内。

在保护规范理论的分析框架中，对法律规范目的的判断是一个相当主观的过程，解释论的空间非常大，它也确实被法官和法学者用作扩充权益的范畴从而扩充原告资格范围的解释工具。“二战”后，公民权利保障意识空前高涨，行政诉讼制度得到迅猛发展，原告资格当然需要被大力扩充，相应地，保护规范理论即面临重建。施密特·阿施曼是重建保护规范理论的代表，他认为：（1）对保护规范之保护目的的认定，应从立法者的主观意思中解放出来，采取一种客观解释的立场，探知法律的客观意旨。这种解释方法必须扩大解释的对象，一并考量与被解释法规范相关的法规范群体以及其中的保护目的规定，在具体的解释中应当结合一般的法律解释方法及进行法律续造、填补的解释方法。（2）应建立起保护规范说与基本权利理论之间的整合性，从而在立法缺位或立法不当时将基本权利的法效果，尽可能导入主观公权利概念，以扩大主观公权利的适用范围。② 上述对保护规范理论的重建是在坚守其基本分析框架前提下的一种发展，显然，这种发展将大大扩充权益的享有情形，并因此扩充原告资格的范围。但这种扩充由于受制于该理论的分析框架，其功能只能被限制在尽可能将前述“纯事实上的被干扰者”解释为“法律上的受害者”，即将“事实上的利益”解释为“法律上的利益”，而很难将解释的触角伸至公共利益。换言之，该理论本身是有其内在的功能界限的，其对原告资格的扩充止步于公共利益，如果坚守这种立场，公民或者其他团体不得为公共利益提起民众诉讼。

上述立场在20世纪60年代以后随着德国环境问题的凸显而面临窘境。一些涉及环境保护的工业许可可能与每一位公民，至少是某一地区的公民息

---

① ［德］弗里德赫尔穆·胡芬：《行政诉讼法》，莫光华译，法律出版社2003年版，第242页。

② 阙铭富：《行政诉讼权保障之现代意义——以2004年日本行政事件诉讼法修正为中心》，台湾法学出版股份有限公司2012年版，第18—19页。

息相关，但由于该许可主要涉及公共利益而并没有实际侵害任何特定个人的权益，从而导致根据保护规范理论没有主体有权提起诉讼请求法院对此类政府发放许可的行为进行监督。此前德国行政法学就原告资格形成的一套逻辑严密并引以为傲的论证体系反而成为行政诉讼制度回应环保需求的障碍。意识到这一问题后，德国开始关注赋予环境团体公益诉权的问题。1979 年，不来梅州率先在修改州《自然保护法》时赋予了环境团体公益诉权，开启了德国环境公益诉讼之先河，受其影响，黑森州、汉堡州等各州先后建立了这一制度。但在联邦法层面则表现出另一种态势，德国在 20 世纪 70 年代制定《联邦污染防治法》及《联邦自然保护法》时明确表示不采用团体诉讼制度，因为这种制度被认为与德国传统法律制度和立法制度不协调，联邦层面的环境公益诉讼直到 2002 年才得以确立。1998 年，联合国欧洲经济委员会通过了《在环境问题上获得信息、公众参与决策和诉诸法律的公约》，公约要求，当环境遭到破坏或公众权利受到侵害时，应确保公众可使用诉讼等司法手段。欧盟作为签约方，于 2003 年制定《环境参与指令》，其中规定了团体诉讼制度；德国作为签约国，在 2002 年修改《联邦自然保护法》时，在该法中赋予了环境团体行政公益诉权。此后，德国于 2006 年制定《环境法律救济法》，进一步明确规定环境团体行使公益诉权的资格、起诉条件等。但由于对传统行政法理念以及保护规范理论的坚守，《环境法律救济法》仍然对“个人权益受损”念念不忘，即环境团体提起诉讼除须主张公共利益受损之外，还要主张政府的行为侵害了某些“个人”的权益。这显然是保护规范理论以及它所代表的主观公权利保障模式的残留，对公共利益的保障极为不彻底。这一规定在 2011 年被欧盟法院在“里奈恩火力发电站许可计划”案中认定为违反了《在环境问题上获得信息、公众参与决策和诉诸法律的公约》及欧盟指令。此判决生效后，德国着手修改《环境法律救济法》，于 2012 年废除了环境团体提起诉讼应以个人权利受到侵害为条件的规定。至此，德国才较为充分地开放了针对公共利益的救济途径。这种救济途径具有两大特色：首先，环境公益诉权仅被赋予特定具备法定要件的环保团体，而没有被赋予个人；其次，享有原告资格的团体可以针对尚未造成实际损害的政府行政审批计划预防性地提起诉讼。[①]

由此可见，德国行政诉讼原告资格的扩张（尤其是在公共利益领域的扩张）是其传统行政法理念与欧盟立法精神、社会现实需求间艰难融合的结果，[②] 回应环境保护需求而对公共利益开放救济途径在一定程度上可以被视作对源远流长的保护规范理论的背离。这种背离使得德国行政诉讼原告资格的发展遵循的是两条道路：一条道路是在传统的保护规范理论下通过创新解释方法不断扩充“权益”的范畴，另一条道路则是接收来自欧盟等的外部约束，外生性地创建起公共利益的保障体系，赋予特定主体公益诉权。

德国行政诉讼原告资格的发展大致经历了保护个人法律上利益—扩充法律上利益的范围—保护公共利益的历程。与美国以问题解决为导向的实用主义不同，德国行政诉讼原告资格的发展充分体现了体系化的诉讼理论的推动作用，其原告资格的完善是与诉讼理论的发展相伴随的。德国对大陆法系行政诉讼原告资格的贡献是形成了精细的原告资格判断理论——保护规范理论，并在“二战”后积极回应公民的权利保障需求对传统的判断理论作出了实质性突破。德国行政诉讼原告资格的近期发展则主要是由环境保护诉求与环境诉讼提供动力支持的。不论是在传统框架内扩充法律上利益的范围，还是直接突破传统框架实现对公共利益的救济，环境行政诉讼与环境行政法都在其中提供了重大助力。

（四）日本

“二战”后，日本的司法体制发生重大变化。《日本国宪法》第32条明确规定公民享有接受法院裁判的权利：“不得剥夺任何人在法院接受裁判的权利”，在宪法上确立起诉讼权这一基本权利。同时该法第76条规定：“一切司法权属于最高法院及由法律规定设置的下级法院。不得设置特别法院。行政机关不得施行作为终审的判决。所有法官依良心独立行使职权，只受本宪法及法律的拘束。”从而一般性地赋予了公民向普通法院提起行政诉讼的资格。

---

① 陶建国：《德国环境行政公益诉讼制度及其对我国的启示》，载《德国研究》2013年第2期。

② 典型的情形如联邦因认为环境团体诉讼与德国传统法律制度和立法制度不协调而拒斥之，以及在承认环境团体诉讼后还要坚持“个人权利受损”标准。

在具体确定提起行政诉讼之特定主体是否享有原告资格时，日本法院主要考察行政处分性要件与法律上利益要件。由于日本行政诉讼长期以来以抗告诉讼中的撤销诉讼为中心，因此关于原告资格的判断主要也以撤销诉讼为中心展开讨论。

行政处分性要件的功能在于判定特定纠纷是否属于适合由行政诉讼来加以解决的“法律上的纠纷”，其判定基准包括公权力性与法律效果。依据日本行政法学界的理解，公权力性判断的关键在于“公定力”概念，它是指行政处分所具有的“强制性地要求关系人承认其对法律关系作出的调整”的法律效力，且该法律效力非经撤销判决不得被排除。而认定特定行政作用是否具有“公定力”是需要进行法律解释的，该法律解释是对特定行政作用所依据的行政实体法进行的解释，即就此问题考察立法者的意图、探究立法目的。[①]但立法在多数情况下并未就此目的与意图作出明确规定，因此，解释的方法就直接决定了“公定力”乃至行政处分性的宽窄度，在此过程中，盐野宏教授倡导的“架构解释”作用甚大。他认为行政法特别要求与文理解释、目的论解释等处于不同层次的“架构解释”，这种解释方法是指在解释条文时，应充分理解整体法律体系的架构，考察关联法律，综合法律的目的、价值以及“宪法价值”展开解释。裁判应当依据以宪法价值为基础的行政法基本原理进行精密的“架构解释”。[②] 这种“架构解释”的解释方法确实被裁判实务所运用，并最终实现了行政处分性外延的扩大。裁判实务对行政处分性要件的认定方法集中体现为：“不局限于系争行政决定所直接依据的行政法律规范（依据规定），而是着眼于与其目的共通的相关规定或者其他法律所规定的制度与该依据规定的关联性来进行判断。”[③] 其中清晰可见施密特·阿施曼对保护规范理论重建之影子。至于行政处分性要件中法律效果的认定主要是通过司法裁判的解释完成的。判例通过解释突破了以往在此问题上形成的一些通识——内部行为、抽象行为、“一般处分”（人的对象不特定而物的对象特定的处分）、

---

① 王天华：《行政诉讼的构造：日本行政诉讼法研究》，法律出版社 2010 年版，第 43—46 页。

② 阙铭富：《行政诉讼权保障之现代意义——以 2004 年日本行政事件诉讼法修正为中心》，台湾法学出版股份有限公司 2012 年版，第 168 页。

③ 王天华：《行政诉讼的构造：日本行政诉讼法研究》，法律出版社 2010 年版，第 52 页。

阶段性行为、事实行为不具有行政处分性，并开发出上述行为可得解释为具有法律效果从而具有行政处分性的特定情形。①

对“法律上利益”的判断是日本行政诉讼原告资格判断中的重点，其判断方法主要继受自德国的“保护规范理论”，把法律上利益是否存在转化为系争行政处分所依据的行政法律规范的解释问题来处理。学说对此的认定基准和认定方法主要集中在“受法律保护利益说”及“法律上值得保护利益说”间的对立。前者是过去的通说，与早期判例采取的狭隘立场基本一致，它至少为“法律上利益”的判断设置了三重障碍：只能根据行政处分所直接依据的法规进行判断；该依据法规仅限于行政法层面，不涉及宪法上的考量；该依据法规必须有将该利益作为个别利益加以保护的目的（即该利益并非法规意欲保护的公共利益的反射利益）。经此限制而产生的原告资格范围是较为狭窄的。“法律上值得保护利益说”则是对通说与判例的批判，该说认为，“行政相对人在行政处分违法情形下所蒙受或者可能蒙受的利益只要是值得受到裁判保护的利益，其原告适格就应当得到肯定”。毫无疑问，该说对法律上利益的范围有了极大的扩展，其意旨也与德国新保护规范理论所采取的“基本权之探究方法”基本一致。“基本权之探究方法”是依基本权的“规范内效果”与“规范外效果”展开解释论的方法，前者是指基本权对（已存在的）法律进行解释产生的影响，即为了补充、明确既存法律而援用基本权；后者则指基本权不以法律为媒介，例外地直接创设出权利的效果。因此，“法律上值得保护利益说”认为即使不能从该行政处分的依据法中读取出将某项利益纳入保护范围的法益，这项利益也可以成为原告资格的基础。“法律上值得保护利益说”尽管在保障行政诉权上进步意义极大，却也遭受了有力的反驳。反驳者主要认为该说在脱离法律规定后并没有进一步提供明确的判断基准，从而使得原告资格的判定变得抽象、空泛与不确定。于是，学说中开始出现了一种中间立场，“这种立场一方面立足于‘法律上值得保护利益说’，另一方面试图通过将起诉者所主张的利益积极地读入法的目的和宗旨来灵活地扩大原告适格”。这样的“灵活解释说”在达致“法律上值得保护利益说”目

---

① 王天华：《行政诉讼的构造：日本行政诉讼法研究》，法律出版社2010年版，第46—50页。

的的同时，又具备了相当的判定基准——考量法的目的与宗旨，因此在其出现之后逐渐被判例吸收。其后，法院通过“原子炉设置许可无效确认之诉”的判决发展了“灵活解释说”的判定基准，认为在判断原告资格时除要考虑法规的宗旨与目的，还应考虑该法规意图通过该行政处分加以保护的利益的内容和性质，以及该行政处分可能侵害的利益的性质和受害的程度。经过学说和裁判实务不断完善的“灵活解释说”最终被2004年修正的《行政事件诉讼法》确定。①

日本新修正的《行政事件诉讼法》第9条规定：“一、处分撤销诉讼与裁决撤销诉讼（以下合称为‘撤销诉讼’）只有对于请求该处分或裁决的撤销具有法律上的利益者（包括即使在处分或裁决的效果由于期间届满及其他理由而消失后，仍具有应当通过撤销处分或裁决而恢复的法律上的利益者），才可以提起。二、法院在对处分或裁决的相对方以外者判断是否具有前款所规定的法律上的利益时，不仅依据作为该处分或裁决根据的法令规定的条文，还应当考虑该法令的宗旨、目的以及在该处分作出时应当考虑的利益的内容、性质。在这种情况下，在考虑该法令的宗旨及目的时，如果存在与该法令目的共通的相关法令，也应当参照其宗旨及目的；在考虑该利益的内容及性质时，在该处分或裁决违反作为其根据的法令的情况下，应当酌量被侵害利益的内容、性质以及被侵害的形态、程度。”此规定仍以“法律上利益”作为基本认定基准，而在判断“法律上利益”是否存在时，则显然抛弃了“法律上值得保护利益说”的狭隘立场，将判断事项扩充至依据法令的宗旨与目的、关联法令的宗旨与目的、被侵害利益的内容、性质以及被侵害的形态、程度。如此抽象的规定无疑为法院与学说进一步拓宽原告资格的范围提供了巨大的解释空间，同时它又因明确设置了四项考虑要素而限制了法官在判断原告资格时滥用自由裁量权。

日本行政诉讼原告资格的发展受到德国直接的、极大的影响，其基本上继承了德国行政诉讼原告资格的分析框架，并在此基础上作出了一些自身的发展。日本行政诉讼原告资格的发展特色在于：其将行政诉讼的原告资格与

---

① 王天华：《行政诉讼的构造：日本行政诉讼法研究》，法律出版社2010年版，第55—62页。

宪法上基本权利——接受裁判之权利——相联结，并将“二战”后基本权利理论的最新发展引入“法律上利益”这一原告资格的判断要件之中。这一发展特色为日本行政诉讼（原告资格）制度提供了充分的发展动力与完善空间。

（五）法国[①]

法国素称“行政法之母国”，其行政诉讼制度源远流长，行政法院之判例对保护公民权利免受行政机关的侵害起到了举足轻重的作用。与其他国家相比较，法国行政诉讼因其在功能上侧重对政府权力的监督而表现出诸多特性。法国行政法院判例较早就确立起了“公民自由向法院提起诉讼的权利”，只要原告能够证明其具有诉的利益，与被诉行政行为间存在法律上利害关系即可，并将行政诉讼分为“主观之诉”与“客观之诉”，分别适用不同的原告资格标准。

主观之诉是原告质疑法律规则对其个体的适用而提起的诉讼，在这类诉讼中，原告需要指明其某项权利实际受到了侵害，也即其原告资格的判断遵循的是“权利”标准。行政法院可以撤销、变更行政行为的完全管辖权之诉即为主观诉讼。但此标准在主观之诉中的适用仍有例外，在选举之诉这一主观诉讼中，仅仅是选区内选民这一事实就足以使其被承认具有质疑选举结果的诉的利益，而不以他本人未被选举（也即被选举权受到侵害）为限，因此其原告资格并不遵循“权利”标准，而与后文将述之客观诉讼标准非常接近。

充分体现法国行政诉讼原告资格制度之特色的是客观之诉中原告资格的判定标准。在这类诉讼中，原告只要指明其存在某种简单的利益即可，这一利益只被要求与被诉行政行为具有相关性，而不至于太过不确定或具有较大的或然性。也就是说，公民或者组织除了可以在权利受到具体侵害后提起诉讼，还可以不需要等到行政机关依据特定的行政法规范对其作出具体行政行为从而使其某项权利实际受到侵害，就可对该行政法规范一般性地提起诉讼请求法院审查并撤销之。此即为规范性行政行为的审查之诉。“所有的规范性

---

① 本部分论述主要参考［法］特里·奥尔森：《法国行政诉讼中的原告》，张莉译，载《行政法学研究》2009 年第 3 期。

行政行为，即所有针对非特定主体、具有普遍约束力的行政行为，都属于行政法官司法管辖权的范围，所有与受诉行政行为存在法律上利害关系的个人、组织都至少可以提起越权之诉，请求法官撤销之。”行政相对人只要能够证明其与被诉之规范性行政行为相关、可能受其影响，就可在规定期限内对其提起审查之诉，法院审判后可以撤销受诉规范性行政行为并溯及既往地撤销其效力。在规范性审查之诉中，原告可能并不具有如主观诉讼般权利已经实际受到侵害的情形。同时，规范性行政行为的审查之诉的适用范围非常广泛，法院的审查权仅止步于涉及行政权与其他权力间关系、法国与国际公法主体间关系的行为以及“内部行政措施”，且这些例外情形正在不断限缩。换言之，客观诉讼中宽泛的原告资格标准具有广阔的适用空间。① 如今，这种宽泛的原告资格标准已经使得地方税种的纳税人可以针对地方团体的财务支出提起行政诉讼（与此相关，国家税种的纳税人则对涉及整个国家的财政支出决定不具有诉的利益），公共服务的利用者也可以对可能影响其服务的公用事业组织、运行措施提起行政诉讼。这种客观诉讼原告资格标准的设置充分体现了监督政府权力的行政诉讼目的。

尽管客观之诉的原告资格标准已经相当宽泛，法国最高行政法院还为原告资格的拓宽加注了一道砝码。作为法国行政法标志的越权之诉属于典型的客观诉讼，在 1950 年的“农业部诉拉莫特女士案”中，最高行政法院确立了这样一项有关越权之诉的原则：即使某一法律包含了禁止对某一行政行为提起任何诉讼的条款，法院还是应当受理向其提出的针对该行政行为的越权之诉，“行政相对人不应当被剥夺——哪怕是以法律形式——向行政法官提起越权之诉的可能，这曾经是而且一直是最基本的保障”。在该案中，“最高行政法院作出了宁愿与法律文字相抵触也不与立法意愿相违背的选择”。也就是说，最高行政法院认为，至少在越权之诉中，法院可以突破法律的明确限制，根据立法意愿承认起诉人的原告资格。

综上，法国行政诉讼原告资格的特色源于其行政诉讼功能的独特定

① ［法］让－马克·索维：《法国行政法官对规范性行政行为的合法性审查》，张莉译，载《比较法研究》2011 年第 2 期。

位——在保障公民权利的同时，还侧重对政府公权力的监督，这一特色也是与法国的法院双轨制相适应的。法国行政诉讼原告资格制度主要是法国行政判例漫长发展历程之结果，在就行政诉讼原告进行认定时，行政法官采取的是一种自由主义的立场，其结果即为法国行政诉讼原告的范围（尤其是客观诉讼中原告的范围）比其他国家和地区宽泛得多。

三、共同规律之探寻

尽管上述各国行政诉讼原告资格之演进历程形态各异，如今原告资格之范围亦存有差异，但行政诉讼原告资格之发展历程还是展现出以下共性。

（一）行政诉讼原告资格之范围不断扩大，并建立起行政公益诉讼制度

原告资格制度之存在即意味着对相对人接近法院之机会的限制，这种限制就是在行政诉讼程序的入口设置了一种口径，或者说筛选的工具，而口径的宽窄度是可以调节的。口径越宽，限制越小；口径越窄，限制越大。如果将原告资格这一口径理解为行政诉讼制度的横坐标，那么法院对行政案件的审查密度则是行政诉讼制度的纵坐标，两者的交点即为一国行政诉讼的存在形态。随着法治的发展以及公民权利意识的高涨，对政府公权力进行监督、审查的行政诉讼制度必然需要不断被深化，由此必然导致国家对相对人广泛开放救济途径，扩大原告资格的范围。从世界范围来看，近代以来行政诉讼原告资格的扩充主要经历了两个契机，其一为第二次世界大战之后，其二为环境保护问题在各国凸显之后。具体而言，原告资格的扩充主要体现在可诉行政行为的范围、受保护的权益的范围、起诉人与被诉行政行为间利害关系的关联度三方面的改变。

各国排除行政救济的行为主要包括国家行为和行政机关享有最终裁决权的行为，为扩大行政诉讼的适用范围，各国均对上述两类行为进行严格解释，不断缩小其内涵和外延。如美国法院极少承认默示排除司法审查的法律；英国法院认为排除司法审查条款不适用于公共机构越权的决定；法国最高行政

法院根据“可分离行为理论”已经开始审查将国际条约纳入法国国内法的行为、审查批准引渡及拒绝予以引渡的政令的合法性。至于行政机关享有最终裁决权的行为已经很少存在，甚至已经几乎被抛弃了，如《日本国宪法》第76条即明确规定“行政机关不得施行作为终审的判决”。

受保护的权益之范围的扩充是原告资格扩充中的重点所在，各国基本上经历了权利—权益—公共利益的演变历程。在行政诉讼制度发展初期，各国奉行的是自由主义理论，管得最少的政府被视为最好的政府，相对人受到政府侵害的情形并不复杂，此时依靠法定权利之标准即能实现对相对人的保护。此后随着国家干预主义的兴起和服务型政府的出现，政府行为与相对人生活的交织越来越密切，此时越来越多的法律关系无法由法定权利来诠释，于是“法律上的利益”被纳入行政诉讼的保护范围，在这一时期各国通过各自的解释方法不断将以往的“事实上利益”解释为“法律上利益”，扩充“法定权益”的范围，从而扩充原告资格的范围。这种扩充原告资格的努力在环境保护问题凸显之后再一次面临挑战，在公民个人利益和公共利益均受到侵害时，公民可否为公共利益提起行政诉讼？在公共利益受到侵害而公民个人利益尚未实际受到侵害时，公民可否为公共利益提起行政诉讼？环保团体可否为公共利益提起行政诉讼？任何主体可否在一行政决定作出后、公共利益尚未受到实际损害时预防性地提起行政诉讼？这一系列问题使得各国不得不反思其原有的原告资格分析框架并作出适当的调整。在这一调整过程中，美国与德国所受阻力较大，美国的阻力主要来自保守的联邦最高法院，德国的阻力则来自其传统法理念、立法模式；法国则由于其特殊的行政诉讼功能定位而未有较大阻碍。当然，最终上述各国皆建立起了行政公益诉讼制度，这一制度的确立其实使各国在主观原告资格体系之外不同程度地承认了客观原告资格体系。

各国对起诉人与被诉行政行为间利害关系的关联度的要求也越来越低。最初，行政诉讼主要表现为相对人诉讼，其后发展为包括第三人诉讼或邻人诉讼，再后来行政公益诉讼的建立则彻底模糊了这种关联性。

尽管各国行政诉讼原告资格的范围不断扩大，但它作为行政诉讼制度的入口口径，具有前述能够确保诉至法院的纠纷的可裁判性、能够实现司法资源的合理分配、能够保证提起诉讼之人对案件进行热心辩护等多重法律意义，因此，它不可能被完全废弃。

（二）各国行政诉讼原告资格的扩展是由多层次的有机体共同推进的，其中蕴含了丰富的解释论运作成果

由上述各国行政诉讼原告资格演进过程之论述可知，原告资格制度的形成与扩展基本上包括三个层次的内容：宪法之规定、成文法律之规定、法官创造的规则之规定。三者之间形成了一个互动的有机体，其基本运作模式是：宪法以根本法的形式规定诉讼权这一基本权利；有关行政诉讼的法律具体化这一基本权利，对原告资格作出概括性规定，从而提供解释空间；具体的解释过程则由法官进行的宪法解释论和行政法解释论填充，宪法解释论和行政法解释论之间同样呈现出互动、互补的关系状态，这一解释过程有可能是细化成文法律对原告资格之规定，也可能是突破成文法律对原告资格之规定，其最终结果即为廓清或推进原告资格之范围。这一运作模式充分体现了各层次之间的协作、互动，并赋予了法院与法官极大的能动性，具体而言，法官主要在可救济性、损害的存在和因果关系三个方面创造规则。在这种模式下对行政诉讼原告资格问题的讨论不再局限于实定诉讼法，甚至不再局限于成文法律，而可与宪法取得联系，真正实现了宪法对行政诉讼制度的创设功能。这种推进行政诉讼原告资格制度乃至整体行政诉讼制度的模式对我国而言具有重大的启示意义。

当然，两大法系之间仍然存在着一些细微差别。大陆法系就行政诉讼原告资格问题形成了发达的、较为成熟的学说体系和要件体系，英美法系则主要是通过对具体案件具体分析的方式解决原告资格问题，并没有形成规则化的判断体系。由于原告资格制度的存在本身就意味着对它的限制，那么规则体系越发达，就意味着限制越多，要突破这种限制就越难。因此，在这一意义上可以说，普通法系的原告资格制度比大陆法系（法国除外）的原告资格制度更为宽松。

（三）大陆法系的原告资格制度主要是依托行政诉讼类型来建构的

行政诉讼类型化是20世纪以来行政诉讼制度发展的趋势之一。它是根据当事人资格、诉讼请求、法官审判权限以及审判程序等诸项标准对行政诉讼进行的分类，也就是说，将具有相同的诉讼要件、适用相同的审判方式和规则，且法院的审判权限大致相同的诉讼各归为一类。诉讼要件是划分行政诉讼类型的重要依据，而原告资格则是诉讼要件中的重要内容。由于行政的形态多种多样，原告的诉讼请求即呈现出多样性，相应地，法院对原告诉之利益的要求亦有差异性，将行政诉讼划分为多种类型并据此构建原告资格制度将更为合理、精准，更有利于对相对人权利的保障。德国《行政法院法》、日本《行政事件诉讼法》、我国澳门特别行政区《行政诉讼法典》之规定均体现了此一特性，对不同类型的行政诉讼规定了不同的诉讼要件与原告资格。

四、我国行政诉讼原告资格之重述

（一）我国行政诉讼原告资格之演进

新中国成立以后，我国的行政诉讼制度发端于1982年《民事诉讼法（试行)》，该法第3条第2款规定“法律规定由人民法院审理的行政案件，适用本法规定”，自此开启了依个别单行立法提起行政诉讼的时代，原告资格的取得有赖于各单行立法的特别授予。此后，最高人民法院司法解释将该法中所称之“法律”进行了扩充解释，认为该法律不仅包括全国人大及其常委会制定的狭义上的法律，而且包括行政法规、地方性法规、自治条例和单行条例，从而扩充了行政诉讼原告资格的享有范围。从1982年到1990年《行政诉讼法》实施前，全国共有近130件法律、法规授予了行政相对人提起行政诉讼的权利。①

---

① 夏锦文、高新华：《我国行政诉讼原告资格的演进》，载《法商研究》2001年第1期。

这种由法律特别规定的原告资格标准在《行政诉讼法》施行后被终结。《行政诉讼法》施行后，我国行政诉讼原告资格主要经历了四次变迁：《最高人民法院关于执行〈中华人民共和国行政诉讼法〉若干问题的解释》的施行、2014 年《行政诉讼法》的修改、2017 年《行政诉讼法》的修改以及 2018 年《最高人民法院关于适用〈中华人民共和国行政诉讼法〉的解释》的施行。对我国行政诉讼原告资格发展历程之观察可从受保护之权益的范围、起诉人与被诉行政行为的关联度以及我国特有的对可诉行政行为的列举式规定三个方面展开。

我国 1990 年《行政诉讼法》对原告资格的规定主要体现在第 2 条①、第 11 条②、第 41 条第 1 项③。该法的规定在我国确立起了一种“概括 + 列举”的原告资格规范模式，且从列举之情形可知彼时原告资格标准主要限定在“相对人资格论”。此外，其存在规范内部不一致、限制原告资格的重大缺陷：该法第 2 条、第 41 条第 1 项将原告资格的标准界定为“合法权益”，第 11 条则将标准限制为“人身权与财产权”，从而将人身权、财产权之外的诸多其他合法权益排除在行政诉讼的保护范围之外。在 1990 年《行政诉讼法》之下，“相对人资格论”与“人身权与财产权损害”标准使得行政诉讼原告资格相当受限。

意识到上述局限，随着行政诉讼制度的进一步发展，最高人民法院于 1999 年通过《关于执行〈中华人民共和国行政诉讼法〉若干问题的解释》，对原告资格进行了一定的扩充。此次扩充主要体现在起诉人与被诉行政行为关联度上的突破，变“相对人资格论”为“法律上利害关系资格论”。该解

---

① 该条规定：“公民、法人或者其他组织认为行政机关和行政机关工作人员的具体行政行为侵犯其合法权益，有权依照本法向人民法院提起诉讼。”

② 该条规定：“人民法院受理公民、法人和其他组织对下列具体行政行为不服提起的诉讼：（一）对拘留、罚款、吊销许可证和执照、责令停产停业、没收财物等行政处罚不服的；（二）对限制人身自由或者对财产的查封、扣押、冻结等行政强制措施不服的；（三）认为行政机关侵犯法律规定的经营自主权的；（四）认为符合法定条件申请行政机关颁发许可证和执照，行政机关拒绝颁发或者不予答复的；（五）申请行政机关履行保护人身权、财产权的法定职责，行政机关拒绝履行或者不予答复的；（六）认为行政机关没有依法发给抚恤金的；（七）认为行政机关违法要求履行义务的；（八）认为行政机关侵犯其他人身权、财产权的。除前款规定外，人民法院受理法律、法规规定可以提起诉讼的其他行政案件。”

③ “原告是认为具体行政行为侵犯其合法权益的公民、法人或者其他组织”。

释第12条规定："与具体行政行为有法律上利害关系的公民、法人或者其他组织对该行为不服的，可以依法提起行政诉讼。"第13条明确相邻权或公平竞争权受损时可提起行政诉讼，明确赋予法律上利害关系第三人行政诉权，封杀了"相对人资格说"在行政审判中继续存在的空间。[①] 此外，该解释第1条还将可诉行政行为的范围从行政机关及其工作人员的行政行为扩展至具有国家行政职权的机关和组织及其工作人员的行政行为。但是，《行政诉讼法》内部"合法权益"标准和"人身权、财产权"标准在解释论上的冲突问题并没有得到解决。

2014年修正的《行政诉讼法》在前述三个方面对原告资格进行了完善。首先，对于受保护之权益的范围，本次修正解决了此前"合法权益"标准与"人身权、财产权"标准间的冲突，在受案范围的兜底性条款中以"合法权益"来架构，最终统一了"合法权益"标准在判断原告资格问题上的适用。其次，在起诉人与被诉行政行为的关联度这一问题上，该法第25条明确将行政诉讼原告资格赋予行政行为的相对人以及与行政行为有利害关系的公民、法人和其他组织，承认了前述解释中的"法律上利害关系资格论"。最后，对于可诉的具体行政行为，增加了下述列举规定：行政机关作出的有关自然资源的确权决定；征收征用及补偿决定；行政机关侵犯农村土地承包经营权、农村土地经营权；行政机关滥用行政权力排除或者限制竞争；行政机关不依法履行、未按照约定履行或者违法变更、解除政府特许经营协议、土地房屋征收补偿协议等协议。

2014年《行政诉讼法》修正后，我国的行政诉讼原告资格制度至少在形式上已经达到了前述各国主观诉讼中原告资格制度的发展程度，其存在形态关键取决于我国的行政审判实践如何解释"合法权益"与"法律上利害关系"。至于客观诉讼下的行政公益诉讼原告资格问题，本次修正则并未涉及。

经过两年的公益诉讼试点期后，《行政诉讼法》于2017年进行了修改，明确规定人民检察院可以针对生态环境和资源保护、食品药品安全、国有财

① 斯金锦：《行政诉讼原告资格——"法律上利害关系"要件研究》，载《公法研究》2005年第2期。

产保护、国有土地使用权出让等领域的行政违法作为和不作为提起公益诉讼，从而实现了我国行政公益诉讼的法定化。

2018 年 2 月实施的《最高人民法院关于适用〈中华人民共和国行政诉讼法〉的解释》对我国行政诉讼原告资格进行了以下几个方面的完善。首先，对行政诉讼实践中的典型疑难问题进行了回应，明确列举不属于行政诉讼受案范围的行为类型。其次，丰富了“利害关系”的认定标准，明确了投诉人的原告资格判断标准。最后，引入“法律上值得保护的利益说”，规定了特殊的关系人——债权人——的原告资格认定标准。

（二）我国行政诉讼原告资格制度今后之课题

1. 实现原告资格的完全概括性规定，并以宪法解释论与行政法解释论充实之

由于我国基本上将行政诉讼实践与实定行政诉讼法进行短路对接，因此我国实定行政诉讼法对我国行政诉讼实践构成了较大制约。在原告资格问题上，由于立法尚未完全实现概括主义，列举规定的存在导致了对可以提起诉讼之范围的讨论将囿于实定行政诉讼法，2014 年《行政诉讼法》修正后统一的“合法权益”标准的适用活力直接受制于此类规定。因此，原告资格制度要想获得长足发展，具备足够的扩充空间，必须首先彻底实现概括式规定。

另外，原告资格的概括式规定需要体系化的行政诉权构成要件的支撑，否则原告资格制度无法发挥其应有的功能。因为原告资格的概括式规定显然并不意味着对任何行政纠纷都可提起诉讼，法院仍须进行审查以排除不适于、不必要经由诉讼程序的行政纠纷，而此审查显然也不能完全依据法官的自由心证，必须借助一些判断标准，体系化的行政诉权构成要件即提供了这些判断标准。而体系化的行政诉权构成要件则是由法官、学者不断积累的宪法解释论与行政法解释论形成的，解释论的运用过程不仅能够细化原告资格的具体判定基准，而且能够无形地推进原告资格的发展。

2. 完善行政诉讼类型，并以此为依托建构原告资格的判定基准

如前所述，大陆法系的原告资格制度主要是依托行政诉讼类型来建构的，

这样建构起来的原告资格制度将更为合理、精准，更有利于对相对人权利的保障。相较于英美法系，我国的行政诉讼制度与大陆法系更为契合，由上述宪法解释论与行政法解释论充实的原告资格规则也应当以行政诉讼类型为基础进行架构。

第九章 行政诉讼第三人制度之比较

行政诉讼第三人制度又称诉讼参加制度，其历史可以追溯到罗马法时期，其最初表现形态为：若法院所作裁判不利于案外人，当败诉方不提起上诉时，案外人可以请求对其权利进行保护。[①] 近代行政诉讼第三人制度起源于19世纪德国行政法院的审判实践。德国巴登邦1864年颁布之《内部行政组织执行命令》第48条第2项规定："第三人之利益将因法院判决而受影响时，法院应依职权命其参加诉讼。法院之判决对于第三人亦有效力。"该规定后被普鲁士邦所效仿，该邦1875年颁布的《行政法院组织暨行政争讼程序法》第18条在前述巴登邦之规定的基础上发展了诉讼参加制度："法院得依申请或依职权，命利益受判决影响之第三人参加诉讼。法院判决对于参加诉讼之第三人亦有效力。"由此可知，行政诉讼第三人制度的原始目的在于保护利益受判决影响之第三人，为其提供参与诉讼程序的适当机会。[②] 如今，设有行政诉讼制度之各国基本上都承认了诉讼参加制度（或第三人制度），盖因该制度在保障第三人之诉讼权利、实质性地解决行政纠纷、实现行政诉讼经济原则等方面具有重大意义。尽管各国立法对行政诉讼第三人的类型划分并不一致，但从学理上看，诉讼参加基本上可以被划分为必要的诉讼参加和普通的诉讼参加两大类型，两种类型的第三人的诉讼参加要件和诉讼权利之间存在明显差异。

---

① Jack H. Friedenthal, et al., *Civil Procedure. St. Paul*, *Minn*, West Publishing Co. 1993, p. 366.

② 张宜斌：《行政诉讼法上诉讼参加之研究》，辅仁大学2009年硕士学位论文。

一、第三人制度之法律意义

（一）能实现对第三人权利之法律保护

诉讼参加制度最显著的意义在于其对第三人权利之法律保护，这种功能在必要诉讼参加[①]中尤为重要，且第三人受法律保护之权利既包括程序性权利也包括实体权利。在必要的诉讼参加中，第三人通常与诉讼标的即被诉行政行为密切相关，法院针对原告提起之诉讼所作出的判决必然会影响第三人的权益，使其权益或者被维持或者被撤销、被减损。此时，如果第三人没有被赋予参与本案诉讼程序的机会，没有针对原告之请求进行辩驳，没有提出相应的主张并证明之，就因他人所提起之诉讼而导致实体权利受到（不利）影响，显然不符合诉讼代表性原则，有违审判的公平性，其宪法所保障的正当程序权将受到侵害。不仅如此，第三人若不参与诉讼程序，其实体性权利将受到彻底的、不可回复的侵害，因为如果原告在本诉中获得了胜诉判决，权利受到侵害的第三人即使没有参与诉讼程序，也应受到该判决既判力的约束，除非有关本案的法律或事实状态发生变更，否则他不得另行提起针对本案诉讼标的的行政诉讼以请求救济自身的权利。而设置第三人制度则能充分保障第三人的参与机会，从而保障其正当程序权与实体性权利。诉讼参加制度的此种功能在竞争者诉讼、建筑法上的邻人诉讼等针对具有双重效力[②]的行政行为所提起的诉讼中表现得尤为突出。

（二）符合诉讼经济原则

不论在必要诉讼参加中，还是在一般的诉讼参加中，第三人制度都能节省诉讼资源，促进诉讼经济原则的实现。在必要诉讼参加中，由于原告与第

① 第三人通常可以分为必要参加之第三人与一般参加之第三人，有关此区分及其具体内容将在后文详述。

② 具有双重效力的行政行为是指，在一个行政行为中，会有两个以上关系人存在，在这些关系人当中，至少会有一个关系人被赋予法律上的利益，而至少会有一个关系人被课予法律上的不利益，也就是说，关系人处于相互对立的地位。

三人通常处于相互对立之地位，因此他们若分别单独提起诉讼，最终获得之裁判若是公正裁判，必然处于对立之状态，对于此类情形，法院必须合一裁判，不容许经由不同的诉讼系属得出有分歧或相冲突之裁判。法院若针对同一诉讼标的作出不同之裁判，将严重影响法的安定性，从而增加法律实施的成本。若实行诉讼参加制度，不仅使两诉或者多诉可以合并为一诉，减少诉讼程序运行的成本，而且可以避免不同的诉讼因证据与事实并不总是一致而导致的冲突裁判。[①] 在一般的诉讼参加中，第三人通常与诉讼结果具有密切联系，将这类人作为第三人引入诉讼程序中，是希望通过一个诉讼程序系统地解决原告与被告以及相关人之间的纠纷，这种一次解决多数主体之间纠纷的方式其实是在实质性地化解行政纠纷，防止关系人反复提起多个行政诉讼程序，从而减少诉讼程序的运行成本。

（三）有助于发现案件真实，促进对公益的维护

在诉讼参加中，第三人要么与原告的诉讼请求一致（至少相似），要么与原告的诉讼请求相对立，无论何种情形下，第三人对诉讼程序的参与都能为本案提供更多的诉讼证据，都有助于发现案件真实。若第三人与原告的诉讼请求一致，那么其诉讼请求与举证指向的是行政行为的违法性，他的参与将强化对违法行政的监督。若第三人与原告的诉讼请求相对立，则又将面临一特殊情形：行政机关可能在诉讼程序中消极应诉，怠于履行举证责任，从而导致合法的行政行为被判定为违法，这将不利于行政公益的实现。第三人的参与意味着他可以对抗原告的诉讼请求，可以为了证明行政行为的合法性提供证据，从而维护合法的行政行为。不论是第三人对违法行政的监督，还是对合法行政的维护，都能促进行政公益的实现。

---

① Larry. L. Teply, Ralph. U. Whitten, *Civil Procedure*, 2nd ed., New York: Foundation Press, 2000, p. 671.

（四）能应对风险社会下法律适用方法的转变

人类进入风险社会以后，传统的规范主义法律适用方法受到了全面挑战。由于法律经常要针对未来、未知的不确定状态进行规范，因此，原有法律规范的主要形态——条件程式[①]——在很多情形下被抛弃，而转向目的程式，法律不得不经常作出抽象授权。法律规范的这种转变对行政执法的影响是：行政机关经常无法从立法中获知有关其行为的实质规则，其为了增强行政行为的合法性，只能不断增强行政程序的正当性，并在行政程序中强化公众参与的程度。立法与行政的上述转变对法院的行政审判过程造成了重大冲击，法院在审判过程中也面临缺乏准据法的明白指示的问题，其对行政机关依据抽象授权作出的行政行为的审查也只能主要侧重对程序的审查。而诉讼程序中的第三人参与制度则在很大程度上增强了程序审查乃至法院裁判的准确性，利害关系人在诉讼程序中的参与其实可以视为其在行政程序中参与的延续，法院的审判过程也可以被理解为再次为行政机关以及多方利害关系人提供了协商、沟通的平台。因此可以说，第三人制度是法院应对法律适用方法之转变的一种有效方式。

二、第三人制度之微观比较

（一）德国

德国有关行政诉讼第三人制度的规定主要体现在《行政法院法》第63条[②]、

---

① 其典型表现形式是“如果……，那么……”，也即法律明确规定了行为方式、作出行为的条件与行为后果。

② 该条第3项规定“被传唤参与者”属于诉讼参加人的范围。

第65条①、第66条②、第121条③。该法规定了两类行政诉讼第三人：普通诉讼参加人、必要诉讼参加人，并对其规定了不同的要件、参加程序、诉讼权利与地位。

1. 普通诉讼参加人

普通诉讼参加人之参加要件主要有两项：第一，在参加时间上，须在他人提起一相关行政诉讼后才能参加，也即在他人行政诉讼系属中参加，且该参加不得过迟。一般认为，法律审上诉程序中能够适用的可能只有必要诉讼参加，而不能适用普通诉讼参加，也就是说，仅与诉讼结果有利害关系之人不得申请参加法律审上诉程序，法院也不得依职权传唤其参加。第二，在实体要件上，该第三人的权利或法律上的利益将受本诉裁判的影响，也即其与诉讼结果而非诉讼标的具有利害关系。一方面，第三人须有自己的私法或公法上权益受裁判结果的影响，而不得纯粹为了他人的法定权益或者自己的反射利益主张参加诉讼。另一方面，该参加人与本诉的利害关系体现在其权益将受诉讼结果的影响，而非与诉讼标的相关，否则其即为必要诉讼参加人。

普通诉讼参加人参与诉讼可以由法院依职权传唤参加，也可由其申请参加。不论在何种参加程序中，法院均享有一定的自由裁量权，当传唤第三人对于法定听证或者保护第三人的基本权利特别重要时（如在涉及驱逐丈夫出境的诉讼中，传唤妻子），则法院的裁量余地将明显减少。④

---

① 该条规定了第三人的类型及其要件。第65条："1. 只要诉讼尚未具既判力地终结或诉讼系属于上一审级，法院可依职权或根据裁判影响其权益之人的请求，传唤第三人参加诉讼。2. 第三人对争议的法律关系介入如此之深，以致判决必须考虑到他的利益而一起作出时，必须传唤其参加诉讼（必要传唤）。3. 根据第2款，需要作出的传唤涉及逾50人的，法院可以通过裁定命令，仅传唤在一定期限内提出申请的人参加诉讼。对裁定不可争执。该裁定须在联邦公报上公布。同时必须在日报上公布。该日报必须在判决可预见会产生效力的地区发行。自联邦公报公布之日起，期限至少应为3个月。在日报上公布时，必须说明何时期限终结。对期限的耽误准用第60条的规定。对判决可能涉及的人，法院也可不经申请，直接传唤其参加诉讼。4. 传唤决定须送达所有参加人。决定中须说明传唤的事实及理由。对传唤不可争执。"

② 该条规定了第三人的诉讼权利，该诉讼权利因第三人类型之不同而有区分。第66条："在一个参加人的请求内，被传唤参加人可以行使独立的攻击和防御手段，参加所有的诉讼活动。仅当被传唤人属必须传唤的，他才可以提出与诉讼请求不同的其他请求。"

③ 该条第2项规定了判决既判力对逾50人的必要诉讼参加人的约束力。第121条："对争议的标的作出判决后，判决的既判力对下列人产生约束力：……（2）在第65条第3款的情况下，在传唤后，未提出申请或未及时提交申请的人。"

④［德］弗里德赫尔穆·胡芬：《行政诉讼法》，莫光华译，法律出版社2003年版，第185、187页。

就普通诉讼参加人之法律地位而言，《行政法院法》第63条已经明确赋予其作为一个诉讼程序的参加人所具有的普遍的地位，但该地位须受一定限制，也即他必须在“参加人的请求范围内”行使攻击和防御手段、参加诉讼活动。进言之，普通诉讼参加人之诉讼行为受原告诉讼请求及诉讼标的的制约，不能更改或追加诉讼请求，也不能请求撤诉。除此之外的有关事实及法律上的程序请求，普通诉讼参加人一般均可自由提出，不受原、被告的拘束，如他可以提出证据、进行质证，初审判决若使其受不利影响还可提起上诉，当然，他还可能被要求负担部分程序费用。此外，《行政法院法》第65条第4项明确规定“对传唤不得争执”，对此规定应理解为已在诉讼系属中之诉讼参与人对法院准许参加诉讼的裁定不得声明不服，但申请参加之第三人对法院驳回参加的裁定，应可提起抗告，① 不如此将无法保障第三人的程序参与权，尤其是在参加诉讼对第三人的基本权利特别重要的情形下。可以说，普通诉讼参加人享有充分但不完全的诉讼权利。

就普通诉讼参加人之参加效果而言，由于他作为诉讼参与人实际参与了诉讼程序，因此当然受到本案判决的拘束，但该拘束力亦有其例外，若普通诉讼参加人因参加时的诉讼程序或当事人对诉讼标的处分，不能对判决提出有重大影响力的攻击和防御方法时，判决对其不产生效力。至于原、被告之间的诉讼和解，除非经普通诉讼参加人同意，否则不对其产生效力。②

2. 必要诉讼参加人

必要诉讼参加人之参加要件主要亦包括两项：第一，在参加时间上，须在他人提起一相关行政诉讼后才能参加，也即在他人行政诉讼系属中参加，且该诉讼参加可以发生在法律审上诉程序中。第二，在实体要件上，该第三人的权利或法律上利益与诉讼标的有相当密切之联系，使得只有同时直接或强制性地形成、确认或变更该第三人的权益，法院才可能有效地作出判决，也即法院必须对原、被告与第三人进行合一裁判。典型情形如在针对具有双

---

① 孙凌：《行政诉讼第三人参加制度之研究——比较德国、日本、中国台湾地区的立法例》，载胡建森主编：《公法研究》，浙江大学出版社2008年版，第428—429页。

② 孙凌：《行政诉讼第三人参加制度之研究——比较德国、日本、中国台湾地区的立法例》，载胡建森主编：《公法研究》，浙江大学出版社2008年版，第429页。

重效力的行政行为的诉讼中，尤其在针对建筑或污染物排放保护法上的许可的诉讼中，传唤受益人，或者传唤一个与禁令有直接利害关系的第三人；在关于原告申请的建筑监督措施的诉讼中，传唤监督措施的相对人等。但一般认为，规范审查之诉中不存在必要诉讼参加，因为此时所有的相对人本来就具有直接的利害关系。①

必要诉讼参加人参与诉讼的程序有一定的特殊性，这与德国《行政法院法》对必要诉讼参加人的类型进行了进一步的区分有关。必要诉讼参加分为一般的必要诉讼参加以及逾 50 人的必要诉讼参加。对于前者而言，法院必须裁定命令该第三人参与诉讼，此时法院不享有裁量权，若法院没有裁定命令该第三人参加诉讼，则构成诉讼程序瑕疵；在逾 50 人的必要诉讼参加中，由于须参加之人数众多，法院无法完全获知应参加诉讼的主体信息，此时难以要求法院依职权主动启动必要诉讼参加。因此法院一般须发布参与诉讼的公告，由符合条件的第三人在规定期限内申请参加诉讼程序；当然，法院也可以无须经申请，直接传唤其参加诉讼。

必要诉讼参加人当然属于诉讼参与人的范畴，且其享有比普通诉讼参加人更广泛的诉讼权利，可以不受原告提出之诉讼请求的限制，提出与原告的诉讼请求不同的其他请求。他的诉讼地位与原、被告相当，类似于必要共同诉讼人。

必要诉讼参加人参加诉讼的效果与普通诉讼参加类似，但有一定差别，该差别主要体现在逾 50 人的必要诉讼参加中。根据《行政法院法》第 121 条的规定，判决的既判力对于法院发布传唤公告后没有提出申请或没有及时提出申请的第三人同样有拘束力。也就是说，此类第三人虽然没有参与诉讼程序，但其之所以没有获得参与诉讼的机会，是归因于其自身，因此仍然要遵守哪怕是对其不利的判决，该判决可对其直接适用，其也不得另行提起针对本案诉讼标的的行政诉讼。

（二）日本

日本有关行政诉讼第三人制度的规定主要体现在《行政事件诉讼法》第

---

① ［德］弗里德赫尔穆·胡芬：《行政诉讼法》，莫光华译，法律出版社 2003 年版，第 185—187 页。

22 条[①]、第 23 条[②]、第 34 条[③]。与德国依照参与要件、参与程序以及诉讼权利、地位对诉讼参加人进行的类型划分不同，日本主要以参加人的身份为标准将诉讼参加人分为一般的权利受诉讼结果影响的第三人以及行政机关。应当说，这样的划分标准对司法实践的意义不如德国式划分标准。

1. 第三人的诉讼参加

第三人的诉讼参加之参加要件包括两项：第一，在参加时间上，须在他人提起之诉讼系属中。第二，在实体要件上，要求该第三人的权利可能因诉讼结果受到侵害。虽然《行政事件诉讼法》以“权利”受侵为标准界定第三人的范围，但在解释上应将此扩充到法律上所保护的利益，诉讼参加的利益不应当被限制在“权利”这一狭小范围内，否则将有违公平审判原则。因诉讼结果受到损害的情形一般被理解为第三人的权益因被告败诉之结果而受判决形成力之拘束，从而直接受到侵害，有时也被宽泛地理解为包括第三人的权益因判决之拘束力而间接受到侵害的情形。[④]

第三人可以由法院依职权决定其参加诉讼，也可以申请参加诉讼，此时法院享有是否决定或是否准许的自由裁量权。此外，日本第三人诉讼参加程序有一定的特性：首先，除第三人自己可申请参加诉讼程序之外，当事人也可申请第三人参加诉讼程序；其次，法院在作出参加诉讼的决定之前，必须听取第三人及当事人的意见。

---

① 该条规定了第三人诉讼参加。第 22 条：“一、法院在存在由于诉讼结果权利可能受到侵害的第三人时，可以根据当事人或第三人的请求或者依职权，以决定形式使该第三人参加诉讼。二、法院在作出前款之决定时，事先必须听取当事人及第三人的意见。三、提出第一款申请的第三人，对驳回其申请的决定，可以提出即时抗告。四、对于根据第一款的规定参加诉讼的第三人，准用民事诉讼法第四十条第一款到第三款的规定。五、在第三人根据第一款的规定提出参加申请时，准用民事诉讼法第四十五条第三款及第四款的规定。”

② 该条规定了行政机关的诉讼参加。第 23 条：“一、法院认为作出处分或裁决的行政机关以外的行政机关有必要参加诉讼时，可以根据当事人或其他行政机关的申请或者依职权，以决定形式使该行政机关参加诉讼。二、法院在作出前款决定时，事先必须听取当事人以及该行政机关的意见。三、对于根据第一款的规定参加诉讼的行政机关，准用民事诉讼法第四十五条第一款及第二款的规定。”

③ 该条规定了第三人的申请再审权。第 34 条：“一、由于撤销处分或裁决的判决权利被侵害的第三人，由于不能归责于自己的理由未能参加诉讼，因此未能提出应当对判决造成影响的攻击或防御方法时，可以以此理由对确定的终局判决以再审诉讼的形式进行不服申诉。二、前款的诉讼必须自知道判决确定之日起三十日之内提起。三、前款的期间为不变期间。四、第一款的诉讼，自判决确定之日起经过一年时，不得提起。”

④ 张宜斌：《行政诉讼法上诉讼参加之研究》，辅仁大学 2009 年硕士学位论文。

第三人参加诉讼后，即属于法定的诉讼参加人。其在诉讼程序中的地位根据《行政事件诉讼法》第22条第4款的规定准用日本《民事诉讼法》第40条第1款到第3款的规定，通说认为，第三人的诉讼参加形成了共同诉讼辅助参加，其相当于共同诉讼人。关于申请参加诉讼被驳回时的救济权，《行政诉讼事件法》明确规定第三人对于驳回其申请的决定，可以提出即时抗告；对于驳回其申请第三人参加的决定，则可准用《民事诉讼法》的规定，提起即时抗告。[①]值得一提的是，日本《行政事件诉讼法》明确规定了特定情形下第三人的申请再审权，也即当该第三人由于不能归责于自己的理由未能参加诉讼而导致其权利受判决不利影响时，其可对确定的终局判决在规定期限内提起再审。

2. 行政机关的诉讼参加

行政机关的诉讼参加是日本诉讼参加制度中的一大特色。之所以在法律中明定行政机关的诉讼参加，是因为在对经过行政不服审查程序的行政行为进行审理的过程中，被告一方是作出原行政处分以外的裁决机关，与该行政处分有密切联系的原行政机关反而被排除在诉讼程序之外，但原行政机关通常保有有关行政处分的充分的证据材料，若将其引入诉讼程序中，有利于发现案件事实，能够促进法院裁判的正确性。由此可知，其与第三人诉讼参加之功能存在一定的差异性。

根据《行政事件诉讼法》的规定，行政机关的诉讼参加须符合以下三项要件：第一，在参加时间上，须在他人已提起之诉讼系属中。第二，参加诉讼之行政机关须为作出处分或裁决的行政机关以外的行政机关。第三，须法院认为其有必要参加诉讼。

行政机关参加诉讼的程序与第三人参加诉讼的程序大致相当，可依当事人或该行政机关申请，或由法院依职权决定参加，且法院在作出参与诉讼的决定前，应听取当事人以及该行政机关的意见。

行政机关参加诉讼后的地位准用《民事诉讼法》第45条第1款、第2款的规定，该两款内容是关于民事诉讼中辅助参加人地位之规定，因此，参加

---

① 孙凌：《行政诉讼第三人参加制度之研究——比较德国、日本、中国台湾地区的立法例》，载胡建淼主编：《公法研究》，浙江大学出版社2008年版，第433页。

诉讼之行政机关大致相当于辅助参加人之地位。具体而言，其可以提出攻击和防御方法、声明异议、提起上诉、提起再审之诉及其他诉讼行为，但不得进行因诉讼之程度不能为之的行为。此外，其不得作出对其辅助之当事人不利的诉讼行为。①

（三）我国台湾地区

我国台湾地区对行政诉讼第三人制度规定得较为详尽，主要体现在其所谓“行政诉讼法”第23条②、第41条③、第42条④、第43条⑤、第44条⑥、第45条⑦、第46条⑧、第47条⑨、第48条⑩。其第三人之类型与德国相似，但又在德国之基础上增加了辅助参加人，故其第三人包括必要参加人、独立参加人以及辅助参加人三类，其中前两类分别对应于德国的必要诉讼参加人与普通诉讼参加人，两者间具有颇多共性。

---

① 孙凌：《行政诉讼第三人参加制度之研究——比较德国、日本、中国台湾地区的立法例》，载胡建森主编：《公法研究》，浙江大学出版社2008年版，第435页。

② 该条规定诉讼当事人包括原告、被告、必要参加人以及独立参加人，而不包括辅助参加人。

③ 该条是对必要参加人的规定。第41条：“诉讼标的对于第三人及当事人一造必须合一确定者，行政法院应以裁定命该第三人参加诉讼。”

④ 该条是对独立参加人的规定。第42条：“行政法院认为撤销诉讼之结果，第三人之权利或法律上利益将受损害者，得依职权命其独立参加诉讼，并得因该第三人之声请，裁定允许其参加。前项参加，准用第三十九条第三款规定。参加人并得提出独立之攻击或防御方法。前二项规定，于其他诉讼准用之。诉愿人已向行政法院提起撤销诉讼，利害关系人就同一事件再行起诉者，视为第一项之参加。”

⑤ 该条是对参加诉讼之程序的规定。第43条：“第三人依前条规定声请参加诉讼者，应向本诉讼系属之行政法院提出参加书状，表明下列各款事项：一、本诉讼及当事人。二、参加人之权利或法律上利益，因撤销诉讼之结果将受如何之损害。三、参加诉讼之陈述。行政法院认前项声请不合前条规定者，应以裁定驳回之。关于前项裁定，得为抗告。驳回参加之裁定未确定前，参加人得为诉讼行为。”

⑥ 该条是对辅助参加人的规定。第44条：“行政法院认为其他行政机关有辅助一造之必要者，得命其参加诉讼。前项行政机关或有利害关系之第三人亦得声请参加。”

⑦ 该条是对法院作出参加诉讼裁定的规定。第45条：“命参加之裁定应记载诉讼程度及命参加理由，送达于诉讼当事人。行政法院为前项裁定前，应命当事人或第三人以书状或言词为陈述。对于命参加诉讼之裁定，不得声明不服。”

⑧ 该条是对必要参加人地位之规定。第46条：“第四十一条之参加诉讼，准用第三十九条之规定。”

⑨ 该条是对本诉判决效力范围的规定。第47条：“判决对于经行政法院依第四十一条及第四十二条规定，裁定命其参加或许其参加而未为参加者，亦有效力。”

⑩ 该条是对辅助参加之程序及辅助参加人地位、诉讼权利的规定。第48条：“民事诉讼法第五十九条至第六十一条、第六十三条至第六十七条之规定，于第四十四条之参加诉讼准用之。”

1. 必要参加人

根据台湾地区“行政诉讼法”的规定，必要参加人之参加要件主要有两项：第一，在参加时间上，必须是在他人提起之诉讼系属中。第二，在实体要件上，要求诉讼标的对于第三人及当事人一造必须合一确定。对“须合一确定”之理解同于德国必要诉讼参加之实体要件，也就是说，第三人与当事人一造必须同胜或者同败，且该同胜或者同败必须基于法律上的原因，而不得仅基于事实上的原因。

必要参加人由法院依职权命令其参加诉讼，对于符合必要参加之情形，法院无裁量之权限，且其须对是否存在必要参加的情形尽到相应的注意义务，否则，对于应参加而未参加的案件，可能会因此被上诉审法院发回重审。①

台湾地区“行政诉讼法”明确规定了必要参加人在诉讼程序中的地位，其地位相当于必要共同诉讼人，即其诉讼行为有利于与其同胜或同败一方当事人的，该行为对该当事人有效，若其行为不利于该当事人的，则该行为不对该当事人产生效力；他方当事人对于第三人的行为，效力及于与其同胜或同败之当事人，反之亦然；第三人若出现使诉讼当然停止或裁定停止之原因，则该当然停止或裁定停止之效力及于与其同胜或同败之当事人，反之亦然。此外，必要参加人作为“准必要共同诉讼人”，享有与必要共同诉讼人同等的诉讼权利。

2. 独立参加人

独立参加人之参加要件主要有两项：第一，在参加时间上，须在他人提起之诉讼系属中。第二，在实体要件上，要求该第三人之权利或法律上利益将受诉讼结果损害，对此要件之理解同于德国普通诉讼参加人。

独立参加人可由法院依职权命其参加诉讼，也可由其提出申请参加诉讼。此外，我国台湾地区独立参加人参与诉讼之程序有其特性，若诉愿人已向行政法院提起撤销诉讼，利害关系人就同一事件再行起诉者，视为利害关系人之独立参加诉讼。在此类情形下，虽然诉愿人已经提起撤销诉讼，但法院尚

---

① 孙凌：《行政诉讼第三人参加制度之研究——比较德国、日本、中国台湾地区的立法例》，载胡建森主编：《公法研究》，浙江大学出版社2008年版，第430页。

未作出有效判决，因此利害关系人对其诉讼标的仍可提起撤销诉讼，并未违反一事不再理原则，此时法院将两诉合并审理，并将后起诉之利害关系人视为独立参加人，有利于实质性解决行政纠纷、节省诉讼资源。

独立参加人属于诉讼当事人的范畴，他可以对确定的诉讼请求提出独立的攻击或防御方法，但不得改变或追加诉讼请求，当该第三人存在使诉讼停止的理由时，该停止诉讼的效力及于原参与诉讼的双方当事人。[①] 在第三人申请参加诉讼的情形下，第三人可对法院驳回诉讼参加的裁定提起抗告。

3. 辅助参加人

辅助参加人是我国台湾地区行政诉讼第三人制度之特色所在，辅助参加具体又包括利害关系人的辅助参加与行政机关的辅助参加，两者的参加要件与参加程序并不相同。利害关系人的辅助参加要件为：第一，在参加时间上，须在他人提起之诉讼系属中。第二，在实体要件上，须为辅助当事人一造而参加诉讼，且具有利害关系。行政机关的辅助参加要件为：第一，在参加时间上，须在他人提起之诉讼系属中。第二，在实体要件上，该行政机关须是作为诉讼当事人的行政机关以外的机关，且其有参加之必要，其参加诉讼是为了辅助当事人一造。就参加要件而言，我国台湾地区行政机关的辅助参加与日本行政机关的诉讼参加相当。利害关系人的辅助参加程序与行政机关的辅助参加程序亦有差异，前者只能依申请参加，后者则既可依申请参加，也可由法院依职权命令参加。

根据台湾地区“行政诉讼法”第 23 条的规定，辅助参加人并不属于诉讼当事人的范围，但其仍然享有相关的诉讼权利，如辅助参加人经两造同意时，可以代其所辅助之当事人承担诉讼。

三、我国[②]行政诉讼第三人制度之改造

相较于前述德国、日本与我国台湾地区，我国大陆的行政诉讼第三人制

---

① 杨海坤、马生安：《中外行政诉讼第三人制度比较研究》，载《比较法研究》2004 年第 3 期。

② 此处所论专指中国内地（大陆），不包括香港、澳门、台湾地区。

度并不发达。虽然《行政诉讼法》于1989年制定时即规定有第三人制度，但该规定极为原则[①]，其规定之第三人类型单一，对参加诉讼的程序、第三人的地位与诉讼权利、第三人参加诉讼的法律效果等重要问题均未涉及。其后，2000年实施的《最高人民法院关于执行〈中华人民共和国行政诉讼法〉若干问题的解释》对第三人制度进行了发展：首先，增加了第三人参与诉讼的情形——应当追加被告而原告不同意追加的，人民法院应当通知其以第三人的身份参加诉讼，且明确此时第三人由法院依职权命其参加诉讼，法院负有追加义务。其次，对于与具体行政行为有利害关系的人，明确法院应依职权追加其为第三人，并明示第三人有权提出与本案有关的诉讼主张、有权提起上诉。2002年颁布的《最高人民法院关于行政诉讼证据若干问题的规定》则规定了第三人在举证、质证方面享有的诸项权利。

2014年修正的《行政诉讼法》在吸收前述司法解释对第三人制度的发展之基础上，完善了第三人制度。首先，在第三人的类型上，将其明确区分为同被诉行政行为有利害关系但没有提起诉讼的第三人与同案件处理结果有利害关系的第三人，这种区分类似于前述必要诉讼参加人与普通诉讼参加人。其次，充实了第三人的诉讼权利：受初审判决不利影响的第三人可以提起上诉，与原告的诉讼请求相对立的第三人可以提供证据证明行政行为的合法性[②]、可以申请法院调取证据，当公民、法人或者其他组织拒绝履行生效裁判时可以申请法院强制执行。

虽然2014年修正之《行政诉讼法》完善了第三人制度，但不得不承认我国行政诉讼第三人制度仍有较大的发展空间。比如该法第29条规定之同被诉行政行为有利害关系的第三人似应解释为与诉讼标的有利害关系之第三人，属必要诉讼参加人，但该条却规定其参加诉讼的方式包括依申请参加与法院依职权追加，且从中难以解读出法院负有羁束的追加义务。此外，在第三人申请参加诉讼的情形下，应如何提出申请？申请之书状应包含哪些内容？若

---

① 1990年《行政诉讼法》第27条规定："同提起诉讼的具体行政行为有利害关系的其他公民、法人或者其他组织，可以作为第三人申请参加诉讼，或者由人民法院通知参加诉讼。"

② 赋予相对人此项权利将在行政机关消极应诉、怠于承担举证责任时极大地促进对第三人权益的保障。

法院驳回其申请，申请人是否享有救济途径？第三人是否享有主张原告之诉不合法的权利？第三人具体可以享有哪些诉讼权利？若因被告怠于行使诉讼权利而导致第三人的合法权益受损，其能否对作为被告的行政机关请求行政赔偿？[①] 经法院通知参加或经申请法院准许参加而未参加之法律后果是什么？在必要的诉讼参加中，若法院没有追加第三人，将导致何种法律后果？在此种情形下，法院的判决对第三人是否有效？第三人能否另行提起行政诉讼？第三人参加诉讼是否应当受到限制（尤其是在原告请求对其权利进行紧急救济时）？以上诸多问题有待于今后逐步解决。

2018 年 2 月施行的《最高人民法院关于适用〈中华人民共和国行政诉讼法〉的解释》进一步完善了行政诉讼第三人制度，对上述部分问题进行了回应，具体体现在以下几个方面。第一，明晰了两类同被诉行政行为有利害关系的情形：应当追加被告而原告不同意追加的；应当追加的原告既不愿意参加诉讼又不放弃实体权利的。第二，对两类第三人参与诉讼的方式进行了类型化区分，科学设定各自参与诉讼的方式。对于与被诉行政行为有利害关系的第三人，法院应当通知其参加诉讼；对于与案件处理结果有利害关系的第三人，既可以自行申请参加诉讼，也可以由法院通知其参加诉讼。第三，规定了第三人因不能归责于本人的事由未参加诉讼，但合法权益受到侵害的救济制度，即其可在法定期限内申请再审。第四，完善了第三人的证据权利。第五，规定第三人可参与行政诉讼调解。

---

① 黄先雄：《论行政诉讼第三人的诉讼权利——从两起行政确认争讼案件说开去》，载《行政法学研究》2009 年第 2 期。

第十章　行政诉讼审理模式之比较

行政诉讼审理模式是指由一定的诉讼目的所决定的，行政诉讼程序中法院与当事人之间的法律地位与权限配置关系，以及由此所呈现出来的外在形态或相互关系。从本质上而言，它所反映的是不同诉讼主体在诉讼程序中的权限划分，以及由此所体现的各自的不同诉讼地位。① 就审理模式的类型而言，中外学界基本形成共识，即根据当事人与法院在诉讼程序中权限配置情况，将审理模式划分为当事人主义和职权主义两种，一般认为英美法系国家较多采用当事人主义模式，而大陆法系国家或地区大多实行职权主义模式。② 本章首先将对两类典型的审理模式进行解析，接着分析影响行政诉讼审理模式选择的重要因素，并对未来中国行政诉讼审理模式的转换与发展方向进行思考。

---

① 我国学者对“审理模式”一词存在不同的概念使用，它常常与诉讼结构、诉讼构造、诉讼模式、审判模式、审判方式、诉讼形式等概念一起在学界被混用，其间的界限并不是很清楚。学者们往往根据各自的需要和偏好，选择其一予以界定并运用于相关的理论思考。本章主要对各国行政诉讼审理模式进行比较研究，故不作概念上的区分。如无特别说明，本章所用的“审理模式”与诉讼模式、诉讼结构、诉讼构造等概念等同。参见王学辉主编：《行政诉讼制度比较研究》，中国检察出版社 2004 年版，第 146 页。

② 参见王韶华：《试析民事诉讼中超职权主义现象》，载《中外法学》1991 年第 2 期；宋炉安：《评我国行政诉讼结构》，载《中央政法管理干部学院学报》1997 年第 2 期。民事诉讼学界不少学者也提出了协同主义诉讼模式，如刘春梅：《试论协同型民事诉讼模式的建立》，载《现代法学》2003 年第 1 期；肖建华：《构建协同主义的民事诉讼模式》，载《政法论坛》2006 年第 5 期；奚玮：《协同主义民事诉讼模式的建立与和谐司法的实现——以证据收集为中心》，载《河北法学》2008 年第 3 期；熊跃敏、张伟：《民事诉讼中的协同主义：理念及其制度构建》，载《法治研究》2012 年第 1 期；等等。但笔者并不将协同主义诉讼模式作为一种独立的诉讼模式，只是将其作为行政诉讼审理模式转换的一种可能方向。

一、两类典型模式之解析

从世界范围来看，行政诉讼大多脱胎于民事诉讼，甚至在英美法系国家和地区，行政诉讼基本采用与民事诉讼相同的诉讼程序，二者之间的渊源关系使得行政诉讼制度在审理模式上也采用了民事诉讼法学理论中的常见分类，即将审理模式划分为职权主义审理模式和当事人主义审理模式。

所谓职权主义审理模式，是指在行政诉讼中，法院居于主导地位，当事人居于从属地位，由法院主导诉讼程序的审理模式。职权主义审理模式的特点包括：第一，除诉讼程序的启动由当事人决定外，诉讼程序的进行与终结等程序运行均由法院主导推动；第二，法官在确定审理对象、事实主张上不受当事人的约束，可在当事人举证主张之外认定案件事实；第三，法院在证据资料的提供上可不受当事人举证的限制，得依职权主动收集证据。根据大陆法系诉讼法学理论的观点，将法院依照职权推动诉讼程序进行的程序原则称为职权进行主义，与处分主义相对；而将法院在诉讼资料和证据收集方面享有主导权的程序原则称为职权探知（调查）主义，与辩论主义相对；二者均是职权主义的下位概念，分别是职权主义审理模式在诉讼程序运行和诉讼资料与证据收集两个方面的体现。

与职权主义审理模式相对应的当事人主义审理模式，是指当事人主导诉讼程序的进行、决定诉讼对象与证据资料的提出并由此限定诉讼标的和法院审理范围的程序原则。当事人主义审理模式的基本内容与特征包括：第一，诉讼程序的启动、进行与终结等程序运行均由当事人主导；第二，当事人自主确定诉讼标的，并由此决定法院的审理对象与范围；第三，诉讼资料的提供以当事人举证为主，除当事人申请外，法院不得依职权进行证据和事实调查，法院仅得在当事人辩论的事实范围内作出裁判。大陆法系诉讼法学理论一般认为，当事人对诉讼标的以及诉讼程序权利得自主进行决定和处分的程序原则称为处分权主义（又称处分原则），它是与职权进行主义相对的概念，包括不告不理、法院仅得在诉之声明范围内为裁判等内容。[①] 将审判所必需的事实和证据交由当事人负责提供，法院根据当事人提供的诉讼资料作出裁判的程序原则称为辩论主义。

受不同诉讼传统和文化的影响，两大法系的行政诉讼审理模式呈现不同的特点。大陆法系一般采用职权主义审理模式，英美法系一般较多地采用当事人主义审理模式。

（一）大陆法系行政诉讼审理模式

关于法国行政诉讼审理模式。大陆法系国家普遍采用的是行政法院制度，而最为典型的是法国极具特色的以行政法院为主体的行政诉讼制度。学者王名扬认为，法国行政诉讼制度运行程序的模式特点为审问式程序，法官在诉讼的发展中起领导作用，这主要表现在：第一，设置预审程序，法官在这一阶段进行调查、研究和收集证据，不受当事人提供材料的限制，对原告或被告有利或不利的证据都要调查；第二，行政诉讼实行书面审理原则，法官不经口头盘问，而是对双方的诉状进行调查来查明事实；第三，行政法院在预审前可依照职权采取紧急程序的临时措施来保护当事人的利益或保障审判的顺利进行。[②] 英国学者 L. 赖维乐·布朗（L. Neville brown）、约翰·S. 贝尔（John S. Bell）也认为法国行政诉讼程序模式有三个特点，即纠问式、对抗式和书面审理。这主要体现为：第一，在预审阶段，法院可以要求行政机关或当事人中的私人一方进一步解释或者提供更详尽的文件；第二，法院在预审中可以在正式调查中指定专家出具鉴定结论、实施现场勘察、命令进行询问或对案件进行事实调查；第三，法院主动委托专家或举行询问时，当事人的律师有权到场并查阅案卷，律师普遍参与行政法庭或行政上诉法院审理的案件辩论过程。[③] 我国学者王学辉同样指出："法国行政法院预审法官集中体现了法国行政诉讼职权主义的查证模式：第一，预审法官主导预审，主导诉状

① 参见陈清秀：《行政诉讼法》，元照出版有限公司2009年版，第376页。

② 参见王名扬：《法国行政法》，法律出版社2007年版，第503—512页。

③ 参见［英］L. 赖维乐·布朗、约翰·S. 贝尔：《法国行政法（第五版）》，高秦伟、王锴译，中国人民大学出版社2006年版，第82—117页。

交换，主动提问，查清案情；第二，可实地调查核实情况；第三，建议法院委托调查或建议法院委托专家鉴定。”①

关于德国行政诉讼审理模式。法国在19—20世纪由最高行政法院创立的独立的行政法院体制与1804年《法国民法典》一样对欧洲大陆诸国产生了重要影响，德国也不例外。就行政诉讼审理模式而言，德国学者弗里德赫尔穆·胡芬认为行政诉讼在运行程序上采取职权进行处分的原则，而在事实认知模式上采取的是职权调查与当事人协作相结合的审理原则。② 印度学者M. P. 赛夫指出，德国行政法院在行政诉讼运行程序中采取处分主义、迅速和口头程序，在事实认知模式上实行纠问式诉讼程序原则，即法院的责任是查明事实，不受当事人双方的辩解（the pleadings）和证据之约束。③ 学者王学辉研究指出，德国行政法官或编制报告法官，在言辞审理之前，采取必要的职权措施，主导审前程序；依职权查证的表现有：法官在庭审中积极查问案情（事实和证据），法官在职权调查中也传唤且应传唤参与人，法官有义务要求诉讼参与人消除形式瑕疵、提出有益的申请、补充不充足的事实陈述，法官既可在庭内取证又可庭外取证；但法院职权调查不得超越诉讼请求。④

关于日本行政诉讼审理模式。日本行政诉讼制度先后效仿德国和美国法治而深受双重影响，兼具大陆法系和英美法系法律传统的混合型特征。在行政诉讼审理模式上，学者王学辉认为，日本行政诉讼基本上采用当事人主义原则，例外情况下裁判所可依职权调查。⑤ 日本学者盐野宏认为，日本现行行政诉讼制度在事实认知模式上采取的是修正性辩论主义的原则，即在辩论主义的基础上增加了职权调查证据和释明处分的规则。⑥ 学者江利红指出，由于行政诉讼中往往涉及公共利益，日本行政事件诉讼法并没有完全采用民事诉讼的当事人主义，也没有完全采用职权探知主义，而是采用在当事人主义中

---

① 王学辉主编：《行政诉讼制度比较研究》，中国检察出版社2004年版，第217页。

② 参见［德］弗里德赫尔穆·胡芬：《行政诉讼法》，莫光华译，法律出版社2003年版，第542—546页。

③ 参见［印度］M. P. 赛夫：《德国行政法——普通法的分析》，周伟译，山东人民出版社2006年版，第221—227页。

④ 参见王学辉主编：《行政诉讼制度比较研究》，中国检察出版社2004年版，第216—217页。

⑤ 参见王学辉主编：《行政诉讼制度比较研究》，中国检察出版社2004年版，第218页。

⑥ 参见［日］盐野宏：《行政救济法》，杨建顺译，北京大学出版2008年版，第55—56页。

加入某些职权探知主义要素的“修正的当事人主义”。[①] 日本学者南博方也指出，在日本处分撤销诉讼中适用辩论主义，法院不得就当事人未诉及的事项进行审理、判决，但也加入了许多职权主义的要素，如规定了法院的释明处分和必要时职权证据调查的规则。[②] 学者王天华认为，2004 年《行政事件诉讼法》修改的“最大亮点”是新设了释明处分——法院可以要求行政机关提出揭示行政处分理由的资料以及有关案件记录（第 23 条之二第 1 项）。释明处分本身的意义在于“维持辩论主义，同时增加职权主义要素”。[③]

关于我国台湾地区的行政诉讼审理模式。我国台湾地区法律制度虽然深受德国和美国法律传统的双重影响，但从法系来看，其法律制度总体上呈现出大陆法系的特征。就行政诉讼制度而言，学界对行政诉讼审理模式的研究成果较为丰富和深入，不仅对行政诉讼中的诉权与审判权的关系进行了讨论，而且对行政诉讼审理模式的选择进行了深入分析，还对审理模式与举证责任之间的关系进行了研究。[④] 总体而言，台湾学界一般认为其行政诉讼制度中，在诉讼标的的决定和诉讼程序运行上实行的是以处分权主义为原则的审理模式，而在诉讼资料的提出和事实认定方面则贯彻的是以职权探知主义为原则的审理模式。[⑤]

（二）英美法系行政诉讼审理模式

英美法系大多数国家采取由普通法院和行政裁判所共同审理行政案件的行政诉讼体制，其在诉讼程序方面也具有一些共同的特征。

关于英、美两国行政诉讼审理模式，学者王名扬指出，“行政裁判所的程

---

① 参见江利红：《日本行政诉讼法》，知识产权出版社 2008 年版，第 694 页。

② 参见［日］南博方：《日本行政法（第六版）》，杨建顺译，中国人民大学出版社 2009 年版，第 201—205 页。

③ 参见王天华：《行政诉讼构造：日本行政诉讼法研究》，法律出版社 2010 年版，第 144—146 页。

④ 参见林文舟：《两岸行政诉讼法制之研究——以诉讼类型为中心》，台湾东吴大学法律学系 2011 年法律硕士在职专班硕士学位论文；陈清秀：《行政诉讼法》，元照出版有限公司 2009 年版，第 376—384 页；张文郁：《行政救济程序中之职权调查原则与举证责任之研究》，载《权利与救济——以行政诉讼为中心》，元照出版公司 2005 年版，第 3—41 页。

⑤ 参见刘宗德、彭凤至：《行政诉讼制度》，载翁岳生主编：《行政法》，中国法制出版社 2009 年版，第 1399—1402 页；林腾鹞：《行政诉讼法》，台湾三民书局 2009 年版，第 334—337 页。

序和法院一样，采取对抗式而不是纠问式。裁判所听取双方当事人的意见作出决定，自己不牵涉到争论中，不偏袒任何一方。当事人有权知道对方论点”①。学者王学辉也指出，“在英美法系国家（英、美），由于采用的是当事人主义审理模式，裁决机关一般不主动收集证据，只需行政机关将行政案卷和记录全部移交有权机关审查”②。

综上所述，尽管大陆法系和英美法系国家或地区分别具有不同的法律传统，在行政诉讼审理模式上存在着较大差异，但随着两大法系法制的相互交流和融合的加强，其在行政诉讼审理模式方面总体上呈现出相互吸收和渗透的发展趋势，而域外法治发达国家在这种融合背景下的经验值得我们认真研究和选择性地吸收。

二、行政诉讼审理模式选择之影响因素

诉讼模式是对一国某种诉讼程序中法院与当事人诉讼权限配置状况的宏观观察与抽象提炼出来的原则或体制特征的描述，从这个意义上来说，它是后于具体诉讼程序制度而“诞生”的。学者田平安曾指出，“诉讼模式差异的形成不具有偶然性。它乃是一个国家政治制度、经济关系、民族传统、法律文化、人情习俗等诸因素发生化合作用的结晶，是时间的怪手将这种‘结晶’日积月累堆砌的必然”③。学者李浩也曾指出，“任何审理模式都是由人来运作的，这些运作者包括法官、当事人、律师等。一种审理模式是否比另一种审理模式更有利于实现民事诉讼目的，更具有优越性，除了审理模式本身结构和特点外，还在很大程度上取决于审理模式参与者的素质”④。因此，一个国家的行政诉讼审理模式受到多重因素的影响，笔者将这些影响因素的主要内容概括为诉讼传统、诉讼价值和诉讼制度特性三个层面。

---

① 王名扬：《英国行政法》，北京大学出版社 2007 年版，第 111 页。
② 王学辉主编：《行政诉讼制度比较研究》，中国检察出版社 2004 年版，第 214—215 页。
③ 田平安：《我国民事诉讼模式构筑初探》，载《中外法学》1994 年第 5 期。
④ 李浩：《法官素质与民事诉讼模式的选择》，载《法学研究》1998 年第 3 期。

（一）诉讼传统

从有关学者对最狭义的法律文化与诉讼法律文化的界定中[①]可以看出，诉讼传统是诉讼文化的组成部分，因而在特征上也符合诉讼文化所具有的物质依附性、抽象性、层次性、民族性、延续性和内容的特定性等诸多特征。诉讼传统的文化属性意味着诉讼传统往往已经作为一种“地方性知识”而深深根植于某一时代民众的心中，并成为社会中普遍遵守但却可能心照不宣的“潜规则”。而诉讼传统的延续性则使得这种诉讼文化通过代际传播与承继而延续下来，于是必然会对后世诉讼制度的产生带来影响，因此诉讼制度包括诉讼原则与规则的确立都必须考虑诉讼传统这一因素。当然，行政诉讼审理模式的确立也不例外。对此，有学者认为诉讼结构具有较强的稳定性，“诉讼形式在现实变革面前具有保守性和滞后性，诉讼形式比一般实体规范更具有历史继承性”[②]。也有学者认为影响一国行政诉讼审理模式完善的因素主要包括诉讼模式的发展趋势、传统法律文化的影响、行政诉讼价值和目的以及行政诉讼本身的特点。[③] 笔者认为，诉讼传统以其独特的文化属性而潜移默化地隐含于现代诉讼程序的“躯干”与“血液”之中，并通过不经意的方式影响着现代诉讼规则的设计与实施过程，它是影响行政诉讼审理模式的一个重要因素，以下将以法国和美国为例来分析。

在整个古代世界法律文化的花园里，古罗马法是一朵多姿多彩的奇葩，它是在古希腊的自然法思想和古罗马人的实践精神的高度结合下凝聚而成的，不仅适应了古罗马从传统农业社会向简单商品经济社会转变的需要，而且对后世各民族的法律都产生了不同程度的影响，甚至被称为“一部世界性的法典”。[④] 但总体而言，罗马法对以法、德为代表的大陆法系法律传统的形成和

---

① 学者宋英辉认为，相对应于广义的、狭义的和最狭义的文化观念，作为文化的下位观念，法律文化也具有广义、狭义和最狭义的区分，其中最狭义的法律文化是指人们有关法律的群体性认知、评价和心态的总和。诉讼文化严格意义上应称为诉讼法律文化，是法律文化的下位概念。参见宋英辉：《诉讼文化》，载樊崇义主编：《诉讼原理》，法律出版社 2009 年版，第 31—32 页。

② 肖建华：《民事诉讼结构的层次分析及其现实意义》，载《法学杂志》2001 年第 4 期。

③ 参见张洪敏：《论行政诉讼的模式》，湘潭大学 2007 年诉讼法学专业硕士学位论文。

④ 参见郭守三、曹全来：《西方法文化史纲》，中国法制出版社 2007 年版，第 43—44 页。

发展的影响最为引人注意。

法国法律是深受罗马法及其精神影响的重要代表之一。正如有学者所指出的，“罗马法的命运和法国法的命运恰恰就是这种何其相似的螺旋式重复，以致我们不能不将二者的命运紧密地联系起来”。而罗马法对法国法的影响，不仅表现在被法国甚至诸多国家所称颂的民法典中的原则与制度方面，① 而且也包括权利的保护与救济程序的诉讼法制度的继受。② 发达的罗马法中的诉讼法体现在公私法的区分、权利本位、注重权利救济、法官主导进行事实和法律审理以及根据冲突或权利救济的形成而发展起来的诉权等内容，③ 而作为罗马诉讼法的继受者，法国逐渐形成了事前程序与审理程序分离、对审原则④、书面审理、纠问式诉讼程序等诉讼传统。⑤ 尽管在三权分立理念的指导下，法国建立起了与普通法院系统相并轨的行政法院体系来解决公民与国家之间的争议，以实现维护行政效率、客观法秩序和公共利益以及保障个人权益的目标，但在行政法院日益独立和司法化日益增强的诉讼程序发展趋势下依然沿袭了书面审理、纠问式程序等诉讼传统因素。⑥

近代是欧洲法律文化发生大转折的重要历史时期，由罗马法推动了以人文主义为核心的文艺复兴，继而又经过启蒙运动的洗礼，使得天赋人权、自由民主以及法治等观念逐渐得到广泛的传播和付诸实践。伴随着英国资产阶级革命对封建君主绝对王权以及宗教特权的反抗，以洛克、孟德斯鸠、卢梭

---

① 对此，有学者认为，“《法国民法典》事实上是罗马尤士丁尼法典于一千三百年后的重新颁布，以适应法国人民的时代与生活的需要”。参见谢尔曼：《罗马法在近代》第2卷，第245页，转引自米健：《罗马法对法国法的影响》，载《法国研究》1986年第2期。

② 参见米健：《罗马法对法国法的影响》，载《法国研究》1986年第2期。

③ 参见郭守三、曹全来：《西方法文化史纲》，中国法制出版社2007年版，第81—86页。

④ “所谓对审原则，按照法国民事诉讼法学者的一般理解，是指法院的所有判决都应当由一方当事人提出申请，经过双方当事人对作为判决依据的论据和证据进行辩论而产生的结果。”参见张卫平、陈刚编：《法国民事诉讼法导论》，中国政法大学出版社1997年版，第30页。

⑤ 参见何勤华主编：《法国法律发达史》，法律出版社2001年版，第442—443、469页；张卫平、陈刚编著：《法国民事诉讼法导论》，中国政法大学出版社1997年版，序言第Ⅵ页；［法］让·文森，［法］塞尔日·金沙尔：《法国民事诉讼法要义》，罗结珍译，中国法制出版社2001年版，第93—94页；［法］卡斯东·斯特法尼、乔治·勒瓦索、贝尔纳·布洛克：《法国刑事诉讼法精义》，罗结珍译，中国政法大学出版社1999年版，第27、75—78页。

⑥ 参见［英］约翰·贝尔：《法国法律文化》，康家昕等译，清华大学出版社2012年版，第258—328、400—411页。

等为代表所倡导的天赋人权、自然正义、权力分立与制衡理论逐渐在英国得以接纳，进而确立了“通过司法保障自由”、自然公正以及权力制约等司法原则。[①] 美国虽然通过独立战争瓦解了英国对其长达一个多世纪的殖民统治，继而获得了独立，却继受了英国司法程序的大部分制度和原则，建立在对权力滥用的警惕和对权力不信任理念基础上的美国宪法确立了权力分立与制衡、正当程序以及人权保障等法律原则就是非常典型的体现。而这些宪法原则中所渗透的对公权力天生具有扩张性和侵权的警惕和不信任，使得美国司法程序中更多地强调当事人通过正当程序条款来获得人权保障的“盾牌”思维，更加注重通过能够发挥当事人主体性的对抗性程序来实现“看得见的正义”，[②] 并通过对诉讼程序的参与来实现程序主体性的地位，而这些程序原则在美国的民事诉讼和刑事诉讼中都有丰富的“注脚”，并最终奠定了英美法系中普遍的诉讼传统。[③]

几乎不存在公私法划分传统的美国司法审查制度中并不区分案件的性质，而是将民事、刑事行政以及宪法案件全部由普通法院管辖，因而包含对行政当局行政行为进行合法性或一定程度上合理性审查的司法审查制度在程序上也基本遵照民事诉讼和刑事诉讼程序的原则，即对抗制诉讼模式，而这一模式显然蕴含着美国司法制度产生和发展过程中诸多传统的因子。

由此可见，不管是大陆法系独特的行政诉讼制度下的程序模式，还是英美法系由普通法院进行司法审查的程序原则，都是建立在其传统诉讼制度基础上的变迁和演化，都丰富地展现了其诉讼传统对行政诉讼审理模式确立的影响。

---

① 参见郭守三、曹全来：《西方法文化史纲》，中国法制出版社2007年版，第131—178页。

② 甚至有学者认为：“对抗制并不仅是一种审判理论，它同样也是英美视法律制度为对国家权力予以重要限制的政治理论的写照。”［美］史蒂文·苏本、马格瑞特（绮剑）·伍：《美国民事诉讼的真谛》，蔡彦敏、徐卉译，法律出版社2002年版，序第3页。

③ 参见［美］史蒂文·苏本、马格瑞特（绮剑）·伍：《美国民事诉讼的真谛》，蔡彦敏、徐卉译，法律出版社2002年版，第24—32页；汤维建主编：《美国民事诉讼规则》，中国检察出版社2003年版，第1—18页；［美］爱伦·豪切斯泰勒·斯黛丽、南希·弗兰克：《美国刑事法院诉讼程序》，陈卫东、徐美君译，何家弘校，中国人民大学出版社2002年版，第42—43、58—79页。

（二）诉讼价值

诉讼价值是任何诉讼制度中都蕴含的体现一国某种诉讼制度特殊目标且反映时代需要的精神内核，因此它是一个古老而又常新的话题。诉讼价值是伴随着近代社会诉讼法逐渐从实体法中分离而被理论者们所提出和关注的问题，程序的意义与价值在第二次世界大战后西方诸多价值学说的研究的推动下也得以丰富和发展。① 总体来看，西方学界自 19 世纪以来对诉讼程序价值的讨论主要形成了两类学说，即程序工具主义理论和程序本位主义理论，其分别将诉讼程序视为追求外在目标的手段和程序自身价值的运行过程，其中前者又可分为绝对工具主义理论和相对工具主义理论，相对工具主义理论在认为程序外在价值优先的同时也肯定程序的公正价值。除此之外，西方理论界还提出了程序效益价值理论。② 从行政诉讼审理模式的角度来看，行政诉讼审理模式的确立往往是在诉讼目的指引下以对诉讼效率的选择和倚重为基础的，不同的行政诉讼审理模式反映了不同诉讼目的之下对诉讼价值的选择和排列组合，也就是说对于一国诉讼制度而言，其总体上是在诉讼目的既定的基础上，行政诉讼审理模式根据诉讼价值的选择与排列组合来选择，因此诉讼价值是影响一国具体行政诉讼审理模式的重要因素。以下将从实体公正、程序公正和诉讼效益几个方面具体阐释诉讼价值对行政诉讼审理模式的影响。

第一，实体公正对行政诉讼审理模式的影响。在诉讼制度中，公正历来被誉为司法的生命和根本目标。作为诉讼价值的一种，实体公正是以当事人最终获致的法院裁判结果为标准来对诉讼进行评价，而不管诉讼程序是如何设置和推进的。其判断标准包括真实查明事实和正确适用法律两项。③ 作为实体公正基础的查明案件事实，又称实体真实原则④，它强调通过诉讼来查明事实真相，明确诉讼外客观存在的法律关系，只有在此基础上法官才能通过适

---

① 如“二战”后西方国家出现的自然法的复兴，德国哲学家拉德布鲁赫的相对主义价值论、福勒的程序自然法价值论、罗尔斯的正义论以及德沃金的权利论价值哲学。

② 参见肖建国：《诉讼价值》，载樊崇义主编：《诉讼原理》，法律出版社 2009 年版，第 134 页。

③ 参见樊崇义主编：《诉讼原理》，法律出版社 2009 年版，第 170 页。

④ 参见［日］谷口安平：《程序的正义与诉讼》，王亚新、刘荣军译，中国政法大学出版社 2002 年版，第 25 页。

用法律来对当事人的实体权利与义务进行分配，从而实现司法的公正、自由等目的性价值。而不同的诉讼程序，其实现实体真实的能力存在差异。对此，有学者认为职权主义与当事人主义两种诉讼模式在刑事诉讼中实现实体真实的能力存在差别，就大陆法系的审问式模式和英美法系的弹劾式模式相比，大陆法系的审问式侦查模式发现客观真相的能力更强一些。[①] 对此，美国法学界约翰·亨利·梅利曼也在著述中承认大陆法系的刑事诉讼制度更能准确地区别罪与非罪。[②] 在行政诉讼制度中，行政审判的对象是被当事人争议并提交至法院的行政行为合法性或个别行政行为的合理性，因此行政案件所涉及的实体真实就关系到作为行政主体依法行使职权的外在体现的行政行为是否合法的问题。而行政行为是否合法或合理既关系到行政相对人被侵害的合法权益能否得到有效救济，同时也关乎行政行为是否符合法律规定的客观法秩序的实现，即与公共利益的维护密切相关。若行政诉讼中未将行政争议的事实和法律问题查清楚就作出裁判，不仅可能导致个人权益救济的落空，而且还可能损及公共利益，因此实体真实对行政诉讼制度而言尤为重要，这一点区别于一般情况下仅涉及私人权益的民事诉讼制度。从这个意义上来看，单就实体公正的价值来考察，行政诉讼程序中的法官应被赋予更多的案件事实和证据调查权限，以尽可能地保障行政案件的客观真实，也就是说在诉讼模式上行政诉讼程序更倾向于选择职权主义诉讼模式。[③]

第二，程序公正价值对行政诉讼审理模式的影响。程序公正是表达法律程序符合人们对正义标准的理解和看法的一种理念。作为一种价值或观念，程序公正总是随着时代的发展而逐渐变迁，而与所处的时代特征相适应，所以人们很难提出一套放之四海而皆准的程序公正标准。但随着程序公正价值在世界范围内的广泛传播，确立最低限度的程序公正逐渐获得普遍的认同。[④]

---

① 参见左卫民：《实体真实、价值观和诉讼程序——职权主义与当事人主义诉讼模式的法理分析》，载《学习与探索》1992 年第 1 期。

② 参见［美］约翰·亨利·梅利曼：《大陆法系》，顾培东、禄正平译，法律出版社 2004 年版，第 132—133 页。

③ 对此，有学者在分析我国行政诉讼审理模式时认为，我国的司法理念以追求客观真实为主。参见梁潇：《试论“协同行政诉讼审理模式”在我国的建立》，载《河北法学》2013 年第 8 期。

④ 参见肖建国：《诉讼价值》，载樊崇义主编：《诉讼原理》，法律出版社 2009 年版，第 162 页。

行政诉讼审理模式是行政诉讼程序规则的宏观概括和理论抽象，而行政诉讼程序规则则是包括程序公正在内的各种诉讼价值的程序载体和体现，因此可以说行政诉讼审理模式体现着程序公正等诉讼价值的内容，而行政诉讼审理模式中也蕴含和体现着程序公正价值的精神和要求。以程序参与原则为主要内容的程序公正价值意味着以发挥当事人的程序主体性为主要价值诉求，强调当事人在自由意志下通过参与诉讼程序来自愿行使或处分诉讼权利，并通过对诉讼程序的充分和实质参与来对程序运行以及法院作出的涉及其权益的裁判形成影响。这种程序公正价值下的程序设计与当事人主义或对抗制诉讼模式所倡导的程序模型具有惊人的相似和同构，而连接二者的正是诉讼中当事人诉讼权利与法院司法权的权限配置。从这个意义上来说，倚重程序公正价值的诉讼程序在模式上往往更倾向于选择当事人主义或对抗制，而选择这种诉讼模式也是与程序正义价值的要求和标准相吻合的。

上述程序公正价值与诉讼模式的论断不仅同样适用于行政诉讼审理模式，而且行政诉讼制度内容本身的特殊性也决定着程序公正价值尤其是程序参与原则在行政诉讼中更值得被重视和得到落实。这主要体现在两个方面：首先，行政诉讼以被当事人争议的行政行为的合法性为审判对象，而在行政法律关系中，行政主体与行政相对人处于不平等的法律地位，行政主体是依法享有行政职权履行管理或服务职责的公权力机关，而行政相对人则是处于被管理者或服务申请者的地位，行政主体基于法律的授权和公共利益的代表而主导着行政过程，因此行政相对人在行政程序中难以有效地参与和表达自己的意见和建议，行政程序中也大多未赋予行政相对人充分的程序权利，[①] 加之行政程序以实现公共利益和行政效能为目标，因此行政程序中行政相对人维护自身权益程序权的缺失必须在行政诉讼程序中得到改变和弥补。其次，与民事法律关系的闭合性或相对性相区别，行政法律关系普遍具有开放性的特征，也就是说行政机关的行政行为不仅涉及行政相对人的权益，还往往关系到利

① 在我国，目前仅有《行政处罚法》、《行政许可法》和《行政强制法》等对行政行为作出过程中当事人的程序参与权利，尤其是在行政主体作出不利的行政决定时的申诉和辩解权进行了明确规定，但因我国尚未制定统一的行政程序法，因此在诸如行政奖励、行政征收等大量的行政行为作出过程中，普遍存在缺乏行政相对人基本的程序参与权的现象，这不仅不利于行政程序中行政相对人合法权益的保障，也不利于提升行政程序的民主性品质。

害关系人的权益，甚至还可能涉及不特定的多数人的利益或者公共利益，[①] 但行政效能的追求又使得行政程序中普遍的程序参与变得几乎不太可能，因此在行政诉讼程序中扭转这一局面，以充分保障当事人或利害关系人的诉讼参与权的意义就更为重大，更值得重视，这既是保障当事人合法权益的需要，更是维护公共利益的保障。因此，程序公正价值意味着当事人主义或对抗制诉讼模式将是行政诉讼审理模式中的必要内容和选择。

第三，诉讼效益价值对行政诉讼审理模式的影响。所谓诉讼效益就是指诉讼中投入的成本和诉讼收益之间的比值关系。这一概念装置成为除了实体公正和程序公正之外又一评价诉讼制度优劣的重要指标。诉讼效益的基本构成要素包括诉讼经济成本和诉讼经济收益两个方面，其中前者是指程序主体在诉讼过程中所耗费的人力、物力、财力和时间等司法资料的总和，相当于波斯纳所称的“直接成本”，通常来说诉讼经济成本包括人力资源、物力资源、财力资源和时间资源四个方面。而诉讼经济收益是指通过诉讼所获得的利益，这不仅包括法院收取的诉讼费用，还包括当事人实现的预期利益或不利益的避免。[②] 诉讼效益实现的模式与诉讼程序以及诉讼程序中法院司法权和当事人诉讼权利存在着密切的关系，更是影响行政诉讼审理模式选择的重要因素。首先，诉讼效益的实现路径会影响诉讼中法院司法权与当事人诉讼权利的权限配置关系，进而影响诉讼模式的选择。行政诉讼制度以被诉行政行为的合法性为主要审查对象，行政法律关系中行政主体与行政相对人法律地位的不平等、对行政过程信息占有上的不对称以及其社会资源动员能力上的“势差”导致行政诉讼中二者在举证能力等诉讼能力上存在极大悬殊，因此行政诉讼制度中不能完全放任或依靠当事人尤其是原告去承担举证责任，也就是说法院必要时的调查将是保障原、被告“武器平等”的重要方式，因此作

---

① 对此，有学者在对我国40家法院2767份一审裁判文书进行统计研究后认为，行政诉讼中较高（49.2%）的第三人出现频率的原因可能是，在行政实体法上，行政法律关系不同于民事诉讼法律关系的相对性，具有复杂性，会涉及多方利益，这其中不仅包括行政相对人，还可能涉及行政相对人之外的其他人。参见黄启辉：《真实的行政审判——行政诉讼一审审判现状调查报告》，载《清华法学》2013年第4期。

② 参见肖建国：《诉讼价值》，载樊崇义主编：《诉讼原理》，法律出版社2009年版，第176—177页。

为诉讼效益价值实现的公共成本私人化的途径在行政诉讼中的适用应谨慎进行。其次，诉讼效益价值的成本降低模式包括降低诉讼与律师费用、缩短诉讼周期和简化诉讼程序等路径，而是否降低案件受理费与律师费用和国家财政状况等多种因素相关，需要在立法中进行综合权衡处理，设置合理的程序模式和程序规则。此外，在实现诉讼效益的收益提高模式下，诉讼合并等程序事项同样也需要司法权的积极行使和运作，甚至在具有服务性和公共性的程序问题上需要发挥司法权的主导作用，二者必将对程序中司法权与诉讼权利的配置关系产生影响，因此也与行政诉讼审理模式存在关联。总之，作为诉讼价值的一个子类，诉讼效益价值直接影响着诉讼程序原则与规则的设计，而诉讼程序的设置与充实又以法院的司法权和当事人的诉讼权利为主要内容，因此诉讼效益价值最终会反映在诉讼主体的权限配置上，即诉讼模式层面。

（三）诉讼制度特性

行政诉讼审理模式还受到一国行政诉讼制度的性质和诉讼类型制度的影响。行政诉讼制度性质是“指行政诉讼这样一种客观存在的社会制度在本质上的属性，它既表明行政诉讼作为一种法律制度的一般性，又表明行政诉讼区别于其他法律制度的特殊性”①。与民事诉讼和刑事诉讼制度相同，行政诉讼也属于诉讼制度范畴，也当然具有诉讼制度所蕴含的基本特征和性质，因此在解决纠纷和权利救济方面的性质层面，这三大诉讼制度具有共同的属性。如对法国行政诉讼的性质，王名扬先生指出，“行政诉讼是法院对行政活动的监督，这种监督依当事人申请进行，是当事人不服行政机关行为的一种救济手段”②，可见法国行政诉讼兼具监督行政和权利救济双重属性。德国和日本的行政诉讼制度均以完善的行政诉讼类型以及与之相适应的诉讼程序而获得赞誉，并成为其他国家借鉴或效仿的楷模，尽管德国学者认为行政诉讼制度主要是为个人提供权利保障的救济制度，③ 日本学者也一般将行政救济界定为

---

① 孔繁华：《行政诉讼性质研究》，人民出版社 2011 年版，第 15 页。

② 王名扬：《法国行政法》，北京大学出版社 2007 年版，第 434 页。

③ 参见［德］弗里德赫尔穆·胡芬：《行政诉讼法》莫光华译，法律出版社 2003 年版，第 9、15 页；［印度］M. P. 赛夫：《德国行政法——普通法的分析》，周伟译，山东人民出版社 2006 年版，第 121 页。

“主要是在行政作用给国民权益造成侵害或负担的情况下，根据该国民的请求，通过一定机关防止和排除其侵害或负担，以保护、救济国民的权益”[①]，即都更强调行政诉讼的权利救济性质，但从两国行政诉讼的类型设置上主客观诉讼兼具的角度来看，[②] 两国行政诉讼制度也同样具有监督权利救济和监督行政的双重性质。而英美法系中，法院历来是个人权益保障的有力武器，司法审查制度向来是以权力分立和制约为预防和控制行政权力滥用的主要机制。对此，王名扬先生曾指出，“在监督行政活动的各种方式中，司法审查是最主要的监督方式，因为它是一种经常性的、局外的、有严格程序保障的、具有传统权威性的监督，从而司法审查也是最受英美社会和个人信赖的监督行政活动的方式”[③]。我国学者认为行政诉讼是具有三种属性的制度，即它是解决行政争议的诉讼制度、对行政行为进行司法审查的行政法制监督制度和对合法权益遭受侵犯的行政相对人进行救济的行政救济制度。[④] 可见，行政诉讼是在近代民主政治的土壤上逐渐产生和发展的公法制度，除了诉讼制度的基本属性之外，它还是通过一种司法程序对行政权进行监督和控制的权力制约机制，这也是两大法系行政诉讼制度的所具有的普遍属性。[⑤] 权力制约与监督的行政诉讼独特性质使行政诉讼审理模式的建构必须遵循司法权对行政权进行监督的出发点和逻辑关系。

诉讼类型制度对行政诉讼审理模式也会产生影响。从行政诉讼性质决定行政诉讼目的确立的逻辑关系上，[⑥] 以及从各个国家和地区尤其是大陆法系行

① ［日］室井力主编：《日本现代行政法》，吴薇译，罗田广校，中国政法大学出版社 1995 年版，第 186 页。

② 如德国的行政诉讼类型除撤销之诉、义务之诉等主观诉讼外，还有规范审查之诉等客观诉讼；而日本的行政诉讼类型除撤销诉讼、公法上的当事人诉讼、主观诉讼外，还有民众诉讼和机关诉讼等客观诉讼。参见［德］弗里德赫尔穆·胡芬：《行政诉讼法》，莫光华译，法律出版社 2003 年版，第 203—381 页；江利红：《日本行政诉讼法》，知识产权出版社 2008 年版，第 126 页；吴东镐、徐炳煊：《日本行政法》，中国政法大学出版社 2011 年版，第 212—225 页。

③ 王名扬：《美国行政法》，中国法制出版社 2005 年版，第 563 页。

④ 参见姜明安：《行政诉讼法》，北京大学出版社 2016 年版，第 81—83 页。

⑤ 我国有学者认为：“监督行政机关依法行使职权是行政诉讼的根本属性，也是行政审判权的根本性质所在。”参见江必新：《行政诉讼问题研究》，中国人民公安大学出版社 1989 年版，第 14 页。

⑥ 持有这种观点的文献可参见孔繁华：《行政诉讼性质研究》，人民出版社 2011 年版，第 219 页；刘东亮：《行政诉讼目的研究——立法目的和诉讼制度的耦合与差异》，中国法制出版社 2011 年版，第 30 页。

政诉讼类型的设置上，都可以看出行政诉讼类型影响着行政诉讼审理模式。我国台湾地区学者蔡志方在分析了第二次世界大战之后行政诉讼制度的发展过程后指出，行政诉讼的类型化是 20 世纪以来行政诉讼制度发展的趋势之一。① 尽管中外学者对行政诉讼中的撤销诉讼、确认诉讼和形成诉讼的划分标准、包含的亚类型等内容还存在着争议，但对这种“三分法”的划分方法并没有提出异议。② 由此所揭示的是诉讼目的与诉讼类型之间的内在关联，即不同的诉讼目的需要与能够实现其内容的诉讼类型相匹配，而不同的诉讼类型的设置是为了实现不同的诉讼目的，类型设置是目的实现的具体途径和机制。尽管理论上对诉讼目的争论不休，但实践中通过诉讼类型的完善来实现不同的诉讼目的需求，久而久之也就逐渐淡化和稀释了纯粹理论上的探讨，也就是说诉讼类型的发展实际上已经逐渐达到了对诉讼目的的追求，某种诉讼类型能实现何种目的以及实现的程度都可以从诉讼类型的实施结果去考察，而无须再从诉讼目的的抽象角度去分析。笔者认为，行政诉讼类型化的过程中，凸显了主客观诉讼并存发展但以主观诉讼为主要形态的演变规律。如德国在规定撤销诉讼等主观诉讼类型的同时，还存在规范审查之诉与机构之诉等客观诉讼形态；③ 法国既有完全管辖之诉等主观诉讼类型，也规定了处罚之诉等客观诉讼类别；④ 同样，在日本和我国台湾地区，行政诉讼制度的发展历程也表明了主客观诉讼

---

① 参见蔡志方：《从权利保护功能之强化论我国行政诉讼制度应有之趋向》，台湾大学法律学研究所 1988 年博士学位论文，第 91—103 页。

② 有关集中讨论行政诉讼类型的文献可参见薛刚凌：《行政诉讼类型研究》，载樊崇义主编：《诉讼法学研究（第 1 卷）》，中国检察出版社 2002 年版，第 346 页；吴华：《行政诉讼类型研究》，中国人民公安大学出版社 2006 年版；章志远：《行政诉讼类型构造研究》，法律出版社 2007 年版；赵清林：《行政诉讼类型研究》，法律出版社 2008 年版；王珂瑾：《行政诉讼类型化研究》，山东大学出版社 2011 年版；林文舟：《两岸行政诉讼法制之研究——以诉讼类型为中心》，东吴大学法律学系 2011 年法律硕士在职专班硕士学位论文；王丹红：《日本行政诉讼类型法定化制度研究》，法律出版社 2012 年版。

③ 关于德国行政诉讼类型的文献可参见［德］弗里德赫尔穆·胡芬：《行政诉讼法》，莫光华译，法律出版社 2003 年版，第 203—391 页；［印度］M. P. 赛夫：《德国行政法——普通法的分析》，周伟译，山东人民出版社 2006 年版，第 221—227 页；刘飞：《德国公法权利救济制度》，北京大学出版社 2009 年版，第 77 页。

④ 关于法国行政诉讼类型的研究可参见［英］L. 赖维乐·布朗、约翰·S. 贝尔：《法国行政法（第五版）》，高秦伟、王锴译，中国人民大学出版社 2006 年版；王名扬：《法国行政法》，北京大学出版社 2007 年版，第 524—559 页。

并存发展的规律。[①] 而英美法系国家或地区虽然不存在大陆法系独立的行政法院系统和行政诉讼制度，但却具有在功能上包含审查具体行政行为合法性内容的司法审查制度，而由普通法院统一进行的司法审查活动无疑同时具有救济个人权利和维护行政符合法律的双重作用，这同样体现了主客观诉讼混合的形态。[②]

主客观诉讼维护利益的差异决定了其诉讼程序模式的不同，进而影响着两种诉讼类型中司法权与当事人处分权关系的变化。[③] 对此，有学者认为，行政诉讼的目标模式大体包括保障公民权益和保障法律实施两类，二者在程序设置等方面均存在巨大差异。[④] 主观诉讼以保障私人权益为核心，诉讼程序的运作既要充分尊重当事人处分权，又要保障程序的公正和效率，因此，主观诉讼的程序整体运行均应遵从当事人主义，除因诉讼标的性质和当事人不具有处分权而不得调解和和解外，在诉讼程序的开启、进行、终止、审理对象的确定以及裁判所依据的事实基础等方面都应当尊重当事人的处分权，而事实认定程序应坚持辩论原则，即确立以当事人主义为原则辅之以个别职权干预的诉讼模式。而客观诉讼以维护行政的合法性和公共利益为诉讼目的，于是诉讼程序中当事人处分权受到多方面的限制，诉讼模式以职权主义为原则，具体来说，客观诉讼类型诉讼程序的整体运行应贯彻职权推进主义，而事实认定程序则坚持职权探知主义。

---

① 有关日本行政诉讼类型的讨论可参见江利红：《日本行政诉讼法》，知识产权出版社 2008 年版，第 119—182 页；王天华：《行政诉讼构造：日本行政诉讼法研究》，法律出版社 2010 年版，第 33—35、40—268 页；王丹红：《日本行政诉讼类型法定化制度研究》，法律出版社 2012 年版，第 219—244 页。有关我国台湾地区行政诉讼类型的研究可参见陈清秀：《行政诉讼法》，元照出版有限公司 2009 年版，第 139—213 页；林腾鹞：《行政诉讼法》，台湾三民书局 2009 年版，第 68—186 页；翁岳生主编：《行政法》，中国法制出版社 2009 年版，第 1348—1358 页。

② 参见王名扬：《美国行政法》，中国法制出版社 2005 年版，第 562—563 页；王名扬：《英国行政法》，北京大学出版社 2007 年版，第 153—154 页；Martina Kiinnecke, *Tradition and Change in Administrative Law*, Springer - Verlag Berlin Heidelberg 2007, pp. 11 - 17.

③ 参见江必新：《行政诉讼问题研究》，中国人民公安大学出版社 1989 年版，第 19—20 页。

④ 大陆法系虽然在行政诉讼程序运行上基本贯彻的是处分主义，但通常也都在行政诉讼程序的运行中设置若干职权因素，以预防当事人滥用诉权，应对诉讼过分迟延和效率低下的难题，如德国《行政法院法》第 87 条规定的促使参加人呈交书状、促使原告对诉作必要的补充和收集个别证据等推进程序职责，日本《行政事件诉讼法》第 23 条规定的释明处分规则，我国台湾地区“行政诉讼法”第 41 条规定的诉讼参加制度等。

三、我国行政诉讼审理模式之转换

对未来我国行政诉讼模式的选择，笔者在总体上坚持在既有制度基础上，充分考虑诉讼传统、制度现状、诉讼价值的协调以及行政诉讼制度的发展趋势等因素，进行整合性的构建。

（一）我国行政诉讼模式确立的总体构想

主客观诉讼的类型划分并不是实定法上的分类，而是学界提出的一种理论分类，最早起源于德国传统的诉讼学说，是大陆法系国家重要的行政诉讼类型理论。即在行政诉讼制度中，根据诉讼目的所维护利益性质的不同，可将行政诉讼分为主观诉讼和客观诉讼两种，其中主观诉讼是以为个人权利和利益即主观权利提供救济为目的，其诉讼对象往往是法律上的权利义务争议；而客观诉讼则是以保障行政合法、维护客观法秩序和公共利益为目的，其诉讼对象大多不是法律上的争议，而往往只是单行法律的特殊规定。但主客观诉讼的类型划分逐渐从理论学说转变成为法治发达国家尤其是大陆法系国家或地区行政诉讼制度类型化的重要内容，并呈现出了主客观诉讼并存的发展趋向。如一般认为，《日本行政事件诉讼法》规定的抗告诉讼、当事人诉讼属于主观诉讼，而民众诉讼和机关诉讼属于客观诉讼范畴。

我国行政诉讼制度未对诉讼类型进行明确的规定，诉讼程序规则也不是在统一的诉讼类型划分基础上进行设计的，但学者们根据现有的行政诉讼法律规范，也对我国行政诉讼在主观诉讼和客观诉讼的归属上进行了讨论，并存在着主观诉讼说、客观诉讼说和既不是主观诉讼也不是客观诉讼的观点。总体来看，学者们从不同的角度，通过对我国现行行政诉讼法律规范进行法解释学分析，分别提出了我国行政诉讼在主客观诉讼类型归属的观点，都有一定的合理之处和规范依据。但笔者认为，在我国行政诉讼法律规范未明确规定诉讼类型，且主客观诉讼尚处于一种理论认识的背景下，实际上与主客观诉讼相符合的诉讼规则在我国行政诉讼中都有体现，只是在规则数量比重上存在差异，在没有诉讼类型理论指引的情况下，行政诉讼立法不可能具备完整意义上的主客观诉讼类型，至多是一些零碎的且不具备诉讼类型构成要素的规则体现，因此我们应转换认识的角度——从主客观诉讼在行政诉讼中的整体发展趋势来认识，如此既能避免因理解的不同而在纯粹的主客观诉讼归属上“浪费口舌”，又容易在理论和实务上形成关于诉讼类型的基础性共识。因此，不管是对20世纪以来发达国家行政诉讼制度变迁过程中主客观诉讼类型并存发展普遍趋势的参酌，还是对我国理论和实务界在诉讼类型发展上的主客观诉讼不可偏废其一基础共识的吸收，我们都应在主客观诉讼类型区分但共同发展的基本认识下完善我国行政诉讼制度，而本书对我国行政诉讼模式确立的讨论正是建立在这一基础之上。

（二）我国行政诉讼模式确立的具体建议

1. 主观诉讼下的行政诉讼审理模式选择

主观诉讼是以主观公权利为基础的诉讼机制，它是以维护和保障主观公权利、为遭受国家公权力侵害的主观权利提供救济的程序制度，而主观诉讼的特殊目的诉求决定了必须设置与之相适应的程序原则和诉讼规则。

在行政诉讼类型化的背景下，根据行政诉讼类型的不同分别设定相应的原告资格、管辖规则、审理原则与程序、裁判方式以及判决效力等也成为诉讼类型化带来的程序类型化的发展趋向。那么，与以保障公民主观公权利为目的的主观诉讼相适应的程序模式是怎样的呢？这里我们以主观诉讼中普遍存在于各国的撤销诉讼为例，讨论与之相适应的程序模式问题。

从学界对大陆法系和英美法系主要国家和地区行政诉讼制度尤其是行政诉讼类型的考察中可以看出，不管在理论层面还是在实定法层面，两大法系主要国家以撤销诉讼为代表的主观诉讼均确立了以处分原则和辩论主义为主要内容的当事人诉讼模式，但同时在主观诉讼的程序运行和事实认定程序中都具有若干体现职权主义的内容，以克服贯彻纯粹的当事人主义程序模式所引致的弊病。

因此，以撤销诉讼为代表的主观诉讼是以维护个人权利、为公民提供无遗漏的有实效的法律救济为目的的诉讼类型，因此与其相适应的诉讼程序应当注重发挥当事人程序主体性地位，保障当事人的诉讼权利，当事人在诉讼标的、审理范围以及诉讼程序进展上的处分权受司法权尊重并由此构成对司法权的制约，即当事人主义的程序模式。与此同时，主观诉讼的诉讼模式虽然以当事人主义为原则，但也必须设置若干体现职权主义的内容才能克服纯粹辩论主义行政诉讼模式所具有的弊端。其中的理由主要表现为：第一，当事人主义程序原则的贯彻意味着司法权应尊重和保障当事人处分权的行使，但任何诉讼权利都有滥用的可能，也存在当事人故意怠于行使诉讼权利而导致诉讼迟延。这不仅增加了司法资源的耗费，也使得被诉行政行为所涉及的行政法律关系长期处于不稳定的状态，还导致行政效能的降低和行政权威难以树立，从根本上来说也不利于公共秩序的维护和公共利益的保护。第二，行政诉讼是以被诉行政行为是否合法为审理对象的，其不仅关系到对当事人合法权益的保障，也同样涉及司法权监督行政权依法行使和对客观法秩序的维护，因此必须赋予法院必要的职权以保障对案件事实的查明。否则，行政诉讼中对行政违法行为的纵容和对公共利益的漠视，虽然可能在一些情况下有利于保护当事人个人的权益，但长远来看，违法行政行为必然引发更多的侵犯个人利益或公共利益的现象发生。因此，出于对滥用诉权行为的预防、促使当事人积极行使诉讼权利和对诉讼效率价值的考虑，主观诉讼程序中需要设置若干职权推进的规则，以弥补处分原则的不足和弊端。如在行政诉讼程序运行中规定法官对案件的审理计划权、诉讼指挥权以及程序推进权、释明权等。

综上，就我国行政诉讼模式的选择而言，主观诉讼以维护公民合法权益为主要的目的诉求，作为对这一诉讼目的的追求的诉讼程序应确立以当事人主义为主、以职权主义为辅的行政诉讼模式，方能实现诉讼类型与程序原则的契合和配套。

2. 客观诉讼下的行政诉讼审理模式选择

客观诉讼是随着近现代社会的发展，因人们对客观法律秩序和公共利益的日益重视而得以逐渐产生的诉讼类型。它是以维护客观法秩序和公共利益为主要目的的诉讼机制，与其特殊的诉讼目的相适应，客观诉讼必须确立与之相协调的、能够切实实现其宗旨的程序原则和规则体系。

主客观诉讼类型在诉讼目标上的分野意味着在诉讼程序原则上也存在差

异，客观诉讼需要确立与之相适应的、能够实现其特定诉讼目的的程序模式。对此，我国台湾学者刘宗德等认为，"如国家仍设有行政诉讼制度，制度目的应在于确保行政活动之适法性。此点，如观察欧陆国家行政诉讼制度所规定之主要诉讼类型及各种特殊程序性规定，多集中规定如何审查行政活动适法性之撤销诉讼等'抗告诉讼'类型（若干情形亦承认客观诉讼），并据此设有各种特殊程序者（例如诉愿前置、职权调查主义、舍弃或认诺之限制、不停止执行、撤销判决之对世效力），亦可窥知行政诉讼之行政活动适法性维持之目的"①。

对此，笔者认为，客观行政诉讼借助于行政主体行使行政职权过程中产生的个案争议，旨在通过司法程序实现保障行政符合法律的客观法秩序和维护公共利益的目的，因此其诉讼程序应在程序正义的基础上强化法官的职权作用，对当事人处分权进行必要限制，如此方能达到客观诉讼的目的。这体现在：

首先，在客观诉讼的程序运行上，在诉讼程序的启动、进展和终结等方面，除了由当事人启动和推进诉讼程序外，法律规定的组织或个人也具有启动客观诉讼的必要性和可能性，② 在当事人发挥主体能动性的同时，法官有权依职权推进诉讼进程，而且在客观诉讼中当事人进行和解、调解和撤诉等也都须经法官的审查，也就是说当事人的处分权受到法院司法权的限制，以保障行政职权行为的合法性即客观法秩序和公共利益的实现。

其次，在客观诉讼中，除当事人有权对有利于己方的事实提出诉讼资料外，法院得依职权主动调查证据，不以当事人提出申请为条件。也就是说法院裁判所依据的事实和证据不以当事人的举证为限，法院得为了保障行政合法和查明案情需要依职权取证和依职权探知案件事实，且不受当事人自认的约束。此外，在诉判关系上，法院得在衡量个人利益和公共利益的基础上，根据案件情况自由裁量选择判决种类和必要措施。因客观诉讼以

---

① 参见刘宗德、彭凤至：《行政诉讼制度》，载翁岳生主编：《行政法》，中国法制出版社 2009 年版，第 1341—1342 页。

② 如有学者在设计我国未来的行政公益诉讼的启动模式时提出了"三元启动模式"的主张，即行政公益诉讼的启动主体除检察机关、社会团体外，还包括公民。参见林莉红、马立群：《作为客观诉讼的行政公益诉讼》，载《行政法学研究》2011 年第 4 期。

维护公共利益为出发点，而公共利益又是一个抽象、极其复杂的概念，以至于古今中外的学者都难以对其准确界定。所以无论客观诉讼的申请主体是国家机关，还是符合法定条件的个人或社会组织，申请者的利益与公共利益如何区分和划定界限往往难以断定，因此一般认为，客观行政诉讼中当事人不得随意处分实体权利和诉讼权利，当事人处分权须受司法权的监督和限制。

此外，诉讼效率是现代诉讼法所蕴含和追求的价值之一，因此，不管主观诉讼还是客观诉讼，都应在程序设计时兼顾诉讼效率的实现，都需要确立法院的释明权来推进事实认定程序顺利、高效地进行。但因主观和客观诉讼目的的差异，释明权的内容在两类诉讼中的表现可能有所不同。主观行政诉讼中法院释明权的内容主要是提示案件争点、说明当事人举证内容与范围以及行使诉讼权利的时限与放弃的法律效果。而客观诉讼中，除了上述内容之外，释明权还可能涉及法院对公共利益的认定、对法律规定含义的阐述等。总之，诉讼效率价值要求行政诉讼事实认定程序不能过分迟延和耽误，因此赋予法院必要的释明权就成为推进诉讼程序顺利进行的必然选择。为了预防法院怠于行使释明权，造成诉讼中当事人“武器不平等”的情势，则应设定对法院违反释明权的程序性制裁措施。对此，我们可以借鉴德国《行政法院法》规定的法院违反处分原则，即构成当事人上诉理由的设计，[①] 若法院怠于行使或者违法行使释明权，就认为法院诉讼程序存在瑕疵，就可成为当事人提出上诉的事由。

同时，尽管行政诉讼存在主客观诉讼的区分，二者维护的利益内容存在差异，但两类诉讼都是以行政争议和审查行政主体行使行政职权行为的合法性为前提，因此都与行政法的客观秩序[②]、公共利益存在联系，只是存在程度有差异而已。因此，在主客观诉讼中，涉及行政行为合法性的证据或事实，法院在依申请或职权调查的同时，也应当课予当事人必要的证据协力

① 参见德国《行政法院法》第86条、第124条第2款第5项的规定。

② 行政法律是由代表全体公民意志的代议机关审议通过的，其所保护的利益和秩序本身就是全民意志的体现，因此行政法律规定内容的实现也是公共利益的内容之一。

义务，[1] 以实现对公共利益的维护。

综上，行政诉讼类型化是当今世界主要法治国家行政诉讼或司法审查制度发展的普遍特征，而主观诉讼与客观诉讼的区分又是其中最为明显的发展趋势。对我国而言，未来行政诉讼审理模式的转换也应结合这种趋势，并分别确立与主观诉讼和客观诉讼相适应的审理模式。

---

① 有学者对民事诉讼中的证据协力义务进行了系统的研究，参见占善刚：《证据协力义务之比较法研究》，中国社会科学出版社2009年版。该项研究为我们进一步思考行政诉讼当事人的证据协力义务问题提供了基础性智识，但因行政诉讼制度所有功能的发挥都以法院对被诉行政行为的合法性认定为基础，可以说行政诉讼中始终贯穿着公共利益的维护问题。因此笔者认为，基于对公共利益和个人利益平衡保护的考虑，行政诉讼中有必要赋予当事人必要的证据协力义务，以在不损及程序正义价值内核的范围内寻求对公共利益的维护。

第十一章 行政诉讼裁判制度之比较研究

行政诉讼裁判制度是行政诉讼法制度中最关键、最重要的部分之一，行政诉讼法中所有的规定都是围绕能够作出公正、合法和合理的裁判展开的。“行政诉讼裁判”一词本身就带有规范和实证意义。首先，行政诉讼裁判制度，无论是实定法律制度，还是内部运行规则，都反映了人们对行政诉讼裁判的价值判断。其次，行政诉讼裁判又是具体的，例如，研究各类行政诉讼判决的种类、适法性、裁量基准等适用条件就是一种实证性的存在。对于行政裁判的研究，既要关注现有的法律规定，又要关注法律外实际的运作状况；既要探讨行政诉讼裁判在国外已经形成的规范判断，又要探讨行政诉讼裁判在我国的实际状况；既要探讨行政诉讼裁判中已形成制度的部分，也要涉及仍未制度化的行政诉讼裁判部分。由于行政诉讼裁判制度中，行政判决较行政裁定、决定更为重要，本章将主要围绕行政诉讼判决展开讨论。

判决是诉讼程序终结的最后结果。判决首先是作为诉讼这种纠纷解决机制出现的。判决在最初的表现形式中，就具有“法”的意义。判决只是纠纷解决的其中一种方式，有判决并非等同于纠纷解决。因此，作为诉讼结果的判决并不是纠纷解决的证明。即便如此，判决作为纠纷解决的方式仍然具有极为重要的作用，它甚至间接影响到纠纷以其他方式获致解决。在研究诉讼这种纠纷解决机制的基础上，判决在诉讼法学上的意义亦极为显明。

判决作为司法判断，具有展示国家态度的意义。尤其是在行政诉讼制度刚刚展开的国家，保护国家利益的倾向更加明显，行政诉讼的客观性展示较多。在一些行政诉讼主观性强调过多的国家，对行政诉讼客观性即展示国家态度的建言亦在增多。

判决还作为原告诉讼请求的对应物存在。法院在诉讼中，是审查原告的诉讼请求还是脱离原告诉讼请求单就行政行为的合法性进行审查，争论颇多。实际上，对审查标的的确定端视行政行为的性质、行政行为中公益私益的对比、对原告诉的利益的影响等因素综合判断。

判决作为纠纷解决手段是最为理想的状况。行政诉讼判决解决纠纷的功能涉及行政附带民事诉讼的解决等问题。回顾中外判决制度，大致都经历了神明裁判、宗教（伦理）裁判和诉讼裁判等阶段。作为一种人造的制度，必然体现人的价值观和伦理观。从这个意义上讲，司法判决不仅是法律意义上的，而且也是从属于整个文明社会的。

一、判决的意义和分类

如前所述，判决是法院的诉讼程序的最终结果之一。判决的意义不在于如何确定其概念，而在于如何理解判决在整个法律体系中承载的功用。对于判决意义的研究有助于我们平衡判决制度中若干价值和理念，同时有助于我们构筑一个科学和完善的判决法律机制。从历史发展和实践的角度，判决作为如下几种方式的承载体而存在。

（一）判决的意义

1. 判决作为国家态度之存在

任何一个国家，无论实行何种政治和社会制度，都有维护自身安全和稳定的需求。这种国家态度在不同的社会形态下表现出来的面目极为不同。在专制社会，统治者为了维护秩序，极度强化司法维护统治秩序的目的。在诉讼过程中，强调“在法官面前不存在承担着自由进行攻击防卫的人”，“在纠问者面前，被纠问者不是一个人的化身，他是没有力量的，即不过是为应受拷问虐待而制作的肉垛”判决制度的设置主要是为了“牧民”，着重满足统治者实现政治统治和社会秩序管理之需求。近代以来，判决制度成为多元诉讼目的的最终体现。但是，作为抽象的、自不待言的首要目的，或者说是判决制度设置的最根本目的还在于维护社会秩序，还在于表现国家的政治态度。[①]法国诉讼法学家 A. Tissier 主张，裁判是以国家名义进行的，裁判是国家实施其公务的行为，诉讼是国家发挥其裁判功能的方式。诉讼法是国家公法的一部分。

法国社会连带主义法学派的创立者狄骥认为，维护国家存在、执行法律和促进文化是国家的根本目的，这个根本目的可以归结为客观法。所谓的客观法（objective law）是和人类社会同时存在的，它本身就具有制裁力，在国家出现以前就已经存在；且存在于国家之外，国家及其司法机关的职能在于实现客观法，因而客观法高于国家及其制定的实在法。[②] 这种观点实际上否定了诉讼主体在诉讼中的主观权利，不符合司法实际。但是这种观点对于刑事判决以及早期行政判决的政治意义的解释是有一定说服力的。刑事判决和行政判决是比较典型的公法判决，社会成员基于公法上的权利有权要求国家司法机构给予司法救济。因为国家在设计自身目的——维持自身的存在和法律的目的——维护法律秩序的国家态度的同时，就为自己设定了相应的责任。"国家自己约束自己"的法权观点认为，向国家司法机关提出请求司法判决的权利属于主体享有的公法权利，国家有责任向社会成员提供司法判决的保障。例如，法国新的《民事诉讼法典》就在许多方面体现了国家至上主义。

有的法国学者认为，司法判决就是法院的法律行为，法院的判决是代表国家作出的。法国行政诉讼制度的发展也说明了判决作为国家态度的事实存在。在法国君主制下，所谓"御前会议"就所有涉及公共车辆、大路路政、河运管理等行政案件作出判决，"当国王陛下愿意时，他永远有权受理一切案件，无需说明缘由"[③]。及至拿破仑时代，由于普通法院对资产阶级革命的敌视，行政法院的判决又常常成为推行资产阶级革命措施的重要载体。因此，

---

① 德沃金甚至称："当然，在一定意义上，法官的判决必定是政治判决。"参见［美］罗纳德·德沃金：《原则问题》，张国清译，江苏人民出版社 2005 年版，第 3 页。亦有学者论述了"政策性判决"："真正需要的是一种合乎政策的逻辑，它将取得这样的结果：既有令人满意的效果，又是一致的、客观的和公正的。达到所谓中立原则基础上所谓政策性判决是完全可能的。"参见［美］伯尔曼：《法律与宗教》，梁治平译，中国政法大学出版社 2003 年版，第 106—107 页。

② ［法］莱翁·狄骥：《宪法论》，钱克新译，商务印书馆 1959 年版，第 467 页。

③ ［法］托克维尔：《旧制度与大革命》，冯棠译，商务印书馆 1992 年版，第 94 页。

“依据法律规范来裁定具体的个别纠纷，从而维护作为权利义务体系的法秩序，正是依法审判为根本原则的近代司法审判制度的一个本质属性”①。

值得注意的还有，判决的立法意义对于表现国家态度有着极其重要的作用。英美法系普通法院的判例法，大陆法系在行政判决领域大量的“先例”，在更广范围、更多层次、更多方面体现和发展了国家立法者的态度。国家态度在判决中的表现形式有时脱离了诉讼本身的规律，如判决并非针对原告诉讼请求标的的情况。这种情况引起了学术界的非议。有学者批评道：“根据能动主义的意识形态，公民们不一定是其自我利益的最佳代表——这里的自我利益是指正确理解下的自我利益，也就是根据国家价值来判定的自我利益。由此导致的对待当事人的态度，如果从另一种意识形态的角度来看，便是永远把公民个人视为需要加以引导的学生（in statupupillari）。”② 我们认为，国家态度作为判决存在的意义并非唯一，如果没有这层意义的存在，在实际的司法运作中也会导致实质的不公平。在司法实践中，作为国家态度的判决还表现为判决对政策的影响。尤其是，判决在现今福利国家对政策的引导极为突出。因此，“……特定当事人之间进行诉讼的结果，判决超越了解决这一具体纠纷的层次，对政治的一般状况也产生重要影响。由于该判决极为微妙地影响了政治上围绕现行福利政策的力量对比关系，实际上成为使国家规定的福利水平大大提高的政治性决定”③。

2. 判决作为原告裁判请求权利对应物之存在

诉讼法学者进一步认为，社会成员享有要求国家作出公正判决的公法上的请求权，国家为主体行使该项请求权提供实现条件并通过法院依法作出裁判。罗马法上的诉讼，本身就是一种权利（jus），是“通过审判要求获得自己应得之物的权利”，也就是诉权。罗马法上，实体权利与诉讼权利并无明确的界分。在罗马法中，actio 一词既表示诉权，也表示诉，还表示实体权利。

① ［日］棚濑孝雄：《纠纷的解决与审判制度》，王亚新译，中国政法大学出版社 1994 年版，第 30 页。

② ［美］米尔伊安·R. 达玛什卡：《司法和国家权力的多种面孔——比较视野中的法律程序》，郑戈译，中国政法大学出版社 2004 年版，第 227 页。

③ ［日］棚濑孝雄：《纠纷的解决与审判制度》，王亚新译，中国政法大学出版社 1994 年版，第 158—159 页。

在14世纪，罗马法逐渐为德国继受，实体法与诉讼法、诉讼请求权和诉权实现分野。1856年，温德雪德在《从现代法的观点看罗马法的诉权》(*Die Actio des römischen Civilrechts vom Standpunkte des heutigen Rechts*)一书中提出请求权(Anspruch)的概念。认为在罗马法中是审判保护产生权利，而在现代法的意识中，权利是本原，对权利的审判保护则是结果。[①] 1885年，德国行政诉讼法学者拉邦德在其所著的《德国民事诉讼法论》中认为，由于国家将强制性解决民事纠纷的职能收为己有，故国家对国民权利的损害应当予以司法保护。因此，裁判请求权实际上就是原告向法院请求特定内容的胜诉判决(利己判决)的权利。

20世纪初，德国诉讼法学家赫尔维格提出，原告的诉讼请求就是诉讼标的，法院应当就原告的诉讼请求进行判决。司法实践的发展，尤其是请求权的大量竞合现象，使这种理论遇到了空前的挑战，逐渐产生了“一分肢说”“二分肢说”等诉讼标的学说。从判决的政治角度看，裁判请求权是一种宪法上的基本权利。相对于其他法律权利而言，这种权利是基础性和绝对性的，是现代社会中第一制度性人权。[②] 这种基本权利的内核就是公正审理的请求权，包括诉诸法院的权利(right of access to the courts)和公正审判的权利(right to a fair trial)。美国联邦宪法虽然没有直接规定裁判请求权，但其宪法修正案中规定了正当法律程序条款。日本宪法明确规定：“任何人都有在法院接受裁判的权利，不能被剥夺。”《德国基本法》第19条规定，无论任何人的基本权利受到公权力的侵害，均可以提起诉讼。《意大利宪法》第24条规定，任何人均可通过司法程序来保护自己的权利和合法权益。裁判请求权是一种受益权，本质上是要求法院积极地为一定行为——公正裁判予以司法救济的权利。正如日本学者美浓部达吉阐述的那样，裁判请求权是受益权中最为重要的内容，具有要求国家为一定行为的积极内容。[③] 现代社会，国家通过宪法确认这一权利给予宪法保障，是诉讼民主化的重要表现。裁判请求权是程序

① 张卫平：《程序公正实现中的冲突和平衡——外国民事诉讼研究引论》，成都出版社1993年版，第107页。

② 莫纪宏：《现代宪法的逻辑基础》，法律出版社2001年版，第304页。

③ [日]江藤介泰：《接受裁判权》，载林泉章、室井力等编：《现代法的诸领域与宪法理念》(日文版)，学阳书房1983年版，第475页。

原则的宪法化，即作为宪法的基本原则加以固定和明确。[①] 同时，不少国际公约已经将人人有权接受公正审判的权利规定下来。例如，《公民权利和政治权利国际公约》第14条第1项规定，人人在法院或者法庭面前，悉属平等；任何人受刑事控告或其权利义务涉诉须予评定时，有权受依法设立的合格的、独立的和无私的法庭公正、公平审判。

裁判请求权包括程序公正请求权和结果公正的请求权，后者即要求获得公正判决的权利。判决作为裁判请求权对应物存在的实益还在于，司法判决必须对原告的诉讼请求给予足够的重视，不能单纯考虑国家态度而忽视原告的实际诉求。例如，在行政诉讼中不仅要通过行政判决实现司法对行政行为的客观监控，同时也应当注重原告对司法救济的实际需求。我国现行的行政诉讼制度实际上过于强调客观诉讼的一面，法院裁判的对象是被诉的行政行为，而非或者忽视原告的诉讼请求。在制度设计上不仅出现了维持判决等公法秩序判决，同时也出现了旨在增加原告义务的驳回原告诉讼请求的判决。无论何种判决的设计，围绕的焦点始终在于维护法律秩序以通过个案申明国家态度。可以预见，判决在这两者之间的取舍将体现一国诉讼制度的法律精神。

3. 判决作为纠纷解决手段之存在

人处世间，社会纠纷在所难免。纠纷的发生意味着人们因为权利而产生争议。判决的存在正是为了解决纠纷，判明纠纷双方的责任。[②] 通过判决解决纠纷的根据是为弥补自力救济之不足。古罗马最早处罚私力救济的法律《关于胁迫的伏里亚》（Lex Juliadeivi）规定，凡以胁迫方法对义务人行使权利的，应受到公法的处罚。现代社会的判决是解决纠纷最为常规、最为规范和形式效力最为明显的法律手段。在统治实践中，统治者认识到“个人间之私事，与团体存续讼事，大有关系。由知觉积成经验，公权力渐次发达，而法律之效用，亦甚形显著”[③]。诉讼判决作为解决纠纷的承载体基于两个基础：纠纷解决的基础在于立法规则；判决解决纠纷的实际效力由国家强制力予以保障。

---

① ［日］中野贞一郎：《民事诉讼的宪法保障》，转引自刘荣军著：《程序保障的视角》，法律出版社1999年版，第87页。

② 张树义：《冲突与选择——行政诉讼的理论与选择》，时事出版社1992年版，第9页。

③ 欧阳谿：《法学通论》，上海法学编译社1947年版，第81页。

一方面，纠纷主体由于本身力量无法与国家利益相抗衡，诉诸诉讼判决为唯一之途；另一方面，由于立法规则本身具有的理性主义的面目，以此作为纠纷解决的评价基准，为纠纷解决预设了正义基础。

虽然，除了在诉讼中纠纷主体接受调解或者自动和解之外，纠纷并不一定能因诉讼而获最终解决，纠纷主体至少有一方对判决结果不满意。典型者如刑事判决中接受刑事制裁的被告人较难有自觉接受制裁的愿望和认同裁判结果。尽管如此，判决作为解决纠纷的重要载体，其实际价值仍然需要得到肯定。在某种意义上，判决的存在，在一定程度上促成了冲突主体对非诉讼手段的选择。判决在司法实际中的有限性反映了判决在某些方面的僵化，一些回应诉求的判决过程开始了。在这个过程中，权利可以作为程序参与者之间进行谈判的议价筹码。① 这种议价程序通常有两个限制：一个是判决拒绝承认公民放弃诉讼权利而直接接受定罪的选择，即个人不得选择进入监狱（nul-lapoena sine processu）；另一个是，判决拒绝承认行政机关对于关系当事人之外的利害关系人权益损害的处分行为。尤其是在行政诉讼中，行政机关的行为须有法律上的明确的裁量权方可获得议价之权限，否则即为违法。

在个人主义盛行的年代，诉讼判决的过程曾经被视为个人私下解决纠纷在法庭上的延续。但是这仅在当事人均拥有对所诉事项的处分权的情况下方可行之。“如果参与诉讼的一方当事人是一位官员，这种平衡措施就会面临特殊的问题。在这种情况下，如果要保存竞赛主旋律的充分力度，这位官员就必须被看成是代表着一位公民或者公民团体的利益，而不是作为整体性的国家利益的代言人。”②

在行政诉讼中，判决作为纠纷解决的载体应当作特殊的强调。我国的行政诉讼确立的客观诉讼模式弱化了解决纠纷的功能。判决中昭示的对被诉行政行为的法律判断与纠纷解决虽然有着重要关联，但是区别也极为明显。一份客观判决的作出并不一定获致主观权利之保护，并不一定获致纠纷之解决。

---

① ［美］米尔伊安·R. 达玛什卡：《司法和国家权力的多种面孔——比较视野中的法律程序》，郑戈译，中国政法大学出版社2004年版，第147页。

② ［美］米尔伊安·R. 达玛什卡：《司法和国家权力的多种面孔——比较视野中的法律程序》，郑戈译，中国政法大学出版社2004年版，第154页。

相反，在相当多的情形下，由于客观判决的作出，当事人对司法判决的功能产生了疑虑，还会加剧心理上的对抗。因此，在行政诉讼中重视纠纷解决功能已经成为改革之重心。判决解决纠纷的实际效用不在于诉讼上的强制手段，而在于判决解决纠纷、规范法律关系的实际效果。这种需求表现为：在涉及民事权益的行政诉讼中，法院增强司法裁量权限；在涉及行政机关的裁量权限范围时，法院可以就裁量范围的事项进行司法审查。尽管这种判决改革并非现行行政诉讼法所规定，却是改革之方向。

判决的三种意义实际上反映了司法在国家中的职能：政治职能和法律职能。判决对客观法律的判断，具有政治上的一般性，更多地反映政治权力的架构。法律职能则不仅包括司法对法律、法规类规则的审查结果，还包括对原告权利之回应、纠纷解决之手段等意涵。这两种职能相互交织，相互补充，构成了判决的整体意义。在行政诉讼中厘清判决的三种意义，有助于我们理解判决的客观法和主观法意义。

（二）判决的分类

判决种类的划分实际上反映的是判决的共性和特点。根据不同的划分标准，行政诉讼判决可以作不同的分类。

1. 终局判决和中间判决

根据判决所处的过程，判决可以分为终局判决和中间判决。

终局判决（jugements définitifs）是指处理整个诉讼或者仅解决诉讼的某些争点，或者解决与审前程序或临时性请求有关的附带条件，不需要法官对所裁判的争点再进行审查的判决。① 此外，终局判决是指某审级以终结诉讼全部或者部分为目的的判决。在通常情况下，判决都是终局性的。终局判决并非指判决具有的终审效力，并不意味着不可撤销性。一审判决如果就上述问题作出判断就意味着判决具有终局性。当然，终局判决只有在二审程序之后才能获得既判力。

---

① ［法］让·文森、塞尔日·金沙尔：《法国民事诉讼法要义》，罗结珍译，中国法制出版社2001年版，第1064页。

中间判决则是在诉讼过程中就特定的一个可以分割的争点先行作出的判决。中间判决并非以终结全部诉讼或者部分诉讼为目的，其仅为终局判决之预备。由于诉讼在该审级尚未终结，对于将来之终局判决而言，仅谓之中间判决。从某种意义上讲，中间判决具有确认的性质。对于中间判决不能上诉。值得注意的是，中间判决不同于部分判决，如果争点只有部分“决定时机成熟”(zur Entscheidungreif)，法院可以作出部分判决（Teilurteil）而非中间判决。①

2. 对席判决和缺席判决

根据当事人双方是否全部出庭参加诉讼，判决分为对席判决和缺席判决。

对席判决是指，在当事人双方都出庭参加诉讼的情况下，法院作出的判决，即建立在双方当事人质证、辩论基础上的判决。

缺席判决是指，在只有一方当事人出庭参加诉讼，另一方当事人经法院合法传唤，无正当理由拒不出庭或者未经许可中途退庭的情况下，法院作出的判决。

3. 全部判决和部分判决

根据判决解决争议的范围，判决可以分为全部判决和部分判决。

全部判决是指法院在整个案件终结后，对当事人的全部争议和请求作出最后结论的判决。

部分判决是法院就审理的案件事实已经清楚的部分所作出的判决。先行判决的部分事实，必须具有相对的独立性。

4. 肯定判决、否定判决与部分肯定部分否定判决

根据判决对原告一方诉讼请求的满足与否，判决可以分为肯定判决、否定判决与部分肯定部分否定判决。

满足原告诉讼请求的判决，亦即原告获得胜诉的判决为肯定判决；驳回原告诉讼请求的判决，亦即原告败诉的判决为否定判决；满足原告部分诉讼请求，亦即原告部分胜诉、部分败诉的判决为部分肯定部分否定判决。

---

① 在中间判决的具体适用上，有学者认为，适用情形主要有三种：其一，各种独立的攻击或者防御方法可以达到裁判的程度（但须全案尚未达于可为终局裁判之程度）；其二，中间争点达于可裁判的程度（所谓中间争点，指上述攻击或者防御方法以外，在诉讼中产生的争点，法院作出判决时，应就此点争议先予以裁判）；其三，虽金钱给付的数额尚待确定，但诉讼理由正当。参见《云五社会科学大词典·法律学》，台湾“商务印书馆”1971年版，第38页。

5. 生效判决和未生效判决

根据判决是否发生法律效力，判决分为生效判决（又称确定判决）和未生效判决（又称未确定判决）。

生效判决是指已经发生法律效力的判决，包括第一审人民法院作出的、当事人在法定期间未上诉或上诉又撤诉的判决，第二审人民法院的终审判决；最高人民法院作出的所有判决都是生效判决。未生效判决是指未发生法律效力的判决，主要指第一审人民法院作出的准予上诉，而上诉期限未满的判决。

6. 一审判决和二审判决

根据作出判决法院的审级，判决可分为一审判决和二审判决。

一审判决是指人民法院适用第一审程序作出的判决。

二审判决是指人民法院适用第二审程序审理案件作出的判决，包括在审判监督程序中适用第二审程序对案件重新审理作出的判决。

7. 终审判决和非终审判决

根据作出判决的法院在诉讼中的地位，以及当事人上诉的可能性，判决又可分为终审判决和非终审判决。

终审判决是指一经宣告或者在送达后即发生法律效力，当事人对之不能提出上诉的判决，根据我国《行政诉讼法》和《人民法院组织法》的规定，中级人民法院、高级人民法院对第二审案件作出的判决都是终审判决，最高人民法院对第一审案件作出的判决也是终审判决。

非终审判决是指第一审人民法院作出的，当事人对之可以提起上诉的判决。

8. 形成判决、给付判决和确认判决

根据诉讼类型和判决效力，判决可以分为形成判决、给付判决和确认判决。

形成判决是指法院认定原告申请的可致某种法律效果的权利存在而作出的关于某种行政法律关系发生、变更或者消灭的判决。形成判决又可称为“权利变更判决”或者“创设判决”。

给付判决是指法院认定原告的诉讼请求应当得到法律保护而要求被告履行法律义务的判决。给付判决与形成判决、确认判决的不同之处主要在于，给付判决具有执行力。

确认判决是指法院就法律上的效果或者法律关系存在或不存在作出的判决。原告在诉讼中无论胜诉与否，作出的判决均为确认判决。值得注意的是，在各类诉讼中，如果法院认为原告的诉讼请求没有理由而作出驳回原告诉讼请求的判决，是消极的确认判决。如果法院认为原告的诉讼请求合法有理，法院可以依法作出撤销判决、变更判决、给付判决或者课予义务判决等。

此外，除了上述判决类型，在行政诉讼中，还有一些借鉴民事诉讼的判决形式，如保留判决（Vorbehaltsurteil）和变更判决（Abänderungsurteil）。根据行政诉讼制度中对和解的适当容许性，行政诉讼还可以作出类似民事诉讼中的舍弃判决（Verzichtsurteil）和认诺判决（Anerkenntnisurteil）。

二、行政诉讼判决的效力

对判决的效力的研究和关注最早始于罗马法，即罗马法上的"一案不二讼"和"一事不再理"原理。这两个原理互为表里与补充。所谓"一案不二讼"，是指一个原告的诉权在诉讼程序中行使之后，不能在诉讼程序终结之后再行使第二次。但是"一案不二讼"的原则只是针对原告，对于两造之另一方——被告则不适用，因之，在理论上被告尚未行使原告之诉权，仍然可以就被诉事项起诉。这个明显的缺陷实际上使判决仍然处于不确定的状态之中，唯一的补救办法只剩下法官拒绝再行受理一途。之后约在公元二世纪，罗马法又衍生出"一事不再理"（non bis idem）原则，主要内容是，无论原告还是被告，只要经过正式判决的案件，则本案归于消灭。罗马法上的"一事不再理"要具备三个条件：必须是同一个案件；必须是同一个诉讼标的；必须是同一的诉讼当事人。[①] 如果是法定审理，则消灭的效力具有绝对性。[②] 既决案件的不容推翻是将判决视为真理，以维护其尊严和稳定，避免当事人缠讼

① 周枬、吴文翰、谢邦宇编写：《罗马法》，群众出版社 1983 年版，第 334 页。

② 例如，在法定审理和"有关权利的（in iusconceptae）对人之诉"中，争讼程序具有完全消灭以前曾存在于当事人之间的关系即债的效力，并产生一种新的契约关系，即当事人必须接受审判；因而从那时起，诉权"当然地（ipso iure）"告终，人们再不能提起诉讼。参见［意］彼得罗·彭梵得：《罗马法教科书》，黄风译，中国政法大学出版社 1992 年版，第 100 页。

不休。[1] 这两项原则是判决效力的最早溯源。判决效力的发生实际上与当事人行使诉权、消耗诉权相关，即认为对原告提起的案件，一旦以某个诉为根据开始法庭程序并成为争点事实，诉将因争点事实而被消耗或者发生对同一案件不容许再行诉讼的法律效力。[2] 此谓“诉权消耗”理论之精髓。诉权消耗理论主要衍生出的规则是，对同一诉权或者请求权不允许两次进入诉讼；倘若当事人针对的同一个已经经过审理并作出确定判决的案件再次进行诉讼，被告可以实施“既判事项的抗辩”或者“诉讼系属之抗辩”，使原告的诉讼请求不能系属。

判决效力理论源于罗马法，并对英美法系的判决效力理论产生了影响。英国判决的效力首先以11世纪至12世纪的王座法庭记录神圣为背景，是作为不许违反与立证这一证据上的原则表现出来的。判决针对的是被诉案件本身，法院对该案的判断具有约束力，该原则后来被称为“estppel by judgment”（判决不可否认），进而形成了estoppel（不可否认）效力的基础。英美法系特定的令状制度也在一定程度上接受了诉权消耗理论。例如，有英美法系学者认为：“原告胜诉的判决，诉讼原因被判决吸收并消灭，认为产生了作为判决基础的新权利，另外，原告败诉时，依判决产生消灭、阻止诉讼原因的作用。如此‘res judicata’在理论构成上是前诉判决以吞并方式约束后诉。”[3] 英国判决的约束力概言之采用的是以对判决中全部判决事项产生的estoppel效力为基础，其中对诉讼原因（cause of action）的判断约束力称为res judicata；对其他部分产生的判断约束力作为狭义的estoppel。值得注意的还有，在约束力的主观范围上，两大法系都采取了将案件本身作为诉讼对象的方式，即判决的效力不仅及于案件的利害关系人，同时及于其他所有人。英美法系的做法通常是，与诉讼对象有关的案件关系人尽可能全部卷入诉讼，只要判决一经作出，即便不是当事人，也要接受该判决的效力。

以上是对诉讼判决效力的一个总体的历史回顾。具体到行政诉讼判决的

---

① 周枏：《罗马法原论》，商务印书馆1994年版，第902页。

② Kaser，*Dasromische Zivilprosessrecht*，1966，S. 225；［日］船田享二：《罗马法》，第五卷，第157页。

③ James and Hazard，*CivilProcedure*，zd ed. 1977，pp. 539 - 541.

效力，英美法系判决效力不区分民事抑或行政。大陆法系的行政诉讼判决效力研究亦依托民事判决效力展开，同时展现出行政诉讼判决的自身特色与规则。

三、形成类判决

判决可以分为形成类判决、给付类判决和确认类判决。其中，形成类判决主要包括撤销和重作判决、变更判决、舍弃和认诺判决；给付类判决包括一般给付判决、课予义务判决和禁令判决；确认类判决包括一般确认判决、驳回原告诉讼请求判决和情况判决。

（一）撤销判决和重作判决

撤销判决是指法院经审查认为被诉行政行为违法，使之失去效力的判决方式。撤销判决是行政诉讼判决的基本类型，可谓有行政诉讼则有撤销判决。一些国家（如日本）甚至建立了以撤销判决为中心的行政诉讼判决体系。

1. 撤销判决在行政诉讼体系中的地位及其评价

（1）撤销判决的意义以及域外的司法实践

撤销判决是否定被诉行政行为的判决。撤销判决是各国行政诉讼判决制度的基本类型，几乎所有国家的行政诉讼制度都对此进行了规定。

在法国的行政诉讼制度中，最为重要的是完全管辖权诉讼和撤销诉讼。这两种诉讼的重要特征就是法官能够作出撤销判决。例如，在撤销诉讼中，法官可以认定行政行为违法以及撤销违法行为；在完全管辖权诉讼中，法官可以撤销、变更行政机关的决定以及判决行政主体负赔偿责任等。由于撤销判决的存在，越权之诉（主要的撤销诉讼）成为法国行政法上最具特色的制度。[①] 在德国，撤销判决是行政诉讼的经典判决种类，其撤销判决属于形成判决，以通过撤销对原告设定负担的行政行为的方式来形成权利（Rechtsgestal-

---

① 法国最高行政法院认为，法律中排除一切申诉的条款，不能剥夺当事人提起越权之诉的权利。越权之诉是当事人在其合法权益受到侵害时当然具有的诉讼手段，不需要明文规定。参见王名扬：《法国行政法》，中国政法大学出版社1988年版，第671页。

tung)，达到消除行政行为效力的目的。法院的判决自产生既判力的那一刻起，就取消了行政行为的效力。[①] 英美法系国家通常认为，提审令是撤销诉讼中经常使用的令状。可以说，英国的撤销诉讼是围绕提审令构建起来的。克里弗·里维斯就此阐述，“提审令的基本目标在于撤销一个无效的行政决定。在技术上，提审令是将公权力主体的决定提交到认为该决定无效的高等法院。只要决定属于越权无效之情形，提审令将用来撤销该决定。通过撤销该决定，提审令确保该决定无效和失去法律效力。在现代理念中，提审令是一种通过弃置超越或者滥用职权行为来控制不法行政执法行为的方式。最高法院已经声称提审令是获致公法决定无效的最为基础和最为适当的救济手段”[②]。

在法国，撤销判决适用的情形包括无权限、形式上的缺陷、权力滥用、违反法律四项。[③] 英国法院对于行政机关超越议会法律的情形，有权予以撤销(或者宣告无效)。这些越权的情形包括：违反自然公正原则、违反制定法的程序越权（包括违反任意程序和强制程序）以及违反实体法的实质越权（包括超越管辖权范围、不履行法定义务、滥用权力、案卷表面法律错误等)。[④] 在美国，依照《联邦行政程序法》第706条的规定，判决撤销的情形则包括：专断、反复无常、滥用自由裁量权或者其他不符合法律的情形；违反宪法的权利、权力、特权或者豁免；超越法定的管辖权、权力或者限制，或者没有法定的权利；没有遵守法定程序；适用本编第556条和第557条规定的案件，或者法律规定的其他依据行政机关的听证记录审理的案件，没有实质性的证据支持；没有事实根据，已经达到法院重新审理的程度。

（2）撤销判决的大致类型

撤销判决可以分为以下两种类型：一是全部撤销判决，即从行政行为的整体进行否定。判决作出后，被诉行政行为向前向后均失去效力，行政机关

---

① 参见［德］弗里德赫尔穆·胡芬：《行政诉讼法》，莫光华译，法律出版社2003年版，第211页。

② Clive Lewis, *Judicial Remedies in Public Law*, London, Sweet & Maxwell, 2000, p. 172. 值得注意的是，英美法系的“无效”和大陆法系的“无效”意义并不相同，英美法系基于“越权无效”原则，不合法的均属于无效。

③ 参见王名扬：《法国行政法》，中国政法大学出版社1988年版，第685页。

④ 参见王名扬：《英国行政法》，中国政法大学出版社1987年版，第10章相关内容。

不得基于同一事实或者理由作出同样的行政行为。二是部分撤销判决，即只对行政行为违法的部分作出判决。一般认为，该种判决只是适用于行政行为具有可分性的情况。①

2. 适用撤销判决的必备条件

撤销判决的必备条件，一般包括如下几个方面：

（1）有管辖权的法院

大多数国家的行政诉讼法对行政诉讼受案范围的规定采取了概括式方法。大陆法系国家一般认为，一切未被法律划归其他法院管辖的非宪法性质的公法争议都由行政法院管辖。② 完全属于宪法性争议（诸如行政机关之间的宪法权力的争议、选举争议、有关议员身份或者议长主持权力等）、国家或外交行为、纯粹政治行为以及纯属于内部自治事务的纠纷，不属于法院的受案范围。③ 例如，有关人事任免争议，我国最高人民法院曾经就企业经营者因有关部门免去厂长职务是否属于人民法院受案范围作出过解释。④ 同样，企业国有

---

① 德国学者认为，部分撤销的前提是，行政行为是客观上可分的（objektivteilbar），这种观点可能带来一些实务上的不便。例如，对于行政行为的附属规定（Nebenbestimmungen）的撤销就充满争议。附属规定包括：期限（Befristung）、条件（Bedingung）和废止保留（Widerrufsvorbehalt），以及负担和负担保留（Auflagenvorbehalt）。尤其是负担和负担保留应当视为独立的行政行为，整个行政行为的作出可以不依赖它们存在，因此分开撤销是可能的。参见［德］弗里德赫尔穆·胡芬：《行政诉讼法》，莫光华译，法律出版社2003年版，第232—241页。此外，实务界一些人士认为，行政机关采取的行政行为如果属于两种以上的可分性行为，对于违法的部分可以作出部分撤销的判决。

② ［德］弗里德赫尔穆·胡芬：《行政诉讼法》，莫光华译，法律出版社2003年版，第142页。

③ 在波兰，有关专利行政案件、行政系统上下级之间、涉及海关和出入境管理的处罚案件、涉及国家安全和反垄断系统的行政案件，法院不能审查。在罗马尼亚，对于议会法律、涉及国家安全的事项、政策以及涉及军队的法律规则不能进行司法审查。参见 Denis J. Galligan，DanielM. Smilov，*Administrative Law in Central and Eastern Europe*（1996 - 1998），CEU Press，1999，pp. 216，255 - 256. 在英国，类似撤销判决的制度是提审令制度。提审令不适用于以下方面：宗教法院，学校管理的内部事项，军事行为（除非影响到了士兵的一般民事权利）；不适用于英王权力。Clive Lewis，*Judicial Remedies in Public Law*，London，Sweet & Maxwell，2000，p. 179.

④ “根据《全民所有制工业企业承包经营责任制暂行条例》的规定，承包经营合同的发包方是人民政府指定的有关部门，承包方是实行承包经营的企业。企业经营者通过公开招标或者国家规定的其它方式确定之后，即成为企业的厂长（经理）、企业的法定代表人，对企业全面负责。企业经营者因政府有关部门免去或变更其厂长（经理）职务而向人民法院起诉，要求继续担任厂长（经理）的，属于人事任免争议，人民法院不予受理；企业经营者请求兑现承包经营合同规定的收入而向人民法院起诉的，属于合同纠纷，人民法院应予受理。”参见《最高人民法院关于企业经营者依企业承包经营合同要求保护其合法权益的起诉人民法院应否受理的批复》（1991年8月13日，法［经］复［1991］4号）。

资产纠纷亦属于纯粹行政内部事务而归由行政机关自行处理。值得注意的是，英国行政法上的法院管辖权（the court’s juridiction）主要讨论的是起诉人是否有“足够的利益”（sufficient interest）。[①] 在受案范围方面，学界经常讨论的是关于规范性文件的可诉性问题。在之后的讨论中，我们将省略相关的论证。这主要是由于规范性文件目前研究已经很多，篇幅所限，不拟铺开。唯有一点需要说明的是，规范性文件的可诉性问题是一个客观诉讼的问题，因之带来的法官的判决是否具有客观法上的意义，不无进一步探讨的余地。[②]

（2）行政诉讼参加人具备诉讼参与资格

首先，原告与被告须具备当事人资格。在诉讼法上，当事人资格亦可称为当事人参与资格（Beteiligteneigenschaft）。这种参与资格实际上与我们熟知的权利能力极为类似，即作为权利和义务主体参加程序的能力。一般而言，对于自然人的权利能力，均认为始于出生，终于死亡。当然，当今世界对于尚未出生的胎儿，有限地承认其法律人格。[③] 对于法人或者其他组织的参与能力，并不受民法意义上的法人或者其他组织关于权利能力规定的限制。法人或者其他组织能否具备当事人资格，主要取决于争议的标的本身以及实体法的具体规定。在行政机关参与能力方面，行政机关原则上应有机关法人之限，但法律、法规、规章有特别规定的除外。民法上关于机关法人的法律要件不能直接适用到行政诉讼当中。

其次，原告与被告须具备诉讼能力。诉讼能力与我们通常讲的行为能力大体相当，是指自己实施或者通过自己委托的代理人实施诉讼的能力，也即自己有效地进行或者让他人有效地进行诉讼行为的能力。[④] 当事人是否具备诉

---

① De Smith, Woolf & Jowell, *Judicial Review of Administrative Action*, London, Sweet & Maxwell, 1995, p. 107.

② 法国行政法上的判例法背景，与案件中的客观问题——法律（法规）规则的合法性密切相关。由于这些规范性的规则对行政行为有间接的法律效果，法官在作出撤销或者拒绝撤销的判决之后，判决具有一般法律意义。[法] 莱昂·狄骥：《公法的变迁·法律与国家》，郑戈、冷静译，辽海出版社/春风文艺出版社 1999 年版，第 154 页。

③ 有学者指出，胎儿虽然在涉及特定公民权利时，可以被称为法律主体，但在有些案件中，诸如核电站造成的未来损害诉讼中，胎儿不具有参与能力。参见［德］弗里德赫尔穆·胡芬：《行政诉讼法》，莫光华译，法律出版社 2003 年版，第 191 页。

④ 参见［德］奥特马·尧厄尼希：《民事诉讼法》，周翠译，法律出版社 2003 年版，第 91 页。

讼能力实际上是关于诉的适法性的一部分。值得注意的是，如果被告无诉讼能力或者代理不符合规定，并不影响诉的适法性，即不影响被告的参与诉讼的能力。

（3）诉的适法性

诉的适法性要求法治国家的法律不能采取列举的方式对可以起诉的行政行为进行规定，而且必须与宪法上关于人权保护的规定吻合起来。在诉的适法性方面，不可以因原告选择了一个不适当的（unstatthaft）的诉讼种类而将该诉认定为不适法（unzulässig），进而予以驳回。[①] 因此，必须同时注意诉讼类型的开放意义，绝大多数的诉最终都会成为形成之诉、确认之诉以及给付之诉三种类型。[②]

此外，值得讨论的还有关于程序权利的问题。程序权利也是具有不同层级意义的，有的程序权利可以通过司法程序得以救济，有的程序权利则因补正等方式不必通过司法程序得到救济。例如，如果原告的程序权利受到行政机关的故意忽视，或者原告自身没有对程序瑕疵及时提出请求，就存在权利丧失的危险。尤其是当原告的程序权利丧失后，实际上在行政诉讼程序中，其实体的权利也将随之丧失。对于可以补正、已经补正以及轻微瑕疵的程序违法行为，不符合实体判决要件。

（4）须行政行为存在相当瑕疵

行政行为是否存在瑕疵，与行政行为是否违法的理解有所不同。前者含义更为广泛。两者相同的地方在于，标准均为是否符合法律的规定。但是，“瑕疵”包括了行政行为违法之意涵，在概念上具有更大包容性。是否符合法律规定，一是要观察其与法律是否抵触，二是要观察行政行为的行使是否有足够的干预基础。干预基础（Eingriffsgrundlge）是理由具备性的核心。即公权力的干预行为必须有规范依据，没有明确规定不能以未违反相关法律为由

---

① 英国的司法审查在起诉上也作了类似的处理。德·史密斯指出，救济方式通常属于法院的裁量范围，但是法院不能因为起诉人误用救济方式而驳回。在英国，起诉人可以就撤销行政行为、重作行政行为、宣告行政行为无效、强制履行以及要求赔付损害赔偿金而起诉。De Smith，Woolf & Jowell，*Judicial Review of Administrative Action*，London，Sweet & Maxwell，1995，p. 25.

② 参见［德］弗里德赫尔穆·胡芬：《行政诉讼法》，莫光华译，法律出版社 2003 年版，第 203—205 页的有关内容。

作出行政行为。在探讨行政行为的合法性方面，一般考察干预基础与管辖权、程序之间的涵摄关系。主要包括以下几个方面：

首先，应当考察行政行为对公民权利的干预是否具备相当的法律基础。干预基础实际上是被诉行政行为是否合法的关键所在。干预基础一般存在于专门的法律法规中。如果没有专门的法律法规，则可以寻求一般的行政法律规范。例如，某部门没有专门的行政处罚法律依据，就必须按照行政处罚法的规定实施行政行为。

其次，应当考察管辖权是否存在缺陷。[①] 行政行为的管辖权一般包括事务的管辖权、时间的管辖权和地域的管辖权等。管辖权存在缺陷的情况主要是：权限篡夺行为和一般的无管辖权。权限篡夺行为是指无行政主体资格的机关行使行政主体的权力，或者行政机关行使不属于自己管辖权范围的权力等。事务的无管辖权包括上下级之间管辖权的互相侵占以及同级行政机关之间的互相侵占。时间的无管辖权包括不在行使权力有效时间的情形。地域的无管辖权包括针对辖区外作出行政行为。无管辖权是撤销诉讼中制裁最严厉的撤销理由。值得注意的是，并非所有的无管辖权机关作出的行为都归于无效，如果该行为属于羁束性行为，决定的实质内容符合法律规定时，其他有管辖权的机关在同样情况下只能作出同样决定时，法院对此行为不撤销。

再次，应当考察程序上是否存在瑕疵。程序瑕疵是指行政行为欠缺必要的形式或者程序，或者不符合规定的形式和程序。对程序瑕疵的审查比较困难，而且对程序瑕疵的最终判断往往需要考究实体上的效果。对轻微瑕疵、一般瑕疵以及明显重大的瑕疵的判断基准也往往与行政行为的违法或者合法状况相关。因此，在某种意义上，程序总是服务于实体的。与实体违法的判断不同，只有违反主要的程序才构成撤销的理由。违反次要的程序不影响行政行为的效力。[②] 如果程序设置的目的是保护相对人的合法权益，则违反程序就构成撤销的理由；如果是行政机关在紧急的情况下为了公共利益的程序瑕疵，不构成撤销的理由；能够补正的程序瑕疵，不能作为撤销的理由；对于

① 王名扬：《法国行政法》，中国政法大学出版社 1988 年版，第 687—689 页。

② 王名扬：《法国行政法》，中国政法大学出版社 1988 年版，第 690 页。

羁束性行政行为，只要实体上符合法律规定，程序瑕疵不发生撤销的法律效果。

最后，应当考察权力是否滥用。权力滥用表现为：行政行为违反法律授予权力的特定目的；行政行为行使的目的不符合公共利益；将针对较为严重事态的行政程序应用到普通的一般性行政程序中。权力是否滥用因此需考察两个方面的目的：一是法律授予权力的基本目的；二是作出行政行为的目的。不符合任何一方面的目的都将有可能被认定为权力滥用。法国行政法上，有两种情形不能将权力滥用作为撤销理由：一种是羁束性行政行为，行政机关除了遵守法律无可选择的情况下，即便有权力滥用因素，亦不可撤销。另一种是包含多种行政目的的行政行为，只要其中有一个目的合法，足以使这个决定成立，法院将不再考虑其他目的是否出于权力滥用。但是如果权力滥用是这个决定的主要目的时，这个决定将被法院撤销。①

（二）变更判决

变更判决是行政诉讼判决中最能体现司法的权利保障和纠纷解决功能的判决形式。变更判决旨在变更一种法律关系，在变更之后判决的效力直接产生。因此，变更判决亦是形成判决的种类之一。

1. 变更判决的适用范围

域外许多司法实践中也在大量使用变更判决。例如，在法国，行政诉讼分为四类：完全管辖权诉讼、撤销诉讼、解释及审查行政决定的意义和合法性诉讼、处罚诉讼。除了第三种诉讼外，其余三种均涉及司法变更权的行使。在完全管辖权诉讼中，法官拥有全部的审判权力，可以撤销、变更、重新决定行政机关的决定等，典型的案件包括关于行政主体的赔偿责任和行政合同诉讼等。撤销诉讼中，“法官不能直接变更”的观念不可以过分强调，尤其是关于薪俸、津贴以及以外的金钱诉讼，当事人可以选择。在处罚诉讼中，法院可以根据省长的请求，直接动用司法权实现行政目标，即行政法官拥有直

① 王名扬：《法国行政法》，中国政法大学出版社1988年版，第694—695页。

接的处罚权力。①

在英国，公法上的救济手段中“提审令”（certiorari）和“执行令”（mandamus）就包含法院要求行政机关作出何种行政行为的内容。法院可以用提审令命令被诉行政机关按照法院的指示加以改正。英国法院还认为，行政机关极端不合理地行使自由裁量权属于不行使自由裁量权，法院可以发出执行令。②

德国人认为，当“裁量缩减为零”，即法律没有为行政机关留下裁量余地时，根据德国《行政法院法》第130条第2项的规定，法院可以直接变更原行政行为。该法第113条第2项明确规定，行政行为内容为某一钱款的认定、原告请求对此更改，法院可以确定一其他数目的钱款或者以其他方式对钱款进行认定。如确定或者认定该钱款需较大精力或者花费，法院可以在变更行政行为的同时指出未公正考虑到的或者未考虑到的事实或者法律关系，以使行政机关能够根据法院判决计算出钱款的数目。

由上可见，西方主要国家在处理司法权与行政权的关系方面，遵循了一条较为实际的路径和方法，即从彻底解决纠纷的角度作出判决。

2. 适用变更判决的必备条件

变更判决是较撤销判决更为主动的司法裁量方式。以下阐述变更判决的必备条件。

（1）被诉行政行为非专属的行政裁量权限

“专属的行政裁量权限”是指行政机关依据特定的专业法律法规和专业优势，就行政事项拥有的最终的决定权。法律对行政、司法分类的主要缘由在于两者的专业知识优势有所不同。对于某些方面的行政事项，法律明确规定了由行政机关处理，并且具有最终的决定权。本书所称的“专属的行政裁量权限”除上述关于行政终局的讨论外，尚包括法院对行政机关就“不确定法律概念”进行判断的尊重。行政机关对不确定法律概念进行的判断完全基于行政机关的专业经验作出，如若行政机关在作出时不是滥用职权，法院则不

---

① 王名扬：《法国行政法》，中国政法大学出版社1989年版，第664—667页。

② 王名扬：《英国行政法》，中国政法大学出版社1987年版，第181—186页。

应当判决变更行政机关的决定。

由于对社会事务未尽事宜的无法预测，人的认知能力的诸多限制，立法机关制定的法律对一些行政事项倾向于进行模糊规定，以保持相当的弹性。此时，立法者并不倾向于由司法机关代为决定让此类事项进入司法审查范围。从诸如公共利益、善良风俗、国家安全等具有较广泛含义的法律概念到一些非常具体的行政事项术语的解释，行政机关具有首先适用和首先解释的权力，亦即有相当的判断余地。即所谓“法律之构成要件采用不确定法律概念时，其解释及适用虽然皆有困难，基于法律优先原则，行政机关仍须就具体事件作成合法及正确之决定”①。尤其是，对于一些不确定法律概念的适用，如依据专业技术以评价方式作出预见或者指导方面的判断，存在多种可接受的可能性时，法院并不具备比行政机关更为优越的条件。此时法院仅能就行政行为本身作出合法性的判断，但是不能推翻行政机关的决定或者变更行政行为的内容，以法院的判断代替行政机关的专业判断。这种合法性审查是一种形式上的审查，法院应当就行政机关的行政行为是否有法律依据、事实认定有无错误、作出机关组织形式是否合法、是否遵循法定的行政程序、是否没有偏见以及是否遵循了一般理性人的评价标准等进行审查和评价。法院对在不违反上述审查事项前提下作出的行政决定应当予以尊重，不宜作出变更判决。

（2）法律法规明确规定法院可以判决变更

法院可以判决变更包括以下几种情况：

第一，行政诉讼法明确规定法院可以判决变更。

由于法院判决变更的权力将使行政法律关系直接形成，具有形成力，且没有行政机关的再次处理机会，因此，司法变更权力在行政诉讼领域一般要通过行政诉讼法律的明确规定才能享有。大陆法系国家一般将法院可以判决变更的事项明确规定在行政诉讼法律当中。

有的国家对变更判决的适用范围另有特殊规定，如美国的“重新审理”，它是指法院完全不顾行政机关的意见，由法院独立地对事实问题作出裁定。

---

① 陈敏：《行政法总论》，三民书局1999年版，第164页。

重新审理适用于三种情况：行政机关的行为属于司法性质的裁判，而行政机关对事实裁定的程序不适当；在非司法性行为的执行程序中，出现行政程序中没有遇到的问题；法律规定的重新审理等。

前南斯拉夫《行政诉讼法》第 39 条规定："如果因同样性质的行政纠纷而行政文件已被撤销一次，而主管机关仍不根据法院的判决完全照办。对此，法院可以就实际情况加以认定，并根据认定的实际情况作出判决或裁定。"该法在判决的约束力部分的第 63 条又重申，如果主管机关在行政文件被撤销之后新制定的行政文件违反法院在诉讼程序方面的合法解释和意见，那么原告可以提起新的诉讼。一般应由法院撤销引起争议的文件，并通过判决完全代替主管机关的文件。①

第二，单行法律法规规定法院可以判决变更。

单行法律法规规定法院可以判决变更的比较稀少，因为法院判决方式一般规定于诉讼法之中。实践中仍有一些单行法律规定了法院的司法变更权。例如，法国有关公共工程合同的行政诉讼就规定于单行法律中，法院可以判决变更公共工程合同的相关内容。②

第三，民事诉讼法规定法院可以就准用民事诉讼法的事项判决变更。

在大陆法系的某些国家（如法国），部分行政案件由普通法院主管，由于普通法院具有较为完整的司法权力，对于行政事项拥有变更权。但行政案件的审理尚需遵循民法以及民事诉讼法的相关规定，诸如行政合同、行政承诺、公法上的无因管理、行政赔偿和补偿案件，因此亦有适用民事诉讼法之余地。

此外，在行政诉讼上实行判例法的国家，判例亦是司法变更权限的重要法源。例如，法国对行政主体的赔偿的变更判决就源于判例。

（3）原告的权益属于主观公权利

主观公权利是大陆法系的概念，是指法律规范赋予法律主体的权能，即为了实现个人利益，要求他人为或者不为一定的行为、容忍或者不作为的公

---

① 上述条文为前南斯拉夫议会于 1976 年 12 月 4 日通过，1977 年 7 月 1 日生效的《南斯拉夫行政诉讼法》，载《行政诉讼参考资料荟编》，中国政法大学出版社 1988 年版，第 112 页。

② 王名扬：《法国行政法》，中国政法大学出版社 1988 年版，第 447、668、669 页。

法权利。[①] 尽管关于主观权利划分的实益至今尚有争论，但是主观权利的实践意义得到学界肯认。[②] 行政法学意义上的主观权利主要包括防御请求权、给付请求权和无瑕疵裁量请求权等权利，以下就上述三种主观权利进行分别阐述。

第一，防御请求权上的变更请求权。

防御请求权不是自然权利，须有法律明确规定。我国行政诉讼还有一个"诉讼不停止执行"的制度，似乎防御诉讼没有存在的基础。但是，对于正在实施的行政行为，如果不能通过司法途径解决，可能会使利害关系人受到不可逆转的损害。

大陆法系国家公民的防御权一般源自宪法的相关规定。例如，德国基本法规定的"对于企图废除上述秩序的任何人，如没有其他对抗措施时，所有德国人均有抵抗权"与公民基本权利的规定通过行政法院的判决得到了具体落实。审判实践已直接从基本权利中，尤其是从普遍的人格权、信息自决权和对已设立和实施的营利事业的经营权中，引申出了防御请求权（Abwehranspruch）。[③]

第二，给付请求权上的变更请求权。

给付请求权是指相对人享有的精确的、特定的以给付为目的的公权利。给付请求权大量地出现在给付诉讼中，譬如行政契约案件可循给付诉讼程序解决[④]。给付请求权也可以通过具体给付诉讼程序获得实现。因为变更判决并非由单独的"变更诉讼"作出，在给付请求权方面，最为重要的是关于行政契约中给付请求权的实现。

法院对于行政契约的变更权限主要局限于非重大瑕疵的行政契约，即对

---

① "公法权利"（Subjektiv – öffentliche Rechte）可以简称为"公权利"，是指人民由公法获得的权利。在行政法领域，人民由行政法获得的公权利，要求公行政主体为某种作为、忍受或者不作为。公法权利的产生必须具备以下条件：须具有强制性的法律规范所赋予；权利人须确认其权利存在；授予公权利的法律必须同时保障人民该种权利的司法实践性。参见陈新民：《行政法学总论》，自刊 1998 年版，第 87—88 页。

② 法国学者狄骥对耶利内克建立的"主观的公法体系"中阐述的主观权利进行了不遗余力的抨击。狄骥认为德国行政法学中关于公权利的论述是绝对主观主义的产物，他认为公权力不属于主观权利，公权力以及相应的公权利实际上是客观法确定的。参见［法］莱翁·狄骥：《宪法论》，钱克新译，商务印书馆 1959 年版，第 386—393 页。

③ ［德］弗里德赫尔穆·胡芬：《行政诉讼法》，莫光华译，法律出版社 2003 年版，第 449 页。

④ 吴庚：《行政法之理论与实用》，中国人民大学出版社 2005 年版，第 284 页。

于有重大瑕疵的行政契约，法院不可直接加以变更，而须判决行政契约无效。确认行政契约无效的情形主要包括：违反法律优位原则；违背公序良俗原则；准用民法规定而无效（如缺乏行为能力、共谋、违反法定方式、诈欺等）。但是对于具有严格隶属关系、具有较强权力特征的行政契约，不需要有重大明显瑕疵即可无效，主要包括：不能由行政契约书面得知缔约机关；行政契约设定的法律关系应当给予证书而未给予；内容不可实现；行政契约的内容可能导致犯罪；内容违背公序良俗；缺乏行政管辖权限。可以看出，具有严格隶属关系、较强权力特征的行政契约的无效情形与其他行政行为无多大区别。

在行政契约有效的前提下，行政契约的当事人如有不履行给付、迟延给付、给付不能或者成为加害给付时，即构成所谓给付障碍（Leistungsstörungen）。[①] 法院对行政契约进行的审查不仅是合法性审查，而且还包括行政契约本身是否符合民法上的相关规定。法院在审理此类案件时，具有民事诉讼法上法院的权限，即法院可以对原告要求变更争议标的数额等事项作出判决。当然，在行政契约案件的审理中，不仅要审查行政契约是否合乎法律法规的规定，同时也要对一些契约内容予以调整（Anpassung），即所谓“情势变更”（clausula rebus sic stantibus）。因情势变更而对行政契约进行调整和变更的要件主要是：须行政契约在缔结后发生未能预料的情势变更；须情势变更以至于依照原契约显失公平。此时，法院可以根据当事人的申请，为增加、减少给付或者直接变更、消灭原有行政契约的判决。[②] 德国《行政程序法》第 60 条第 1 项规定，据以决定契约内容之各种关系，自契约缔结后发生重大变更，不能期待契约当事人之一方维持原有之契约约定者，该契约当事人得请求配合变更之关系系调整契约内容，或于不能调整或者调整对一方当事人不能期待时，得终止契约。

（三）舍弃、认诺判决

舍弃、认诺判决是基于民事诉讼中“处分主义”原则发展出来的一种判

① 陈敏：《行政法总论》，三民书局 1999 年版，第 522 页。

② 廖宏明：《行政契约之研究》，自刊，第 150 页。

决方式。德国等大陆法系国家在行政诉讼法律中明确规定了法院可以根据具体情况，在当事人处分自由的前提下，作出舍弃和认诺判决。由于舍弃和认诺判决在实际效果上对行政法律关系进行了变动，因此亦属于形成判决。

1. 行政诉讼中舍弃、认诺判决之评价及其实益

在民事诉讼中，由于当事人对实体上的权利具有处分自由，反映在诉讼程序中对诉讼标的也有处分的自由，是谓“处分权主义”。法院根据当事人的舍弃或者认诺，作出该当事人败诉的判决。认诺是指被告对法院所作出的承认原告所主张的要求全部或者部分有理由的单方意思表示。在认诺情况下，被告的“认诺”是一种仅对法院的单方的意思表示，被告承认原告主张的诉讼理由或者诉讼请求全部或者部分存在。舍弃是指原告向法院所作出的承认诉讼请求权部分或者全部不存在的单方意思表示。在舍弃情况下，原告的“舍弃”是一种仅对法院的单方的意思表示，原告承认自己的诉讼请求无理由。认诺和舍弃在法律性质上相同。

行政诉讼中是否允许认诺和舍弃，还存在不同的意见。有的学者认为不应当允许认诺和舍弃。理由是：首先，我国行政诉讼法规定，行政诉讼原则上不适用调解。其次，在行政诉讼中的被告，对于行政职权并无处分权。最后，在民事诉讼中，由于大量案件是通过辩论主义方式审理的，实行“谁主张，谁举证”的举证责任制度，这是认诺和舍弃的基础条件，但在行政诉讼中，职权主义的强调以及被告负举证责任等与民事诉讼有相当大的区别，不宜采取与民事诉讼相同的处分方式。有的学者则认为，应当引入认诺和舍弃制度。理由是：首先，修改前行政诉讼法规定不允许调解的制度，现在已经证明需要进一步修改和完善。其次，在大陆法系国家（如德国和日本），行政诉讼中的认诺和舍弃已经成为较为完善的制度，并为相关的行政诉讼法典规定。例如，德国《行政法院法》第156条规定的“如果被告经由其行为并无促使提起诉讼的原因，且被告对于其请求权及时为认诺时，则诉讼费用归由原告承担”等，在德国行政诉讼实践中亦有舍弃、认诺判决的适用例。① 再

① 尽管德国《行政法院法》没有规定舍弃、认诺判决，但是在司法实务中确有存在。例如，在战争损害赔偿、疾病保险给付等领域存在舍弃、认诺判决。参见陈清秀：《行政诉讼法》，翰芦图书出版有限公司2000年版，第428页。

次，在司法实践中，通过原、被告之间的调解结案的行政案件并不在少数。最后，对于诉讼请求权的认诺和舍弃属于当事人的法定权利。还有的学者认为，当事人并非对所有样态的诉讼请求权均得予以处分，应当根据是否关涉国家利益、公共利益来判断。如果当事人争议的诉讼标的可以通过和解方式解决，依据该制度应当允许认诺和舍弃的存在。大多数的德国学者认为，在行政诉讼的当事人对于诉讼标的得为处分的范围内，法院得为舍弃或者认诺判决。

2. 适用舍弃、认诺判决的必备条件

舍弃、认诺判决的必备条件是指作出舍弃、认诺判决的成熟时机。由于舍弃认诺判决并不对原告或者被告的诉益进行实质性审查，因此，在满足舍弃、认诺的法定条件时即可认定判决时机已臻成熟。如果有效舍弃或者认诺的前提条件都得到满足，则法院应不经审查诉讼材料的事实和法律方面就发布舍弃或者认诺判决。① 这些必备条件包括以下几个方面。

（1）当事人发出舍弃或者认诺的单方性声明符合法律规定

舍弃或者认诺在法律性质上均为单方性的声明。当事人的舍弃或者认诺是原告就诉讼标的的舍弃。所谓诉讼标的的舍弃，乃原告依其诉之声明，所为关于某法律关系之主张，后不复维持之，而向法院为抛弃其主张之陈述。诉讼标的的认诺，乃被告对原告依诉之声明所为关于某法律关系之主张，并不反对，而向法院为承认其主张之陈述。②

“单方性声明符合法律规定”主要包括内容和形式两个方面：第一，内容上的要求主要是认诺或者舍弃不能违反现行法律法规规定以及公序良俗。行政法意义上不违法主要是不违反强行法的规定，尤其是在干涉行政的情形下。在行政诉讼中，由于舍弃行为是原告舍弃属于自身的权益，所以舍弃行为一般不涉及违反法律法规规定和公序良俗的问题。除非舍弃行为有可能影响继承人等的合法权益时，不得为之。值得注意的是被告的认诺行为。由于被告身份的特殊性，其认诺行为不仅涉及行政机关本身的权益，更有可能涉及国

---

① ［德］汉斯－约阿希姆·穆泽拉克：《德国民事诉讼法基础教程》，周翠译，中国政法大学出版社 2005 年版，第 147 页。

② 王甲乙、杨建华、郑健才：《民事诉讼法新论》，三民书局 1982 年版，第 472 页。

家利益和公共利益。因此，认诺行为必须在法律法规规定的范围之内行之，不能逾越法律法规规定而致公益之损害。第二，形式上的要求主要是舍弃或者认诺必须在言词辩论阶段以书面方式予以陈述。舍弃或者认诺行为系行政诉讼程序中的行为，必须在行政诉讼程序中完成。因此，诉讼外的和解、协调等均不属于此处的舍弃或者认诺。舍弃行为和认诺行为均系单方性的声明，所以在言词辩论阶段，一方舍弃或者认诺即可生效。特别是，认诺行为亦不必等待原告之承诺即可发生法律效力。

(2) 单方性声明须为当事人得为处分的内容

"得为处分"是关于舍弃、认诺判决能否在行政诉讼中适用的主要条件。否定行政诉讼舍弃、认诺判决的学者通常主张行政诉讼当事人特别是行政机关无处分权，尤其是在职权探知主义的司法程序中，更无得适用。① 肯定论者则认为，在诉讼中承认诉讼请求权的权利，均属于处分权主义之范围。若被告可以通过履行，像废弃系争行政行为或者作出依申请的行政行为，使原告丧失诉权；或者原告可以通过诉的撤回使系争行政行为发生形式上的确定力；而法院均不能加以妨碍时，则对于正式的认诺附随认诺判决或对于正式的舍弃，亦不能有任何怀疑存在。因此，认诺与舍弃作为当事人处分权之结果，在行政诉讼上为法所准许。②

实际上，肯定论者与否定论者的观点均有一定偏颇。否定论者认为的不存在认诺或者舍弃的可能忽视了行政行为种类的多样性，视野仍然停留在干涉行政、强力行政的范畴。肯定论者则忽视了进入诉讼后被诉行政行为在诉讼系属上的效力，不区别具体情况任由当事人选择诉讼，忽视了法院在诉讼中的重要地位。尤其是涉及公共利益方面的行政行为，肯定论者的主张存在明显的偏颇。在行政诉讼中适用舍弃、认诺制度必须限定在一定的范围，必须有一个标准。这个标准就是观察是否得为处分。对于原告而言，得为处分的行为就是原告可以舍弃自己提出的诉讼请求以及自己的诉讼主体地位，但

---

① 德国诉讼法学者 Rosenberg/Schwab 等主张之。参见陈清秀：《行政诉讼法》，翰芦图书出版有限公司 2000 年版，第 426 页。

② 德国学者 Redeker/v. Oertzen 主张之。参见陈清秀：《行政诉讼法》，翰芦图书出版有限公司 2000 年版，第 426 页。

是以不侵害其他利害关系人的合法权益为限。对于被告而言，得为处分的行为就是被诉的行政行为属于自身的行政裁量范围，被告对于同一事实有作出不同处置的权力，但是处分不得违反法律法规的强行规定，不得违反公序良俗。得为处分的行为的基础是原告与被告在行政实体法上的法律关系，舍弃或者认诺行为则是在此基础上的诉讼法律行为，具有诉讼法上的意义。

（3）舍弃和认诺必须明示，舍弃需要原告提出申请

在民事诉讼中，舍弃和认诺行为原则上要求必须在诉讼程序中明确表达其意思。但是对于认诺则有默示情形存在，法院可以推断被告认为原告针对其所提出的诉讼请求权有理由并且认可该请求权。在行政诉讼中，这两种行为都必须采取明示方式进行。原告的舍弃行为明示是为了保护其诉讼请求权不因自身之外的压力而致放弃；被告认诺行为的明示则是要求被告对认诺行为有明确无误的意思表示，而且一般需要有行政机关的盖章行为才能最终确定。

法院对这两种行为的司法审查主要是审查舍弃或者认诺行为是否属于得为处分范畴，对于在法定范围之内的处分行为，法院不加以干预，奉行犹如民事诉讼中当事人主义原则。值得注意的是，在民事诉讼中，只要法院认可舍弃或者认诺行为，就可以就舍弃或者认诺的状况直接作出判决。在行政诉讼中，对于认诺行为，被诉行政机关可毋庸申请。对于原告的舍弃行为，则必须提出就舍弃行为的意思表示作出判决的申请。如果原告不提出申请，法院不宜就舍弃情况作出判决。当然，原告的舍弃判决申请可以在书面舍弃行为中一并提出，也可以在书面舍弃之外提出。如果书面舍弃行为作出后，原告拒绝提出或者未提出判决申请，法院应当认定原告撤回舍弃行为。这种制度设计主要还是强调保护原告诉权，防止由于各种非法干预导致原告违心舍弃合法权益的情况发生。

（4）当事人适格、司法保护必要以及诉讼成立

当事人适格与否应当考察具体的诉讼类型。司法保护必要是与当事人适格相对应的法律概念。当事人适格主要是侧重保护当事人的主观权利，因此，当事人必须主张其主观权利受有损害。司法保护必要是指对于当事人的诉讼请求，法院须判断是否有“值得保护的利益”，主要侧重衡量私益是否有通过司法程序进行保护的必要，以使法院的司法权限不被滥用。不同的诉讼类型

在司法保护必要的审查方面的做法有所不同。在撤销诉讼方面，原告只要证明遭受系争行政行为之损害即有保护的必要；在给付诉讼方面，只要原告的诉讼请求权之内容履行期限届至，即有权利保护之必要；在确认诉讼方面，只要原告具有正当的利益即可满足司法保护必要的条件；等等。诉讼成立要件包括涉及法院、诉讼标的等各方面的要件。就法院的诉讼要件而言，受诉的法院必须具有管辖权。

在诉讼标的方面目前还有较多的争论，尤其是关于一分肢和二分肢理论的争论更为激烈。在行政诉讼法理论上，对于被诉行政行为的合法性作为标的自当无疑，但是是否为唯一之诉讼标的则不无疑问。我国行政诉讼制度侧重于客观诉讼的理念，强调客观法律秩序，强调通过行政诉讼案件审理达致其他政治目标。这在行政诉讼发展初期具有极为重要的意义，但是不能片面强调在行政诉讼所有的领域都以被诉行政行为的合法性为唯一的标的。这种观点实际上就是一分肢理论的典型体现。二分肢理论则认为，原告提出的权利主张既可能是撤销或者变更某项行政行为，也可能除了要求撤销变更外还要求判决赔偿原告的损失或者行使结果除去请求权等。不能将诉讼标的锁定为被诉行政行为合法性的另一个缘由还在于，强调被诉行政行为的合法性将导致行政机关通过第二个内容相同的行政行为来回避判决之既判力。因此，必须强调行政诉讼不仅仅是审查被诉行政行为的合法性，还在于满足原告的诉讼请求。这是另外一个关于诉讼标的方面的要件。因此，法院在审查方面，在不违反行政实体法的前提下，应当允许当事人之间为认诺和舍弃行为，这反映了行政诉讼在准用民事诉讼方面仍然有很大的空间。

四、给付类判决

在行政诉讼中，原告诉请法院判决被告实施某种给付。这种给付既可能是一种积极的作为行为，也可能是一种消极的不作为行为；既可能是一种行政法律行为，也可能是一种事实行为。所以，在给付类判决中，对于“给付”的含义应当作一个明确的界定和理解。这里的“给付”不同于我国汉语中的意义。在我国汉语意义中，给付的对象通常是金钱、物品等法律上的物。我国的诉讼制度中只有民事诉讼才存在典型的给付判决。行政诉讼法规定的强制履行判决要求行政机关作出的往往是一种行政行为，因此，在法律意义上，强制履行判决更类似于课予义务判决。此外，由于给付的行为也包括了停止作为等禁止性行为，因此，禁令判决亦属于给付类判决。狭义上的给付判决仅指一般给付判决。广义上的给付判决包括一般给付判决、课予义务判决和禁令判决。为了区别，我们将其统一归为“给付类判决”。

（一）一般给付判决

1. 适用一般给付判决的条件

由于给付对象的不同，给付请求的不同，给付判决在内容和形式上表现出较大的差异。实质意义上的给付判决包括两个种类，即消极的给付判决和积极的给付判决。消极的给付判决是指法院针对原告提出的要求中止对其不利的行为的判决；积极的给付判决是指法院针对原告提出的诉求要求被告为一定给付的判决。这两种给付判决的区别在于法院针对的原告的诉讼请求有所不同，共同点则在于给付的对象是金钱、物品或者事实行为等非行政行为。如果原告提出的诉讼请求是行政行为，则适当的判决种类并非给付判决，而是课予义务判决。①

值得注意的是，行政法学上的“给付”一词，在行政诉讼法上可以理解为“判以”。因为给付的对象不仅包括作为状态的行为，亦包括不作为状态的行为，德国行政诉讼法上也有类似的分类，即停止作为的判决是作为不同于一般给付判决而存在的，属于一般给付判决的亚类。② 鉴于两种判决方式内容的同质性，我们将两种判决方式一并结合起来论述。在具有区别的地方，我们将特别说明。适用给付判决的必备要件主要包括以下方面的内容。

（1）给付对象不具有特定性和确定性

在积极的一般给付诉讼中，对于原告要求行政机关作出给付，行政机关

---

① 英国行政法没有作如此划分，但异曲同工的是，研究行政义务是学界的主要方向。英国行政法上，行政义务通常分为作为义务（duty to exercise jurisdiction or discretion）和作出特定行为的义务（duty to perform a specific act）。参见 Clive Lewis，*Judicial Remedies in Public Law*，London，Sweet & Maxwell，2000，p. 192.

② ［德］弗里德赫尔穆·胡芬：《行政诉讼法》，莫光华译，法律出版社2003年版，第295页。

拒绝或者怠于作出的，法院可以判令行政机关履行给付义务。在消极的给付诉讼中，对于原告要求停止或者中止一个对其不利的行为，行政机关拒绝停止或者中止的，法院可以判令行政机关停止或者中止该行为。

与课予义务诉讼不同，在一般给付诉讼中，法院的权力只是根据原告的诉求判决行政机关停止、中止或者作出行为，而非停止、中止或者作出具有实际法律效果的具体的、确定的行政行为[①]。此外，课予具体义务诉讼针对的对象是特定的行政行为，而给付诉讼针对的对象不具有特定性和确定性。

英国的行政诉讼中，在适用执行令之前，确认判决优先适用。实际上，执行令也是要求行政机关重新考虑的一种方式，而非强迫行政机关提供利益。私法上的利益并非公法上的可以执行的义务，可以通过禁止令和损害赔偿实现而不是司法审查。此外，执行令的限制还在于：如果执行令可导致行政机关或者利害关系人犯罪则不可执行。[②]

（2）原告的利益必须是应当受到法律保护的利益

在审查起诉的适当性阶段，一般给付诉讼与撤销诉讼一样，对于原告利益是否受到侵害的标准不能过于严苛。只有在明显地排除不属于原告利益的情况下，才能驳回原告的起诉。至于原告受到的是纯粹事实行为的侵害，还是其他行为的侵害，属于理由具备性的问题，不应当在这个阶段受到审查。

“应当受到法律保护的利益”既包括法律明确规定的专属于原告的权益，同时还包括法律应当保护的专属于原告的利益。这些权益的依据主要包括行政诉讼法及其司法解释规定的权益、法律应当保护的专属于原告的权益。

（3）原告利益因此受到侵害与裁判时机成熟

对于一般给付诉讼而言，原告是否因行政机关的行为受到侵害，可以通过对原告诉权的适法性得到判断。因此，在一般给付诉讼中，原告利益因此

---

① 英国的做法是，宽泛解释“行政义务”和强化特定义务相结合。例如，个人诉称在就当事人的申请作出决定方面存在延误时，执行令亦得适用。在一个案件中，法院认为，内政部在决定是否能够在合理时间内获得住所权利以及设置机器方面的申请时，负有隐含的义务（implied duty）。执行令可以用来命令行政机关执行特定的行为，此时法律已经明确赋予了作出一定行为的义务。这就提供了强制行政机关履行义务的形式，或者说赋予了利害关系人以通过执行令方式实现的特定公法权利。参见 Clive Lewis，*Judicial Remedies in Public Law*，London，Sweet & Maxwell，2000，pp. 192，194.

② 参见 Clive Lewis，*Judicial Remedies in Public Law*，London，Sweet & Maxwell，2000，pp. 192，194.

受到侵害比较容易判断。而对于裁判时机是否成熟则存在不同的情况。行政机关如果对行政事项没有较大的裁量权，法院则可以作出要求行政机关提供给付的判决；对于事实还不够清楚，法院不可能通过调取证据等方式证明的行政裁量瑕疵，法院不能作出给付判决，但是可以作出答复性的判决，要求行政机关作出特定行为，法院不应当就如何作出以及作出何种行政行为作出明示；行政机关对于行政事项有较大的裁量权，法院不能通过判决解决的，应当驳回原告的诉讼请求。

在消极的给付诉讼中，原告的权益主要来源于行政法学上公民的基于宪法上地位的“抵抗权”。抵抗权的法律依据可以是单行法律法规的明文规定，亦可能是准用民法上关于排除妨害的请求权。此种妨害必须是受到了行政行为的妨害，且必须具备一定程度。这种程度不一定是“严重”的、“重大”的、“明显”的，但须公权力正在不间断进行或者有继续发生之危险等。在积极的给付诉讼中，原告具有的请求权包括了宪法和法律规定的行政赔偿请求权、返还财产请求权、恢复原状请求权以及消除后果请求权等。

2. 一般给付判决的确立

如前所述，在给付行政诉讼中，给付标的除了物，还包括行政行为。这里的“行政行为”是一个大概念，可能是一种积极的作为行为，也可能是一种消极的不作为行为；既可能是一种行政行为，也可能是一种非行政行为。强制履行判决要求行政机关履行的法定职责，往往是一种行政行为。因此，在法律意义上，强制履行判决更类似于课予义务判决。课予义务判决是给付判决的亚类，除了课予义务判决之外的给付判决即为一般给付判决。也可以说，给付判决分为一般给付判决和课予义务判决。“给付义务”的对象则比较广泛。在大陆法系国家的德国，一般给付针对的是一种非行政行为的给付，通常情况下，涉及的均是事实行为，如信息行为、生存照顾和基础设施的给付、金钱支付（返还款项、费用偿还、损害赔偿、补偿）、要求消除后果（如违法将土地处置后，将其填埋坑壕、销毁涉及人格权的信息和数据）、要求签订或者变更行政合同、要求纠正姓名拼写错误等。

当原告申请被告依法履行某项给付义务的理由成立、被告负有给付义务而在无正当理由的情况下拒绝或者拖延履行义务时，法院的裁判时机已经成熟。即法院经过审理认为，相关事实清楚、法律规定明确的，人民法院应当判决被告在一定期限内履行相应的给付义务。这里的“相应的给付义务”是指按照原告申请的内容明确履行给付义务，并明确给付的内容和方式。例如，在德国，法院通过给付判决判令被告作出一种非行政行为的特定行为或者给付。这种判决形式只能是执行名义，并不能直接形成法律状况。例如，如果原告请求变更一个行政行为，以便确定某一金额或者涉及某一基于该变更的确认，法院可以重新确定该金额的数目，或者以其他裁判代替原来的确认。这是为了避免法院动辄就仅仅撤销行政行为，而不是自己确定金额。如果诉讼已经达到成熟的裁判时机，且数额无须进行复杂的专业的计算，法院可以直接确定金额。但是，如果对有待确定或者确认金额的调查，可能耗费不菲，法院就可以采用答复判决的形式规定计算的基础，并督促行政机关进行相应的计算。[①] 根据德国《行政法院法》第 113 条的规定，基于程序经济的原则，在后果消除请求之外，法院除了撤销行政行为之外，还可以判决作出一定的行为给付，如撤销解雇处分并判决继续支付工资。这样可以使原告不必在撤销判决产生既判力后继续提起义务诉讼或者给付诉讼。

在给付诉讼中，如果裁判时机尚未成熟，那就和义务诉讼一样，只能作出答复判决。根据德国《行政法院法》第 113 条第 4 款的规定，要求消除后果的判决也是给付判决，除了判决撤销行政行为以外，同时也可以判决给付。判决主文一般表述为：“判令被告向原告支付数额为……及其自……以来产生的利息。”

需要注意的是，相关事实尚需进一步调查或者行政机关裁量决定的，可以判决被告在一定期限内作出答复。如在我国，原告请求被告履行给付义务理由成立，但判决被告履行给付义务已无实际意义的，人民法院应当根据《行政诉讼法》第 74 条第 2 款第 3 项的规定确认被告未履行给付义务违法。

在司法实践中，需要注意的是，给付除积极性给付外是否还包括消极性给付的问题。域外行政诉讼制度中，给付诉讼不仅包括积极性的给付，还包括消极性的给付。典型的如停止作为诉讼。停止作为诉讼是指，公民、法人

---

① ［德］弗里德赫尔穆·胡芬：《行政诉讼法》，莫光华译，法律出版社 2003 年版，第 589 页。

或者其他组织认为即将发生的或者正在持续的行政行为对其合法权益造成损害的，可以提起停止作为诉讼。停止作为诉讼属于消极的给付诉讼的亚类，与积极的给付诉讼相对应。停止作为诉讼应用范围之广，以至于被认为是“一般的防御诉讼”。在停止作为诉讼中，一般强调撤销诉讼的优先地位，也就是说，如果能够通过撤销诉讼解决的，不应当采用停止作为诉讼。停止作为诉讼没有明确的期限规定，但是如果原告在较长时间内忍受了这一事实上的不利影响的话，其诉讼权利可能丧失。

在德国，原告在停止作为诉讼中的主张是，其权利受到即将发生或者持续发生的权力行为的侵害。最重要的包括以下情况：信息活动、警告（如声明、警告、评价、提出或者传播数据、发表报告、公布名单等）；污染物排放（公共设施产生的污染物排放；消防车警笛噪声）；无需审批而建立或者运营的公共设施、其他事实行为。

（二）课予义务判决

1. 课予义务判决之前提——诉之合法性

课予义务判决的前提条件是必须存在一个合法的诉讼种类——课予义务诉讼。课予义务诉讼是指原告请求法院就行政机关的拒绝行为、停止作出行政行为作出特定的、具体的行政行为的诉讼类型。

（1）因法律或者其他名义产生的权利

行政行为产生的名义包括法律规定、行政契约、行政承诺等。

①行政行为的拒绝或者停止作为必须符合法律的规定

对于法律要求行政机关应当作出的行政行为，行政机关必须作出，否则就是违反作为的义务。

②行政机关在行政契约中有一定的权利和义务

行政机关在行政契约中设定义务，行政机关必须作出相应的行政行为。这种行政义务由于是在合同中明确约定的，因此较为明确和具体。

③行政机关对外宣称的行政承诺（Zusicherung）、行政奖励等行为，使行政机关负有作出特定的行政行为的义务

行政机关对于上述行政事项负有的作为义务，相对应的就是相对人的权利。

④行政机关的附带保留行为亦可能产生行政上的义务

附带保留行为一般存在于行政许可领域。有学者认为，行政许可是指对符合条件者的不作为义务的解除。① 附带保留是指法律对于公民的特定行为作一定程度的保留，除非获得例外的许可。附带保留分为两种情形，一种是预防性的附带保留，即为了预防公民权益滥用，对一定事项进行法律上的限制，仅在例外情形下得获许可。另外一种是严格控制的附带保留，即公民某种行为为法律所禁止，只在非常严格的条件下才得许可。在德国，这两种情况被称为许可保留的预防性禁令（beim präventiven Verbot mit Erlaubnisvorbehalt）和压制性禁令（Ausnahmebewilligung）。②

（2）该权利专属于原告

原告的诉请分为作出有实质内容的行政行为的请求和仅要求行政机关作出行政行为的请求两种。前者要求法院判决行政机关作出唯一的、特定的行政行为，后者要求法院判决行政机关作出属于行政机关裁量权限的行政行为。前者实际上是一种形成判决，后者则类似于给付判决。后者与给付判决不同的是，给付判决通常是法院判决行政机关为金钱给付等行为，而后者则要求行政机关作出特定的、内容确定的行政行为，并且法院在判决中附有法院的见解和观点，行政机关在作出行政行为时必须遵循法院的观点。

（3）因行政行为的拒绝和停止作为导致的可能性权利损害

“可能性权利损害”是指原告可能因拒绝性和停止作为的行政行为造成损害。这种损害在对理由具备性进行审查之前只是一种可能性。与撤销诉讼对原告损害的要求不同，课以具体义务诉讼不要求对权利侵害作过高的要求。如果权利损害不是明确地可以排除的，则原告的诉权就应当得到保障。与上述对是否专属于原告权利的评断标准一样，此处也适用“明确排除”原则。在审查原告权利损害方面，法院只有在明确无法肯定原告主张权利存在或者权利归属于原告时，其诉的适当性才不具备。在这方面，相对人说在此不能适用。在撤销判决中，原告可以要求法院撤销一个对其不利的行政行为，但

① 江必新编著：《行政许可法理论与实务》，中国青年出版社2004年版，第11页。

② ［德］弗里德赫尔穆·胡芬：《行政诉讼法》，莫光华译，法律出版社2003年版，第440—441页。

是在课予义务判决中，原告不能生造“相对人”的地位提起诉讼。

撤销判决中，原告可以根据其防御权行使要求法院撤销行政行为的诉讼请求权。但是在课予义务判决中，原告不能援引关于防御权的条文向任何一个非行政主管机关提出申请，非行政主管机关可以没有该项职权而拒绝其申请。原告不能主张其为该拒绝行为的相对人而起诉。因此，并非所有被行政机关拒绝的相对人均为课予义务诉讼的当然的原告。当然，除了强调法院的审查外，还应当注意原告的证明责任。

拒绝行为是否是一种可以撤销的行为？对行政机关拒绝利害关系人的申请的行为，法院审查认为其违法之后，能否判决撤销？一种观点认为，拒绝行为即是一种作为行为，当以作为行为视之。在被诉行为的司法审查方面，与其他作为行为无异。在某些特殊的情形下，原告自我减缩诉讼请求，提出的要求仅止撤销该拒绝行为。在德国行政诉讼法学上，是谓“分离的撤销诉讼”（isolierte Anfechtungsklage）。英国行政法亦有类似的观点。[①] 另一种观点认为，拒绝行为并非真正的行政行为，行政机关的该项措施并不具有规制效果，不产生法律上的效果。行政法律行为必须是经由其创设、变更或者确认主观权利的行为，拒绝行为不具有这种特征。上述观点均在一定范围内具有意义，都存在一定的局限性。实际上，撤销拒绝行为原则上并不妥当，原因在于，其一，课予具体义务诉讼和撤销诉讼的选择具有优先序位性质。因为后者对原告权益的保护更为彻底，即当课予具体义务诉讼符合其诉的适当性并且比撤销诉讼更有实质意义时，撤销诉讼就退居其次。其二，撤销拒绝行为不符合诉讼经济的原则。法院如果判决撤销一个拒绝行为，行政机关可以基于其他理由对原告作出另外一个拒绝行为，则原告必须另行起诉。当然，在例外的情形下，撤销拒绝行为仍有存在之余地。例如，在一些公民能够自主决定、市场竞争机制、行业组织或者中介组织能够自律管理等情形下，公民无需许可的情况下，原告就行政机关的拒绝行为提起课予义务诉讼。课予

---

① 例如，学者克里弗·里维斯认为：“在公权力主体有作为义务而该机关拒绝作出的情形下，法院可以签发提审令撤销拒绝行为并且在宣告判决中列举行政机关行政义务的范围（而非签发执行令）。因此，在个案中，当地的健康主管机关违法拒绝为病人提供精神病治疗，法院撤销了该拒绝行为并且签发了宣告判决，明确了其提供照顾的行政义务，并且要求行政机关重新考虑法院在判决中阐释的观点。”参见 Clive Lewis, *Judicial Remedies in Public Law*, London, Sweet & Maxwell, 2000, p. 177.

具体义务诉讼不符合诉的适当性，但是，原告为了防止被诉行政机关将来就此设置许可，而向法院提出撤销行政机关拒绝行为，法院应当撤销该拒绝行为。此谓通过撤销诉讼实现预防性诉讼之效果。此外，还有诸如原告基于一定的事实理由，已经无法请求行政机关作成行政行为或者现在没有作成行政行为的意图，原告亦可通过撤销行政机关的拒绝行为，保有将来的可能的许可利益。

2. 适用课予义务判决的条件

适用课予义务判决必须具备以下四个方面的条件：被诉行政机关被动适格；拒绝或者怠慢行为违法；原告权利损害与违法行为有相当因果关系；裁判时机已臻成熟。

在德国，课予义务诉讼被告的义务来源和原告的请求权来源主要包括以下几个方面：（1）法定的请求权。例如，法律对于特定的社会福利给付作出的明确规定。（2）带有许可保留的预防性禁令，又称为一般许可。这是义务诉讼的大多数情况。如果申请人能够满足法定的特定条件，他就有权请求颁发相应的许可。（3）压制性禁令。又称为例外的准许，特别许可。如果某种活动对公共利益的危害或者危险总是确定无疑的，法律就会阻止活动本身的进行。只有在非常严格的条件下，才得允许。（4）裁量规范。根据德国《行政法院法》第114条的规定，如果行政机关具有裁量权，则请求权有待考虑。也就是说，只有行政机关的裁量具有瑕疵时，对行政行为的拒绝或者停止作为才是违法的。（5）源于基本权利的请求权。这种情况非常少见，主要原因是基本法本身就已经明确无需许可或者认可。如果存在对基本权利的法定限制，请求权就直接产生于法律规范。例如，行政行为作出包含职业准入的决定等。此外，基于基本法上的平等原则，平等对待在特定情况下也是具有请求权基础的。（6）保证（行政允诺）、公法合同。如果行政机关事先对停止作为或者对被拒绝的行政行为作出过有效的保证，或者如果行政合同中对行政行为的作出规定了义务，则义务诉讼也是具备理由的。这些规定可资借鉴。

大陆法系国家和地区一般针对原告的诉讼请求作出相应的课予义务判决，将“具体判决”作为课予义务判决的首选方式。例如，德国《行政法院法》第113条第5款规定，拒为或怠为行政处分违法，并因此侵害原告之权利时，如事件已达可裁判之程度，法院应判决行政机关有作成原告所申请职务行为之义务。判决主文一般表述为“被告有义务向原告颁发……的许可”。我国台湾地区所谓“行政诉讼法”第200条规定：“行政法院对于人民依第五条规定请求应为行政处分或应为特定内容之行政处分之诉讼，应为下列方式之裁判：一、原告之诉不合法者，应以裁定驳回之。二、原告之诉无理由者，应以判决驳回之。三、原告之诉有理由，且案件事证明确者，应判命行政机关作成原告所申请内容之行政处分。……”

（三）禁令判决

禁令判决是一个来自英美法系的术语，在法律意义上相当于大陆法系行政诉讼法学中的停止作为判决，在法律分类上属于一般给付判决的一个亚类。停止作为判决针对的一般是事实行为（诸如污染物排放、观念通知等）等行政行为。同时，如果针对的是有威胁性质的行政行为和有威胁性质的抽象行政行为，停止作为判决亦得适用。因此，禁令判决并非一个纯粹的一般给付判决，在某些情况下亦可归为课予义务判决一类，后者针对的是行政行为。可以说，禁令判决是介于两种判决形式之间的一种判决。我国加入WTO之后，对于禁令判决的司法需求也愈加强烈，尤其是在涉及知识产权行政案件的审理上，禁令判决有着重要的作用。考虑到WTO法律文件和协定采取的多是英语，因此，本书采用了英美法系中关于禁令判决的提法。

禁令（injunction），是一种停止某种行为的命令。禁令制度最早起源于英美法系国家的司法判例。在英国的行政诉讼制度中，禁令是高等法院王座分院对低级法院和行政机关所发出的特权命令，禁止它们的越权行为。禁令仅适用于行政行为作出前和在执行过程中的决定。禁令分为临时禁令和永久禁令，其作用在于防止、阻止和制止侵权行为。

在世界贸易组织的TRIPS协议第50条中，临时禁令被称为“临时措施”，即“如果认为适当，司法当局应有权在开庭前依照一方当事人请求，采取临时措施，尤其是在一旦有任何迟误则很可能给权利持有人造成不可弥补的损害的情况下，或在有关证据显然有被销毁的危险的情况下”，也就是指侵害的行为即将扩大，若不制止将使权利人被侵害的范围和程度扩大和加重，有关侵权证据可能丢失，而采取的一种应急措施。这种临时措施的目的是制止侵犯任何知识产权活动的发生，尤其是制止包括刚由海关放行的进口商品在内的侵权商品进入其管辖范围的商业渠道，保存侵权的有关证据。能否有效地保护知识产权权利人的利益，关键是看能否防止侵权的发生，防止侵权的扩大，制止侵权的继续，因此在知识产权行政案件中，禁令判决是一个非常有效和重要的工具。世界上许多国家已经把禁令制度引入知识产权的保护机制。禁令分为临时禁令和永久禁令。临时禁令是法院为了制止即将发生的或存在发生的危险性的侵权行为，根据当事人的申请在作出判决之前颁布的一项禁止行为人为某种行为的强制命令（实际上相当于诉讼保全裁定）。永久禁令是法院在查明案件事实后，要对案件作出最后裁决时所作出的停止侵权行为的命令。为了需要，加大我国对知识产权的保护力度，我国在修改《专利法》《商标法》《著作权法》时增设了诉前停止侵权行为的临时措施，这是一种防止侵权和阻止进一步侵权的救济措施。

五、确认类判决

（一）一般确认判决

一般确认判决是典型的确认类判决。之所以典型，是因为一般确认判决是针对原告的诉讼请求已经纳入确认诉讼而言的。原告提出确认过去的抑或将来的行政行为的合法性，或提出行政行为的有效性，或提出行政法律关系是否存在等。在确认诉讼中，除了法院作出的继续确认判决、驳回原告诉讼请求判决之外，其余判决种类均为满足原告诉讼请求的判决。确认判决与确认诉讼直接相关，下文将首先阐述确认诉讼的有关问题。

1. 确认诉讼的基本含义

一般而言，行政诉讼类型是根据原告的诉讼请求确定的，原告请求撤销的，为撤销诉讼，原告请求给付的，为给付之诉。但是，确认诉讼的情况比较特殊，原告可能提出确认的请求，但更多时候，确认诉讼是作为一种补充性的诉讼存在的。我国修订前的行政诉讼法没有明确规定确认诉讼。但是对于维持判决（以及司法解释规定的驳回原告诉讼请求判决），体现了法院对行政行为进行合法性审查之后的态度，即行政行为合法，因此，从广义上讲，在其他诉讼类型中隐含着确认诉讼。

2. 适用确认判决的必备条件

在大多数判决形式中存在的裁判时机成熟问题在确认判决中不存在。这主要有两方面的原因：一是确认判决是一种变通性抑或补充性的判决，当事人在诉讼请求中很少提出，往往是法院根据案件实际情况作出的，法院具有主动性；二是确认判决的确认对象在诉的合法性和裁判时机阶段是相同的，对诉的合法性的审查与实质裁判要件高度重合。适用确认判决的必备条件主要是：

（1）确认判决的标的必须符合法律规定

根据确认判决的内容，确认判决的种类包括一般的确认判决、确认效力的判决和变通判决三个大类。其中，一般的确认判决即为旨在确认某种法律关系存在与否的判决形式，包括确认行政法上的法律关系以及行政诉讼法上的法律关系两种判决形式；确认效力的判决是指确认被诉行政行为效力的判决形式；变通判决则是附属于撤销判决、给付判决以及课予义务判决之上的判决形式。无论哪种确认判决种类，均须符合法律的规定。

第一，一般的确认判决的标的是某种法律关系。

这种法律关系既可能是目前的法律关系，也可能是未来的法律关系；既可能是来自行政实体法上的法律关系，亦可能是来自行政诉讼法上的法律关系。一般而言，行政法律关系在概念上具有极大的张力，行政法律关系不仅存在于公行政与相对人之间、行政机关之间，在例外的情况下还存在于相对人之间。因此，无论行政法律关系属于内部抑或外部，皆可能成立行政法律关系。唯如若仅有法律规定的一般关系，尚欠缺必要的具体化规制，不足以成立行政法律关系。[①] 行政法律关系可以包括针对人的行政法律关系（如课予治安拘留等行政处罚行为）、针对行为的行政法律关系（如遵守交通规则行为）、针对财产的行政法律关系（如行政契约中金钱给付义务）以及针对物的

---

① 陈敏：《行政法总论》，三民书局2000年版，第178页。

法律关系（如对行政公产的使用）等。

第二，确认效力的判决针对的是行政行为的效力。

确认效力的判决包括确认无效判决和确认有效判决。如果法院经过审查认为行政行为并非自始无效，则法院不是将此行政行为认定为有效，而是应当迅即转入撤销诉讼程序进行审查。无效的行政行为是指被诉行政行为具有重大明显的瑕疵，因而该行为自始无效的情形。违法的行政行为包括无效的行政行为和可撤销的行政行为。可撤销的行政行为在司法机关撤销之前被推定为有效；而无效的行政行为则是自始至终无效。“依法不成立”是行政行为不具有法律效力的一种表现，但无效行政行为还有其他的表现。“依法不成立”重在程序的标准，而实体上的重大与明显违法也可以导致行政行为的无效。对于无效的行政行为不能适用撤销判决，因为无效行政行为自始无效，而撤销的前提是必须有一个有效的行政行为。

第三，确认合法性的判决标的是行政行为的合法性。

确认合法性的判决包括确认合法判决和确认违法的判决。很少有人单纯提出行政行为是否合法的诉讼请求。因此，确认合法与否的判决一般出现在诉讼程序终结之后，此种判决形式亦称为“追加确认判决”[①]。值得注意的是，此种追加确认判决并非诉讼请求进行了变更，而是原告原先提出撤销诉讼，在审理过程中发现行政行为已经违法，或者在诉讼终结后，应转换为请求确认违法的诉讼。

第四，预防确认判决针对的标的是未来的行政行为。

确认判决可以针对未来的违法行为。[②] 实际上，按照确认判决的变通性和补充性的特点，有关行政行为或者规范性文件的审查，优先适用的是消极的给付判决（停止作为判决），但是由于此时行政行为尚未作出，仅仅是具备某种可能的威胁或者侵害，停止作为有可能发生侵犯行政权之虞。所以，在预防确认判决中，法院应当谨慎作出。相应地，原告应当提供证据证明该行政

---

① 陈敏：《行政法总论》，三民书局2000年版，第1106页。

② 例如，德·史密斯认为，确认判决在解决未来状况的合法性以及避免违法行为发生等方面的作用也在日益增长。See De Smith, Woolf & Jowell, *Judicial Review of Administrative Action*, London, Sweet & Maxwell, 1995, p. 736.

行为或者停止作为可能对其造成了侵害。

（2）确认判决中的确认利益必须正当而且急迫

首先，在一般确认判决中的实质要件中，“确认利益必须正当而且急迫”是指原告必须证明尽快确认存在正当的权益，即“原告在确认诉讼中必须具备急迫之私人利益”[①]。正当的权益与合法权益不同，合法权益包含在正当权益含义之内。原告不必证明其权益属于法律上规定的某种合法权益，只要证明此种权益属于正当即可。[②] 这个实体判决要件主要有两个方面的要求：时间要素——急迫；诉益要素——正当利益。在时间要素方面，确认判决的急迫是指确认利益如果不在一定期限内予以确认，将会发生丧失确认利益、恶化或者重复发生危险。在诉益要素方面，仅仅要求有正当利益，此种正当利益可以是实定法上明确加以规定、符合一般法律原则以及有司法保护的需要等，不必对其进行如撤销判决中关于原告诉益一样程度的审查。原告在确认诉讼中，只有在法律关系有争议或者原告可以主张其权利受到行政行为的损害，从而如果没有法院的确认，原告的权利将处于危险状态时，始得认为有受确认的正当利益。[③] “正当利益”不是一个可以精确定义的概念，在不同的时代、不同的法治背景下有不同的含义。法院对正当利益进行衡量时，要综合“理性人”考察标准、行政诉讼一般原则、具体的法律规定以及应当保护的价值等方面进行考虑。[④] 与正当利益相对应，被告的行政行为已经使原告的利益有澄清的必要。例如，如果不确认行政行为的合法性、有效性或者法律关系存在与否，原告将遭遇即刻到来或者必然到来的危险。在这里，时间是一个非常重要的要素。比如，悬而未决的问题不能在判决的时点得到确认，即刻就会或者必然会发生恶化或者重复发生的威胁。如果存在着这种危险情势，则应当认定为有正当利益。

---

① De Smith, Woolf & Jowell, *Judicial Review of Administrative Action*, London, Sweet & Maxwell, 1995, p. 647.

② 例如德国《行政法院法》第 43 条规定，提起一般确认诉讼的原告仅需具有“正当利益”(berechtiges Interesse)，而无需为“法律上的利益”(rechtliches Interesse)。

③ 李震山：《行政法导论》，三民书局 1999 年版，第 457 页。

④ 德·史密斯认为，英国的法院在确认诉讼中就“peculiarly affected”作出的解释非常宽泛，目的也在于扩大对“利益”的解释。参见 De Smith, Woolf & Jowell, *Judicial Review of Administrative Action*, London, Sweet & Maxwell, 1995, p. 648.

其次，在预防确认判决中，对于将来发生的行政行为对原告的确认利益应当进行严格审查。因为此时行政机关尚未作出行政行为，过早的司法介入将会干扰行政机关的正常运作或者引发不必要的公众诉讼。法院可以要求原告再等候一段时间，等待确认利益更加成熟和明显，并且法院在适用预防确认判决时，必须首先考虑将来撤销判决、给付判决等判决方式是否有适用可能。如若可能，撤销判决、给付判决等判决形式应当优先适用。

最后，在确认效力的判决中，原告的确认利益必须是通过法院的判决可以消除由于无效的行政行为导致的心理或者物质上的损害，并且通过确认判决，原告的法律地位在一定程度上会得到改善，否则法院的确认判决就不是必要的。

3. 确认判决的各种类型

由于确认诉讼适用对象极为广泛，使得其种类比形成诉讼和给付诉讼更为复杂。与确认诉讼类型相对应，确认诉讼的判决主要包括一般确认判决、预防确认判决、确认行政行为无效判决、继续确认判决、衡平判决、情况判决等六种，这几种类型不是按照统一的标准划分的，而是根据确认诉讼的"复杂性"，根据原告的诉讼请求，以及法院根据案件的具体情况等综合标准确定的。

（1）一般确认判决（确认法律关系判决）

前已述及，一般确认诉讼，又称为确认法律关系诉讼，是指公民、法人或者其他组织请求法院确认特定行政法律关系是否存在的诉讼。请求确认行政法律关系存在的诉讼称为"积极的确认诉讼"，请求确认行政法律关系不存在的诉讼称为"消极的确认诉讼"。在五种确认诉讼类型中，一般确认诉讼是最典型、最单纯的确认诉讼，也可以称为"真正的确认诉讼"。但是，这种诉讼也是最难以确定和难以列举的诉讼类型。修订前的行政诉讼法和司法解释没有规定一般确认诉讼，目前，这类诉讼在司法实践中数量较少。这种诉讼的关键词是"行政法律关系"和"确认利益"。

（2）预防确认判决

预防确认诉讼是指为了防止行政机关即将作出的行政行为的侵害，公民、法人或者其他组织要求法院预防性地确认法律关系是否存在的诉讼。由于预防确认诉讼针对的是未来的行政法律关系，也可以称为“确认未来法律关系”诉讼。从这个意义上讲，预防确认诉讼是确认法律关系诉讼的亚类。我国没有确立预防确认诉讼。

预防确认诉讼与停止作为诉讼都具有“预防诉讼”的性质。两者的关系是，预防确认诉讼与停止作为诉讼相比，具有补充性，即如果能够提起停止作为诉讼，不能提起预防确认诉讼。通常情况下，行政机关未作出任何行为，原告应当继续等待，等待将来作出的行政行为。如果原告对此存在异议，可以提起停止作为诉讼。也就是要求法院判决行政机关禁止作出行政行为，即请求法院颁发“禁令”。

由于针对的是“未来的行政法律关系”，预防确认诉讼比一般确认诉讼的条件更加严格，数量和情形也更加稀少。特别是对确认利益的要求更加严格，只有在如果不对未来的行政法律关系确认来解除危险的话，再也不可能通过形成诉讼、给付诉讼予以解除或者存在不可弥补的损害危险的情况下，才能提起预防确认诉讼。例如，在存在竞争的领域（如商业竞争），由于独占性的存在，原告具有确认利益。如果认为竞争对手不符合届时的条件（即不能存在法律关系），可以在行政机关确定最终中标者之前要求确认竞争者与行政机关之间是否存在法律关系。

虽然这种诉讼类型对于保障当事人未来的权益有一定的积极意义，但是，从确立了预防确认诉讼的国家来看，预防确认诉讼往往与停止作为诉讼难以区别，甚至停止作为诉讼更具有效性。这种诉讼类型的独立性和实益性还有待进一步观察。基于以上考虑，我国行政诉讼法也未就预防确认判决作出规定。

（3）确认行政行为无效判决

确认行政行为无效诉讼是指公民、法人或者其他组织请求法院确认行政行为自始无效的诉讼。无效的行政行为，虽然在法律上无效，但因其具有行政行为的外观，可能对人们的合法权益造成侵害，因此允许对此提起诉讼。无效的行政行为不同于违法的行政行为。

从域外的实践来看，由于无效行政行为自始无效，理论上当事人对其完全可以采取“不予理睬”的态度，因此，确认无效诉讼也就没有起诉期限的限制。而没有起诉期限的限制，可能给法院带来数量庞大的“滥诉”。所以，一般情况下，对于确认无效诉讼，应当首先经过行政处理，即首先由行政机关予以确认。也就是说，提起确认无效诉讼必须先经行政机关确认是否无效，只有在行政机关在法定期限内不予答复或者未被确认无效的情况下才能提起。由于无效行政行为属于极为罕见的情形，如果首先进入确认无效诉讼，一旦认定错误可能耽误最佳的救济时机。因此，通常情况下，当事人应当首先通过撤销诉讼予以救济。法院在撤销诉讼中经过审查认为行政行为存在“无效”情形的，可以转换为确认行政行为无效诉讼。

在大陆法系，对于无效行政行为一般规定在行政程序法中。德国《行政程序法》第 44 条第 1 款规定，行政行为具有严重瑕疵，该瑕疵按所考虑的一切情况而明智判断为明显者，行政行为无效。第 2 款规定了六种法定无效的情形：应当以书面形式作出但没有注明作出机关的行为；通过颁发证书作出但没有遵守形式规定的行为；违反针对不动产等有关地域管辖规定作出的行为；因客观原因无法实施的行为；要求实施将导致犯罪或者处罚的行为；违背善良风俗的行为。这六种情形即使没有达到“重大且明显”的标准，其也是无效的。此外，该法还规定一些行政行为只有达到“明显”的标准，才是无效的，主要包括内容瑕疵、管辖权瑕疵、形式瑕疵和程序瑕疵。具体包括：行政行为没有任何法律依据；违反法律禁止性规定；没有行政管辖权；僭越行政管辖权；无事务管辖权；未遵守法定的行政行为形式的规定；不遵守硬性的行政程序规定；不遵守行政行为关于明确性的规定。德国《行政程序法》从法条上看采取的是“明显瑕疵说”，但实际上起决定作用的并不仅限于瑕疵的明显性，还包括瑕疵的严重性。“明显瑕疵说”的理由是：法的安定性原则要求赋予行政行为存续力，即使行政行为可能存在瑕疵；但是在行政行为具有重大且明显的瑕疵的情况下，不再适用法的安定性原则，而应当适用实质的正当性原则。判断“明显瑕疵”的标准不是公民的主观想象，也不是受过法学训练的法学家的认识能力，而是一个普通的、理性的公民的认识。德国《行政程序法》第 44 条的规定在适用时具有先后顺序，该条第 2 款规定了绝对无效的情形，第 3 款规定了排除无效的情形，第 1 款则是一般规定。法院在审理具体案件时，出于合目的性的考虑，应当首先审查是否具备第 2 款和第3款的规定，如果均受到否定，才可以采用该条第1款的一般规定。[①] 另外，葡萄牙《行政程序法典》第133条规定了无效行为的具体情形："一、无效之行政行为，系指欠缺任何主要要素之行政行为，或法律明文规定属无效之行政行为。二、下列行为尤属无效行为：a）有越权瑕疵之行为；b）不属第2条所指的部或者法人之职责范围之行为；c）标的属不能、不可理解或构成犯罪之行为；d）侵犯基本权利之根本内容之行为；e）受胁迫而作出之行为；f）绝对不依法定方式作出之行为；g）在不守秩序下作出之合议机关决议，又或在未具法定人数或未达法律要求之多数而作出之合议机关决议；h）与裁判已确定之案件相抵触之行为；i）随先前已被撤销或废止之行政行为而发生之行为，只要就维持该随后发生之行为并不存在有正当利益之对立利害关系人。"我国台湾地区所谓"行政程序法"第111条规定："行政处分有下列各款情形之一者，无效：一、不能由书面处分中得知处分机关者。二、应以证书方式作成而未给予证书者。三、内容对任何人均属不能实现者。四、所要求或许可之行为构成犯罪。五、内容违背公共秩序、善良风俗者。六、未经授权而违背法规有关专属管辖之规定或缺乏事务权限者。七、其他具有重大明显之瑕疵者。"可见，总体而言，大陆法系国家和地区均将"重大且明显"作为无效行政行为的标准。

（4）继续确认判决

继续确认判决与继续确认诉讼相关。继续确认诉讼，又称为事后确认诉讼，是指公民、法人或者其他组织请求确认已经执行完毕或者因其他事由归于消灭的行政行为为违法的诉讼。继续确认诉讼不是一个独立的诉讼类型，而是根据不同的诉讼类型（形成诉讼、给付诉讼和确认诉讼）引起的代替性的、补充性的、最后选择式的诉讼。继续确认诉讼的应用极为广泛，其适用的可能性甚至超出了撤销诉讼等主要诉讼类型。有的行政行为需要经历一个比较长的过程，有的行政行为可能经历的时间很短甚至是即时完成的，特别是在诉讼过程中，被诉的行政行为可能已经不复存在、已经改变，法院在事

---

① ［德］哈特穆特·毛雷尔：《行政法学总论》，高家伟译，法律出版社2000年版，第251—252页。

实上已经失去了撤销的标的。原告可能因此蒙受冤屈并未因被诉行政行为的消失而获得救济，因此法院必须继续对被诉行政行为的合法性作出判断。

（5）衡平判决（抑或变体判决）

衡平判决是指在公民、法人或者其他组织向人民法院请求撤销行政行为，人民法院经审查认为不宜作出撤销判决时，根据案件具体情况转换的其他判决形式，即人民法院应当作出撤销判决，但根据案件具体情况、当事人权益保护和法律意旨，作出确认行政行为违法的判决。

（二）驳回原告诉讼请求判决

驳回原告诉讼请求判决是否定性的确认判决。在形成诉讼、确认诉讼和给付诉讼中均得存在。与大多数的判决形式不一样，驳回原告诉讼请求判决并无对应的诉讼类型。因此，毋宁说，驳回原告诉讼请求判决属于法院的裁量权限。只要法院认定原告的诉讼请求没有依据，法院得作出驳回原告诉讼请求之判决。我国行政诉讼制度确立的对行政行为进行合法性审查的架构，赋予法院脱离原告诉讼请求作出判决的权力。这个权力更多是法院的义务，此法定义务是首要的和必需的。法院在选择适用驳回原告诉讼请求判决时，必须遵循一定的顺序。遵循顺序的意义在于强调法院在适用驳回原告诉讼请求判决时承担的审查义务。

在法国的判决形式中，有“驳回起诉”的判决。① 即在受理起诉之后，如果起诉讼书中所述理由不能成立，法院在当事人所述理由以外应依照职权调查的事项中（行政机关的权限），也没有发现违法的情况时，法院驳回起诉。日本的驳回请求判决是指因处分的撤销请求无理由，故排斥该请求的判决，驳回请求解决是在处分不存在原告所主张的违法事由时所作出的判决。②我国台湾学者认为，行政法院判决分两大类：一类为原告之诉无理由者，另一类为原告之诉有理由者，对于前者以判决驳回原告诉讼请求。③

---

① 参见王名扬：《法国行政法》，中国政法大学出版社 1988 年版，第 704 页相关内容。“驳回起诉”在我国采用的是裁定形式，法国的驳回起诉是对实体问题的处理，与我国不同。

② 杨建顺：《日本行政法通论》，中国法制出版社 1998 年版，第 750 页。

③ 吴庚：《行政法之理论与实用》，三民书局印，第 520 页相关内容。

维持判决作为一种特殊的确认判决，能够为确认合法判决所容纳，且其维持的行政行为可能使行政行为被判决羁束后无法变更，不利于行政机关纠正错误，因此，维持判决应当修订为驳回原告诉讼请求判决。

（三）情况判决

情况判决是法益衡量的产物，也是一种非常态的判决。情况判决在法律效果上属于确认类判决——尽管在实体裁判要件上属于形成类判决。法院根据案件的实际情况，对被诉行政行为背后的公共利益和原告诉请的私人利益作了利益衡量之后，由于变动和形成新的行政法律关系不符合法律意旨，只是就被诉行政行为的合法性和有效性进行了法律确认。

1. 域外情况判决的功能及可能存在的问题

“程序瑕疵治愈”（Heilung von Verfahrensfehlern）和“违法行为转换”（Konversion）都是德国行政法学上的概念。程序瑕疵治愈是指行政行为罹有特定的程序瑕疵，因补行法律要件所要求的行政行为，而排除违反程序规定的效果，原行政行为不被视为有程序瑕疵的行政行为。这些程序瑕疵包括：应当经过利害关系人申请而未经申请作出；未依照法律规定载明事实理由；未经利害关系人陈述意见；多阶段行政行为中无其他行政机关的协力；时效已过等。违法行为转换是指在行政行为存在瑕疵的情况下，不采取补正方式，而是采取转换为另一行政行为的方式。行政行为的转换必须具备以下条件：原有瑕疵的行政行为可以包含另一新的行政行为；具备作出另一行政行为的实体法要件；此前后两个行政行为可达成相同之目的；行政机关依照原有的行政程序和方式得合法作出另一行政行为。这两种情况下，原行政行为的效力不复存在，以治愈或者转换后的行政行为代之。日本学者认为，“根据具体的案件不同，有时以违法为理由而直接撤销处分，并不一定合理。例如，瑕疵轻微，或者即使予以撤销，其结果将是行政厅反复作出同一处分，均属这种情况。针对这种情况，采取了行政实体法上的对应措施。如瑕疵的治愈、违法行为的转换制度，就属于这种对应措施”①。

① ［日］盐野宏：《行政法》，杨建顺译，法律出版社1999年版，第380页。

尽管我国的情况判决较日本等行政至上传统的国家更为优越，但是仍然存在法院滥用情况判决之可能。当然，如若采取驳回原告诉讼请求判决的情况判决方式，将致原告于更加不利的地位。在实行采用驳回原告诉讼请求判决的国家，法院可能滥用情况判决的情况一直是学界的隐忧。例如，由于原告提起撤销诉讼时，该行政行为造成既成事实，可能进展有限，如果法院对此进行拖延，致行政行为获得较大的国家利益或者公共利益的保护，法院将等到适宜作出情况判决的那一刻，谋求原告与行政机关之间达成和解。尤其是在关于不动产如涉及土地的行政案件中，社会上关于不可能恢复原状的通常理念左右着法院的判断，法院倾向于只要涉及土地等不动产，则不承认诉的利益。尤其是，“特别情况下的驳回判决在换地处分关系中呈现出定型化倾向，在该领域存在着法治主义空洞化的危险”，“这样一来，特别情况下的驳回判决制度将变为单纯的公益优先的制度”①。

上述问题主要是由于相关国家的情况判决以驳回原告诉讼请求判决为基准，忽视对被诉行政行为的法律评价，致生矛盾。为此，日本行政诉讼中的情况判决作了一定修正。为了给原告寻求其他救济提供法律上的基础，日本《行政案件诉讼法》规定，在判决的正文中，必须宣告处分或者裁决是违法的。这样，原告对被告当然地具有请求设置防护设施以及其他损害补偿的权利。② 此外，法院在适当时，在终局裁判之前，可以作出行政行为违法的宣告，此谓“中间违法宣告判决”。经过上述努力之后，日本的情况判决的最终效果已经与我国的情况判决大致相同。但是，由于情况判决具有较强的保护公益的色彩，以及我国当下行政诉讼中面临的各方阻力，情况判决存在扩大适用的危险，因此有必要对情况判决的各项实体判决要件进行细致规范。

2. 适用情况判决的必备条件

情况判决的作出是一种例外的状况，不是行政诉讼判决中独立的、单态性的判决形式。我们主张，在可以适用撤销判决、变更判决等否定性判决时，不宜作出情况判决。尽管没有一些其他国家直接驳回原告诉讼请求的负面影

---

① ［日］盐野宏：《行政法》，杨建顺译，法律出版社1999年版，第381、383—384页。

② 杨建顺：《日本行政法通论》，中国法制出版社1998年版，第754页。

响，但是毕竟该种判决形式反映出的公益绝对优于私益的观点并不为法治国家普遍认同。实际上，一些国家根本就没有类似情况判决一类的制度。[①] 所以情况判决的适用必须限定在一定范围。我们认为，适用情况判决主要应当包括以下几个方面的实质裁判要件。

（1）被诉行政行为违法已经至撤销或者变更之地步

关于撤销或者变更的实体判决要件，前已经有所述及。综合上述两种判决的实体判决要件，归结为一点即为“违法”。此处所谓违法包括以下三点意涵：

其一，“违法”是指具有法律上的瑕疵，即被诉行政行为违反宪法或者法律法规的规定，以及依据的法律规范与上位法相抵触等情形。

其二，此处的“违法”是指已经法院判断之后的违法，而非原告主张之行政行为违法。这个问题涉及对“违法基准时”的讨论，即对被诉行政行为的违法状况的判断以何时为准。学界有行政行为作出之时说和法院判决之时说两种观点。前者谓法院对行政行为的司法审查属于一种事后的审查，因此，法院在进行合法性审查时，必须参酌行政行为作出之时的状态认定。否则，不仅有违事后审查的司法功能，而且对行政机关行政行为的合法性审查将处于不确定状态。司法机关尚需等待行政机关是否有进一步作为才能作出司法判断。这与行政诉讼制度设立的初衷不符。后者谓撤销诉讼的本质不在于代替行政机关作出行政行为，而是仅对行政行为作出判断，基于行政事项上的分工，法院应当参酌现时法律法规的规定，在言词辩论之后以处于时点的法律法规为适用基准。可以看到，在撤销诉讼中不会出现的违法行为基准时，由于情况判决强烈的保护公益的色彩，使论者在“违法基准时”这样的基本前提问题上也出现了分歧。我们认为，即便情况判决有其保护公益的作用，

① 例如，在德国没有情况判决制度。对于程序瑕疵等违法行政行为，法院可以要求正确的行政机关（richtige Beh örde）在正确的时点（richtiger Zeitpunkt）以有效的方式（wirksame Weise）进行。如果瑕疵可以补正并且已经得到有效的补正，就不可以盯着该瑕疵不放。衡量公共利益和私人利益的关系属于行政机关的权衡决定（Abwägungsentscheidungen）的内容。再如，在一些领域中存在“计划修复原则”（Grundsatz der Planerhaltung）和“修复先于宣布无效”（Reparaturgeht vor Kassation）。法院不直接就相关涉及公共利益的争议做第一手的判断。[德] 弗里德赫尔穆·胡芬：《行政诉讼法》，莫光华译，法律出版社 2003 年版，第 413、425—429 页。

但是对于违法行政行为的判断仍然应当以行政行为作出时为准。倘若以法院判决时作为违法行为基准时，则行政诉讼标的的稳定性无法确保，保护原告诉权的行政诉讼宗旨亦将无法实现。

其三，在违法的程度上已经达到撤销或者变更行政行为的地步。这个问题实际上涉及情况判决在何种诉讼类型及其判决中适用的问题。撤销诉讼自不赘言，在满足变更判决的情形下能否适用呢？我们主张情况判决不宜扩大范围适用，但是对于在实体判决要件上与撤销判决存在较大重合的变更判决，其仍有适用之余地。在确认无效诉讼中能否适用情况判决，尚有歧见。否认者认为：法律一般规定情况判决限于撤销诉讼；确认判决容易使被诉行政行为效力受到损伤；对于重大且明显的瑕疵，不应当因公共利益的需要维持其效力。[①] 肯定者认为：无效与违法的实体要件非常难以区分；瑕疵轻重与情况判决关于尊重既成事实的宗旨无关。我国的行政诉讼制度兼采前者与后者的观点，确立的是“行政行为依法应当撤销，但撤销会给国家利益、社会公共利益造成重大损害的”，“人民法院判决确认违法”，在一定程度上承认了在确认无效诉讼中亦存在情况判决的观点。有的学者认为，情况判决是驳回原告诉讼请求判决的变形，在纠正议员定员等选举违宪诉讼、争点诉讼中亦有适用之可能，并有相关司法判例。[②]

（2）撤销或者变更被诉行政行为将发生公共利益重大损害之虞

“将发生公共利益重大损害之虞”是指如果法院判决撤销或者变更被诉行政行为，将有对公共利益造成重大损害的可能。“公共利益”是一个不确定的法律概念。在对公共利益的判断上，一向有两个维度。一种是由行政机关来判断。尤其是在大多数情况下，公共利益的保护成为行政行为合法的标准。“由行政促成公益的情形，可以是以藉法律公益之规定，授权或拘束行政机关采取防止公益被侵犯的情事发生。”“行政机关既须是依法行为（包括在个案时限制人民权利），亦须遵守法律内公益的要求。因此，就此公益条文既约束行政行为之相对人（人民），亦可约束行政主体，故沃夫（H. J. Wolf）

① 杨建顺：《日本行政法通论》，中国法制出版社 1998 年版，第 743 页。

② ［日］南博方：《日本行政法》，杨建顺、周作彩译，中国人民大学出版社 1988 年版，第 132 页。

即指为：公益条款是任何一个公行政行为之合法性（Berechtigung）及界限之理由。”[①] 另一种是由司法机关来判断，即“所谓由司法决定公益（salus publica ex jure）的方式，可以基于公益的考虑，在程序方面来践履之，也可以在实体审判方面，也就是在系争案件时，对所援引法律内的公益条款，针对涉及的事实，为具体的阐释”[②]。我国的行政诉讼制度确立的是，法院可以对是否属于公共利益范围以及公共利益是否可能遭到损害进行司法判断。

在涉及公共利益的行政案件的范围方面，各国均有不同。大多数的国家认为，涉及土地、公共建筑物等不动产等行政案件通常具备公共利益之条件。例如，在法国，对于所有公共建筑物有一种共同的保护制度，即公共建筑物不可侵害原则。它是由法国行政法院判例所产生的，是指法院不能作出任何决定，妨碍公共建筑物的完整性和作用，即使公共建筑物的建立不符合法律规定。例如，违法建立在私人土地上的公共建筑，法院也无权判决拆除，只能由行政机关自行决定。根据法国现行法律的规定，行政机关非法侵占不动产的行为和行政机关严重违法侵害私人财产的行为由普通法院管辖。但普通法院无权命令拆除违法的公共建筑物和命令将建筑物返还于财产所有者。行政机关自己建设的公共建筑物、公共工程承包人和受特许人经行政机关授权并为行政机关的打算而建设的公共建筑物，法院都不能干涉。公共工程受特许人严重侵害私人财产权构成暴力行为时，在公共工程未完成前，普通法院可以命令停止进行，一旦完成之后就无权命令拆除。公共建筑物不受侵害的理由，看起来好像是由于公共利益的需要，因为公共建筑物是为了公共利益的需要而兴建，个人利益应当服从公共利益。这个说明不能完全使人信服，因为行政机关的行为不能由于公共利益的需要，就不受法院监督。从实际观点来看，法院作出的拆除的判决，除消费公款外，不能发生其他实际效果。

---

① 陈新民：《德国公法学基础理论》，山东人民出版社2001年版，第197页。

② 陈新民：《德国公法学基础理论》，山东人民出版社2001年版，第197页。也有学者提出“公共利益的基本要素”，其中包括：第一，公共利益必须具有公共性。这种公共性表现为地域的广泛性、受益对象的广泛性。第二，公共利益必须具有利益的重要性。这种利益的重要性表现为明显大于私益和为一定区域的人们所共同认可。第三，公共利益必须具有现实性。所谓现实性，即公共利益是可见的或者经过努力在一定时期内是可以实现的，而不是虚无缥缈或者可望而不可即的。第四，公共利益必须通过正当程序而实现。参见黄学贤：《行政诉讼中的情况判决探讨》，载《行政法学研究》2005年第3期。

因为行政机关具有公用征收权力，如果公共建筑物设立在行政主体没有权利的私人土地上，行政机关可以适用公用征收权力补正权利上的缺点。因此，唯一可行的办法是保存公共建筑物的存在。①

（3）参酌一切可能导致不利后果的各种情况

“参酌一切可能导致不利后果的各种情况”是指在作出情况判决时必须考虑的各种不利后果出现之可能。我国台湾地区所谓“行政诉讼法”对此有较为详细的规定。其第198条规定：“行政法院受理撤销诉讼，发现原处分或决定虽属违法，但其撤销或变更于公益有重大损害，经斟酌原告所受损害、赔偿程度、防止方法及其他一切情事，认原处分或决定之撤销或变更显与公益相违背时，得驳回原告之诉。前项情形，应于判决主文中谕知原处分或决定违法。”即斟酌的事项除却原告所受损害之外，尚包括由于其他利害关系人承受的行政行为导致的复效性损害。上述考虑事项的主要理由在于法院更加期望通过司法的措施使违法的行政行为得到妥善的处理，尤其是有助于行政诉讼和解之形成。此处所谓的“一切可能导致不利后果的各种情况”应当予以细致划分。若以行政行为的内外环境划分，可以分为行政行为本身的适法状况、行政行为导致的外在法律效果、当事人对行政行为的接受程度以及社会舆论等。如以时间划分，则可以分为行政行为作出之时和判决作出之时。若以效果划分，则可以分为适用情况判决和不适用情况判决等。

（4）撤销或者变更行政行为不符合国家利益或者公共利益

“撤销或者变更行政行为不符合国家利益或者公共利益”是作出情况判决最为关键的判决要件②。其含义为：

其一，被诉行政行为在法律上已经具备可以撤销或者变更的条件。

其二，撤销或者变更行政行为与国家利益或者公共利益相悖。

---

① 王名扬：《法国行政法》，中国政法大学出版社1988年版，第453、457页。

② 有学者认为，只有在公共利益罹受“重大损失”时方可作出情况判决。“重大损失”的认定、公益的重大损失也是法院在作出情况判决时必须考量的重要因素，甚至可以说是核心因素。如果撤销被诉行政行为对公益只是产生一般影响，而非产生重大影响，则法院不应当适用情况判决，而应当适用撤销判决。考量该因素的重要之点就是公益与私益的比较、权衡。只有通过权衡以后发现，尽管被诉的行政行为是违法的，但是，如果撤销该行政行为，将会给公益造成重大损失时，法院才作出情况判决。参见黄学贤：《行政诉讼中的情况判决探讨》，载《行政法学研究》2005年第3期。

如果上述前三个判决要件多属于或然性的话，本条要件却是实然性的。即撤销或者变更行政行为一定会导致国家利益或者公共利益受到损害。这就与上述关于可能性的判断之间连接起一座桥梁。法院必须就这种导致国家利益或者公共利益损害的现实性作出判断。这种判断的基准是判决时点行政行为存在所体现的公共利益，这种公共利益必须是一般理性人可以通过经验得知的。

六、裁定与决定

（一）裁定的概念

我国行政诉讼的裁定主要来源于民事诉讼法对裁定的规定，而我国民事诉讼法的裁定又来源于苏联的诉讼法理论。苏联学者认为裁定是指已包括法院对诉讼过程中产生的所有（除实体问题外）其他问题作出的答复的法院裁判。[①] 其他大陆法系国家没有将判决和裁定适用的事项进行精确划分。例如，在法国，法院对于行政争议的裁判，即涉及当事人实体权益的裁判，一般称为诉讼上的判决，而法院所作的决定仅有一种单纯的司法作用，不解决当事人之间的权利义务关系，称为非诉判决。后者类似于我国法院作出的裁定和决定。而英美法系国家对于裁判方式的区别就更为复杂，例如，judgment，verdict，ruling，decision，等等。事实上，我们也可以看到，现有的行政裁定中许多涉及当事人的实体权益，例如，不予受理、驳回起诉的裁定，财产保全、先予执行的裁定，等等。因此，对于裁定的概念和适用范围等，还有进一步探讨的必要。限于篇幅，本书不拟就此展开讨论，仍然按照学界的通说来论述。

（二）裁定的特征

与判决相比，裁定具有以下特点：

第一，裁定是人民法院解决程序问题的审判行为，是对程序问题作出的

---

① ［苏联］阿·阿·多勃罗沃里斯基等：《苏维埃民事诉讼》，李衍译，常怡校，法律出版社1985年版，第258页。

司法裁断。按照行政诉讼法的规定，人民法院解决实体问题的审判行为是判决，解决程序问题的审判行为是裁定。所谓程序问题有两方面的内容：一是在人民法院主持下，人民法院指挥当事人和其他诉讼参与人按照法定程序进行诉讼活动中所发生的问题；二是人民法院依照法定程序审理行政案件和审查非诉执行行政行为中发生的问题。这些问题，在总体上讲是程序问题，但有时也会涉及实体问题。不过裁定所涉及的实体问题，只是人民法院为最终解决本案实体问题，在程序上所采取的暂时性的或者一种应急性措施。它不决定实体问题，即不最终确定案件争议的权利义务关系。如在诉讼期间，经人民法院裁定停止行政行为的执行。这种裁定涉及实体问题，暂时停止行政相对人对行政义务的履行，但实际上还是一个程序问题，是为了正确处理行政案件。

第二，裁定在诉讼的任何阶段都可以作出，哪一个诉讼环节出了问题，就及时作出裁定，解决所发生的程序问题。不必像判决一样，必须在开庭审理、经过言词辩论后，即在案件审理终结时作出。所以，裁定这种审判行为不是对实体问题的裁判行为，而是在诉讼过程中，解决程序问题，指挥诉讼按照法定程序进行所采取的一种普遍方式，具有很大的灵活性和适应性。

第三，由于裁定所解决的是程序问题，因而其法律依据是程序性规范。

裁定可以是书面的形式，也可以是口头的形式。通常人民法院指挥诉讼的裁定，由审判长、承办审判员口头作出；涉及当事人诉讼权利或对实体权利义务作出临时性、应急性措施的裁定，由合议庭以人民法院的名义当场作出。对书面裁定，行政诉讼法或者其他法律也没有规定严格的定式。尽管在审判实践中，对书面裁定形成一定的格式是为了工作上的便利，不是法律要求必备的形式。

（三）决定的概念

行政诉讼中的决定，是人民法院为了保证行政诉讼的顺利进行，就诉讼中发生的某些特殊事项所作的司法决断。行政诉讼中的决定和其他的司法裁断形式有一个重大的不同是，判决和裁定一般都经过了诉讼程序或者类似诉讼程序的过程。但是，决定则带有更多的行政色彩，是人民法院基于特定的情形依职权作出的司法行为。

决定与判决不同。判决是用来处理行政案件的实体问题的，主要涉及当事人的实体权益，而决定适用于某些特殊的事项；判决是在案件审理终结的最后阶段作出，而决定是在案件审理过程中作出；判决应当采用书面形式，而决定可以书面形式，也可以采用口头形式并记入笔录。

决定也与裁定不同。裁定适用于处理程序性的问题，决定则是解决某些特殊事项；裁定的主要作用在于指挥诉讼活动，推进行政诉讼的进程，决定的主要作用在于排除诉讼中的障碍，保证诉讼活动的顺利进行。

（四）决定的特点

与判决和裁定相比，决定具有如下特点：

首先，就决定所解决的问题而言，既不同于判决所解决的案件争议问题，也不同于裁定所解决的程序问题，而是解决诉讼过程中可能出现的特殊问题。

其次，就决定的功能而言，它旨在保证案件的正常审理和诉讼程序的正常进行，或者为案件审理和正常的诉讼活动创造必要的条件。

最后，就决定的效力而言，决定不是对案件的审判行为，不能依上诉程序提起上诉，当事人不服，只能申请复议。

第十二章　行政诉讼执行制度之比较

2014年修改的《行政诉讼法》第95条、第96条和第97条分别针对诉讼执行、非诉执行、法院强制执行和行政机关依法强制执行的情形作出了规定。因而，行政诉讼法上的执行既包括对法院生效裁判的执行，也包括对非诉行政行为的强制执行。非诉行政执行的表述是为了与诉讼执行区分开来，但非诉行政执行与行政强制执行的界分却并不分明。目前学界的主流观点认为非诉行政执行是法院依据《行政诉讼法》第97条的规定，依行政机关的申请，对未经诉讼审查而就生效的行政行为进行审查和执行的活动，也就是说非诉行政执行的主体仅包括法院。但如果从字面上来理解非诉行政执行，它几乎等同于诉讼外强制执行，也即对没有进入诉讼领域的行政行为的执行，自然也包括行政机关采取强制执行措施促使当事人不履行义务的情形。[①] 因而，非诉行政执行的存在及其特殊性使得关于行政诉讼执行的讨论必然不同于民事诉讼和刑事诉讼那般只包含对法院生效裁判的执行，甚至需要延伸到行政强制执行。在讨论行政诉讼执行制度的过程中兼述行政强制执行，更有利于全面把握不同国家中行政权与司法权的关系以及司法机关强制执行内容的衍生过程。譬如在美国，行政机关少有与中国同等意义的行政强制执行权，但这却不代表美国不存在强制执行，美国的强制执行主要通过诉讼程序由司法机关来实现，执行的目的直接关乎诉讼的目的，但最终是为了确保行政目的的实现。

---

① 郑小泉：《略论非诉行政执行权的划分》，中国法学会行政法学研究会2000年（青岛）年会论文。

一、执行概念的不同解读

执行的概念并不统一，在很多国家和地区行政强制执行与行政执行是混同使用的，并未做严格的区分，行政执行的内涵很大程度上与行政强制执行趋同，都是指对行政法义务的履行。如日本历史上的《行政执行法》[①] 与《行政代执行法》[②]，以及我国台湾地区所谓“行政执行法”，皆使用“行政执行”的概念，但具体内容实际上是对行政强制执行作出的规定，而英美等普通法国家从不执着于在司法审判与行政执法前界定概念之间的精确区别，虽然其教科书中时常出现行政执行与行政强制执行的概念，但至今难以看出二者在这些国家中的差异。在法国，完全没有行政执行法或行政强制法，因而更加没有区分二者的必要。不过，虽然在很多国家和地区的法规中并未对“行政执行”进行定义，但这并不妨碍学者们对概念研讨的热衷，“行政（强制）执行”也因此有了多样的解读。

德国是施行行政强制执行制度的先驱。在德国，对“行政（强制）执行”进行的解释，最具代表性的当属德国教授哈特穆特·毛雷尔：“行政强制执行是指行政工作机关按照行政程序以强制方式实现公民或其他法律主体所承担的公法义务的行为。”[③] 言明行政执行的主体是行政机关，客体是公法上的义务，这种义务在德国就是指“公法上的作为、不作为与容忍义务”或“公法上的金钱给付义务”，[④] 行政执行的程序是按照行政程序以强制方式进行的。而在英国，“行政执行”并非指行政机关所实施的强制执行，英国的行政强制执行法律包括司法性强制执行与行政性强制执行两方面的内容，但行政机关的执行需要通过向法院申请才能实现，因而英国的行政执行是指由法院或在法院的监督下对行政相对人执行行政法义务的强制行为。美国对行政执行概念的理解相较其他国家更为宽泛。美国学者认为，从某种程度上说，

---

① 明治三十三年（1900年）颁布。

② 昭和二十三年（1948年）法律第43号公布。

③ ［德］哈特穆特·毛雷尔：《行政法学总论》，高家伟译，法律出版社2000年版，第479页。

④ 德国1953年《行政强制执行法》（1953年4月27日颁布，同年5月1日生效，后于1977年修改），德国1957年《莱茵邦·柏尔兹行政强制执行法》（1957年7月8日颁行，1958年1月1日施行）。

行政执行是政府的使命，影响公民行为的政府权力在很大程度上来源于政府可以采取强制措施，以确保政府规则和决定的履行。实际上，政府的每一项职能都包含了行政执行。① 因而美国的行政执行可看作对行政法的全面实施。② 法国则将行政强制执行做广义与狭义上的理解。狭义的行政强制执行指当行政处理的当事人不履行行政处理所规定的义务时，行政机关依职权强制其履行义务，包括代执行和直接强制。③ 广义层面上理解的行政强制执行指行政处理内容的强制实现，而不考虑其强制执行的主体、手段、程序等方面的不同。④ 在日本，行政执行是行政上强制执行的简称，因为日本的行政强制实际上包含行政上的强制执行和行政上的即时强制两方面的内容。日本学者认为，行政执行系指行政厅对不履行行政法上义务者采取强制手段，迫使其履行义务或实现与履行义务相同状态的作用。⑤

在中国，行政执行的定义最早出现在1983年的第一部行政法教科书《行政法概要》中："在行政法律关系中，当事人不履行其行政法上的义务时，国家行政机关可以采用法定的强制手段，强制当事人履行其义务，这就是行政法上的强制执行，是一种具体行政行为，又叫行政执行。"⑥ 由此不难看出，我国早期的行政执行主要是指以行政机关为执行主体的强制执行，伴随着实践的发展，行政机关作为单一的强制执行主体既有滥用强制执行权之虞，又有助推行政权力膨胀之嫌，因而逐渐发展出由行政机关申请法院强制执行的途径。相关定义也体现出这一点："行政强制执行是现代法治国家中行政强制的最基本类型，是指在行政法律关系中，作为义务主体的行政相对人不履行其应履行的义务时，行政机关或人民法院依法采取行政强制措施，迫使其履行义务的活动。"⑦ "行政强制执行，是指公民、法人或其他组织拒不履行行政法义务，有关国家机关依法采取必要的强制措施，迫使公民、法人或其他

① Willam C. Banks 等：《中美行政执行制度比较》，2000年中美行政执行研讨会论文。

② 陈红：《美国行政执行法律制度》，载《当代法学》2002年第6期。

③ 王名扬：《法国行政法》，中国政法大学出版社1988年版，第165页。

④ 胡建淼：《十国行政法》，中国政法大学出版社1993年版，第136页。

⑤ [日] 田中二郎：《行政法总论》，有斐阁法律学全书6，昭和四十年（1965年）第十三版，第385页。

⑥ 王珉灿：《行政法概要》，法律出版社1983年版，第125页。

⑦ 姜明安：《行政法与行政诉讼法》，北京大学出版社1999年版，第235页。

组织履行义务或实现与履行义务相同状态的行政执行行为。”① “所谓执行，又称强制执行，是执行机关以生效的行政诉讼裁判或者生效的行政行为为依据，采取强制性的执行措施，迫使拒不履行义务的当事人履行义务，实现生效法律文书内容的活动与程序。”② 由此可见，行政执行包含对不履行法院生效裁判的强制执行以及不履行行政机关处理决定的强制执行。行政执行在行政诉讼法学上专指法院的强制执行活动，即人民法院以国家强制力为后盾，依照法律规定的程序强制义务人履行已经生效的行政诉讼裁判文书中的义务或履行行政机关行政决定的内容。但广义的行政执行也包括行政机关自行强制执行其作出的具体行政行为的情况，亦即为确保行政机关的社会管理效率，赋予行政机关一定范围的执行权，如我国公安机关拥有对人身的强制执行权、工商部门拥有强制划拨权等。

根据2014年修改的《行政诉讼法》可知，在我国，执行制度包括两类：一是法院对已经生效的判决、裁定、调解书的执行，亦即对人民法院裁判的执行；二是“公民、法人或者其他组织对行政行为在法定期间不提起诉讼又不履行的，行政机关可以申请人民法院强制执行，或者依法强制执行”。我国对此有一个普遍使用的习惯用语，即非诉行政执行。学术界对非诉行政执行含义的理解并不统一，如：“非诉行政执行是行政管理相对一方当事人对行政机关作出有履行内容的行政处罚、行政决定或命令，既未提起诉讼又不履行的，有关国家机关依法强迫当事人履行义务的活动。”③ “非诉行政执行是人民法院的执行组织依照法定程序，运用国家强制力，根据生效的行政机关的行政决定内容，强制义务人履行义务的行为。”④ “非诉讼行政执行，是在行政机关或生效具体行政行为权利人的申请下，人民法院经过与诉讼审查不同的审查，裁定执行生效具体行政行为的活动或制度。”⑤ 但一般看来，“非诉”是相对“诉讼”来说的，也即此类行政执行是未经行政诉讼程序的，但也不外乎由经法律授权的行政机关自力执行或者无法律授权的行政机关申请法院强

① 应松年：《行政行为法》，人民出版社1993年版，第520页。
② 江必新、梁凤云：《行政诉讼法理论与实务》，北京大学出版社2011年版，第1242页。
③ 傅士成：《行政强制研究》，法律出版社2001年版，第281页。
④ 林莉红：《行政诉讼法学》，武汉大学出版社1999年版，第271页。
⑤ 傅士成：《行政强制研究》，法律出版社2000年版，第283页。

制执行的情况。义务人在行政机关确定的行政行为生效后，可主动履行义务，也可行使救济权利，即申请复议或者提起诉讼。如果义务人在法定期限内既不履行义务也未寻求救济，那么行政机关可以申请法院执行，或者依法强制执行，此即非诉行政执行，它是追求行政行为内容实现的一种模式选择。有的学者认为非诉行政执行包括行政机关自行强制执行和人民法院依申请执行，但也有人认为行政机关自行强制执行和法院依申请实施的非诉行政执行共同构成了行政强制执行。①

综上可知，各国行政（强制）执行的区别，大多体现在执行主体与执行内容上，如英国行政执行并非指行政机关所实施的执行，而主要指法院的强制行为；美国的执行则包含所有可能具备执行性质的行政行为；日本的行政执行则专指行政上的强制执行。但这些理解上的差异并不影响我们对行政（强制）执行做共性的归纳：行政（强制）执行的主体不论是行政机关还是法院，其共同目标都是确保行政法上义务的履行；行政（强制）执行的作出需要以既定的基础性行为为前提，亦即生效裁判或者行政处理决定；行政（强制）执行必须以相对人负有行政法上义务且不履行该义务为前提。行政（强制）执行有助于督促行政机关依法行政，有助于保护行政相对人的合法权益，有助于确保法院判决、裁定、调解书乃至行政机关决定中所确立的权利义务的实现，从而维护良好的政府社会管理秩序。

二、域外典型执行制度分析

目前，世界各国的执行制度体系与结构不尽相同，甚而差别巨大，皆因各国政治体制、权力分立及法律传统有所差异，进而在建构执行制度时有不同偏重。

（一）英国的执行制度

1. 法律传统与制度特色

在英国，法院作出的各种命令或裁决不存在所谓的“执行难”问题，对

---

① 傅士成：《行政强制研究》，法律出版社2000年版，第284页。

于拒不执行法院裁判的行为，英国法院不仅可以对当事人处以藐视法庭罪，并且可以对公然违抗法院命令的官员以藐视法庭罪追究责任。[①] 在诉讼进入执行阶段后，当事人在符合“足够的利益”标准的前提下可以向法院申请禁令以寻求救济[②]，即当事人必须因裁决受到影响。英国的法律制度一直是以判例法为主要渊源，因而与大陆法系国家的法律制度相比，其体例、表现形式乃至概念术语等都有着巨大的差异。反映在强制执行制度上则表现为：英国没有系统的强制执行法，也没有“行政强制执行”的概念，有关执行的制度大都规定在法院的规则中。英国现有的行政强制法律制度主要由司法性强制执行、行政性强制执行和行政程序中的其他强制性措施及执行三大部分内容组成，但司法性强制执行是在现实中运用最为普遍的，而行政性强制执行则非常少，甚至按照大陆法系的标准来理解，可以说行政性强制执行在英国几乎不存在。

英国执行制度的特点与其行政法理念以及法律传统是密切相关的，作为普通法系国家，英国并没有做公法与私法的严格区分，公民与政府之间的关系、公民之间的关系，原则上受同一法院管辖，因而英国也没有独立的行政法院系统，更没有一套独立的用以规范行政法律关系的特别法律规则，政府与公民之间的法律关系、公民之间的法律关系皆适用同样的法律。其彰显在法律中的法治原则表现为政府与人民在法律面前的平等，至少在普通法的层面，政府不应当享有不必要的特权和豁免，因而司法性强制执行一直是英国行政强制的核心。运用私法救济手段，由普通法院颁布司法禁令、司法强制令[③]来完成行政法上的强制执行即成了英国行政强制法律制度的核心。而行政性强制执行则处于次要和补充的地位，仅在少数特殊领域有所体现，“《议会法案》授予政府一定的强制执行权，这些权力通常是为了满足政府某一机构或部门的需要而专门制定的，有时政府自己就可以签发执行令”[④]；“司法权

① 张越：《英国行政法》，中国政法大学出版社2004年版，第126页。

② Alex Carroll, *Constitutional and Administrative Law*, Law Press, 2002, p. 329.

③ ［英］威廉·韦德：《行政法》，徐炳等译，中国大百科全书出版社1997年版；王名扬：《英国行政法》，中国政法大学出版社1997年版；朱新力：《外国行政强制法律制度》，法律出版社2003年版，第5页。

④ 胡建淼：《行政强制法论》，法律出版社2014年版，第5页。

与行政权不分，经常采用司法强制执行形式来完成行政强制执行，是英国行政强制执行的一大特色”①。

2. 司法性强制执行

英国的司法性强制执行包含司法禁令与司法强制令等手段。司法禁令是指在行政相对人公然藐视制定法，拒不履行法定义务，且未向法院提出任何申诉时，检察总长可应地方机构或其他人的请求向法院申请禁制令②，以迫使行政相对人矫正违法行为或自觉履行法定义务。但法院在裁决是否强制执行前，应当审查该行政决定的合法性，确认行政决定是否合法以及当事人是否违反了行政机关的决定。英国的司法禁令可能发展为一种较为严厉的强制方式，因为法院在颁布禁令后，还具有判处当事人藐视法庭、处以罚金、没收财产或对个人处以监禁的自由裁量权。但实际上，英国的禁令也受到一定的争议，运用禁令增加法定惩罚是否合理一直未在英国形成定论，但至少法院认为，对当事人采取的司法性强制应是有界限的，不应加重当事人根据议会的制定法本应受到的制裁。

与司法禁令不同，英国的司法强制令可由受害方直接向法院申请，用于某一公共机构不履行应当履行的义务致使受害方利益受损的情况，因而强制令也是针对公共机构错误不作为所采取的一种强制措施，如受害方的申请获批，那么法院将对该公共机构下达强制令，命其必须履行应当履行的法定义务，但强制令一般只适用于公法上的义务。此外，法院还可以通过颁布强制令来强制行政机关履行自由裁量权。根据英国法律的授权，行政机关不能不履行或随意履行自由裁量权，而只能在不同裁量决定中作出选择，假若行政机关不行使自由裁量权或者不正当地行使自由裁量权，那么法院即可颁布强制令，迫使其履行自由裁量权。强制令在英国具有较高的权威，因为不仅任何服从强制令所作的任何行为均不得起诉，且不服从强制令还可构成藐视法院罪而被处以罚款或监禁。

此外，英国有四类执行机构，即执行官、注册执达员、郡法院执达员以

---

① 朱新力：《外国行政法律强制制度》，北京法律出版社2003年版，第9页。

② Gregor Gall, “Injunctions as a Legal Weapon in Industrial Disputes in Britain, 1995 - 2005”, *British Journal of Industrial Relations*, Volume 44, Issue 2, pp. 327 - 349, June 2006.

及公共执达员，司法行政官或执达员均独立于法院，负责执行令状的执行，并就执行情况形成书面报告。最高法院的执行令状由债务人所在地的司法执行官执行，且司法执行官可就该项执行收取手续费和佣金，也因为如此，司法行政官在执行时就具备了比执达员更大的积极性。

3. 行政性强制执行

在司法优先理念的影响下，英国行政性强制执行的事件非常少，如前所述，行政性强制执行处于次要和补充的地位。“行政强制执行除了治安法院承担的地方议事会税及增值税的强制征收等少数例外外，主要是通过由行政机关诉诸法院，经法院审理后，以执行法院判决的形式保障其行政方面的意志得到实行。”① 英国公民对行政裁判所的决定不服可以向法院起诉，而行政裁判所若要执行其行政行为所确定的相对人义务，主要是通过申请普通法院颁布强制执行令状来实现，其无权自行执行。也就是说，行政相对人拒绝履行行政处理决定并不会直接导致行政机关拥有对行政相对人人身或财产的强制执行权，行政机关必须向治安法官或高等法院申请强制执行令状，从而把行政性强制执行转化成司法性强制执行。行政性强制执行仅在少数特殊领域有所体现，可在《议会法案》中为行政机关的此种权力找到法律依据，但总的来说，英国行政机关享有强制执行权总免不了受司法权的制约。

4. 行政程序中的强制措施与执行

除司法性强制执行与行政性强制执行外，行政机关还可以在具体的行政程序中实施一些强制措施，英国行政官员可以发布搜查赃物、武器、毒品和其他违禁物的命令，并同时扣查其认为需要的文件资料。“如果为了确保国库收入，排除妨碍安全或卫生行为，行政机关也可以直接采取措施，或进行即时强制。”② 如警察有权逮捕扰乱治安的人，③ 并对其采取暂时扣押。

---

① 张越：《英国行政法》，中国政法大学出版社 2004 年版，第 480 页。

② 杨海坤、黄学贤：《中国行政程序法典化——从比较法的角度研究》，法律出版社 1999 年版，第 328 页。

③ ［英］丹宁：《法律的正当程序》，李克强、杨百揆、刘庸安译，法律出版社 1999 年版，第 111 页。

（二）美国的执行制度

1. 法律传统与制度特色

与英国一样，行政诉讼执行问题在美国似乎也不成问题，行政机关往往会自动执行法院判决。在美国，除法律明确规定法院只能提供某种救济外，法院可对公民的请求提供任何的救济，一般而言，法院会尽可能地减少对行政机关的干涉以便其自行改正自己的行为，譬如法院可要求行政机关对其行为做定期的报告，以检查其遵照执行的情况。当行政机关不执行法院判决时，受到伤害的一方可以请求法院发布禁令，直接要求行政机关遵照执行判决。当行政机关不执行法院判决时，其长官会因藐视法庭而被罚款或监禁。此外，美国对行政执行的理解迥异于其他国家，其内涵宽泛到认为政府的每一项职能都包含了行政执行,[①] 行政执行实际上涵盖了对行政相对人的监督检查、指控、处罚以及对行政决定强制执行的全过程。与英国一样，美国也没有专门的行政强制法或行政执行法，强制执行的法律依据也多散见于法律法规与司法判例，以及联邦及各州的制定法和普通法中，这与行政执行活动本身比较宽泛有关。并且美国的行政执行制度与其民事和刑事制度有着密切联系，行政执行的法律中就包含了规范民事法庭或刑事法庭以及对不履行行政规则或命令的行为进行司法制裁的法律。

美国崇尚三权分立，分权制衡的法律传统对其影响深远，在三权分立的宪政体制下，美国的行政机构虽然可以通过行政程序来实施行政决定，但在行政相对人不服从命令、不愿自觉履行义务时，行政权绝对独立行使的意义就到此为止了。“司法权与行政权的分离以及司法对行政执行的高度参与，构成了美国行政执行的基本特色”[②]，受“司法优先”思想的影响，“行政决定的执行在很多情况下，直接地或者最终地依赖于司法程序”[③]。美国在19世纪初建立的违宪审查制度更是强化了这一观念，在美国仅法院有权采取对公民基本权利有重大影响的举措，对公民人身和财产有重大影响的行政执行活动

---

① Willam C. Banks等：《中美行政执行制度比较》，2000年中美行政执行研讨会论文。

② 陈红：《美国行政执行法律制度》，载《现代法学》2007第4期。

③ 王名扬：《美国行政法》，中国法制出版社1995年版，第531页。

更是严格控制在司法的监督之下，法院理所当然地被认为是行政强制执行的最后主体。虽然行政机关也可以发动行政程序来实施行政执行，但仅在行政相对人自觉履行时才能实现执行目的，若遭到相对人的拒绝，行政机关一般无权强迫当事人履行。美国之所以没有赋予行政机关强制执行权，是为了预防行政权的滥用，行政执行只能通过诉讼程序由司法机关迫使相对人履行义务。

2. 美国行政执行的主要手段

"美国的行政执行就是指经过法律授权的联邦或州的行政机构依照法定程序对违法者采取的强迫其遵守法律并承担法律责任的法律行为过程。"[①] 但美国法律并没有明确规定行政强制手段，相关内容仅散见于不同的法律规则当中，归纳起来美国的行政执行手段主要有刑罚、行政罚、赔偿损失及强制执行[②]。刑罚是在行政相对人不履行重要行政决定时，由检察机关向法院提出追诉，最终是否给予相对人刑罚由法院作出裁决，并且这种刑罚只适用于法律有明确规定的场合。行政罚是由行政机关对行政相对人科处的制裁，目的是确保行政决定的执行。行政罚的常用形式有罚金、撤销或终止相对人许可证或执照、拒绝给予相对人某种利益或补助、公布行政相对人拒绝履行义务的情况等。赔偿损失则通常是与其他手段并用的执行手段，行政机关或其他利害关系人都可因行政相对人不履行义务造成的损失而要求其给予赔偿。在前三类行政执行手段皆不奏效的情况下，美国部分法律也授予了行政机关直接强制执行手段，直接执行相对人因行政决定所负义务，或令第三人履行该义务，并向义务人收取相应的费用，这有点类似于中国的代执行与执行罚。

3. 美国行政执行的模式

美国是典型的以法院执行为主、行政机关执行为辅的国家，尽管其行政执行的手段颇多，但在实践中始终遵循的是"司法优先"原则。一般说来，行政机关无权采取任何强制执行措施，只能向法院提起诉讼，其主要通过两种途径解决执行的问题：一是提起民事诉讼，对于行政机关无权强制执行的行政决定，美国法院享有当然的强制执行权，当义务履行人在法定期限内既

---

① 郭润生、张小平：《美国环境执法中的强制执行及其启示》，载《外国法译评》1996 年第 4 期。

② Smith Howard MD, MPH, JD, Steven C. Smith CIH, "Occupational Safety and Health Law", *Patty's Industrial Hygiene*, 14 FEB 2011.

不起诉也不履行义务时，行政机关或第三人有权向法院申请执行，由法院通过发布命令督促当事人履行义务。若当事人还不履行，则法院可对其以藐视法庭罪处以罚金或拘禁，不过法院如此做的前提是对行政行为进行合法性审查，因而美国的执行诉讼，看似是为了确保行政决定所确定义务的实现，但事实上却也是当事人重要的救济手段，至少是被动的救济手段。二是提起刑事诉讼，即当事人不履行行政决定已经构成犯罪时，行政机关可经检察机关向法院提起刑事诉讼，请求法院以命令形式促使义务人履行义务，这是美国最严厉的强制执行手段，也是美国保障行政决定执行的有力手段。在极少数的情况下，法律才授予行政机关直接执行的权力，并且这种执行是否合法，依然处于法院的严格监督之下。“具体有以下四种情况：（1）对负有缴纳国税义务的人财产的查封和扣押；（2）对外国人驱逐出境；（3）对妨害卫生的行为的排除；（4）妨害安全秩序的排除。”①

尽管美国缺乏系统的强制执行法，但美国却很少存在“执行难”的问题，介于行政权与司法权之间的强制执行权，一方面是通过执行官采取强制措施，迫使当事人履行债务来实现的，这是单纯的执行行为，而另一方面，一旦执行过程中发生争议，则由法院作出决断或裁判，以保证执行的公平正义，这种执行就具有司法性质。由于美国每一个州都具有独立的司法权，因而强制执行可能涉及本州或他州判决的执行，当债务人在本州无财产可供执行时，则须在其拥有可供执行财产的他州执行，此时的执行就必须履行登记程序。“每一州对于其他任何一州的公共法令、记录和裁判程序，应有充分的诚意和信任。”② 总的来看，虽然在美国，法院与行政机关共同拥有行政决定的执行权，但最终实现行政决定所确定的义务还是依赖于法院。

（三）法国的执行制度

1. 制度特色

法国拥有完整的行政法院体系，其对三权分立的理解亦不同于其他西方

① 城忠模：《行政法之基础理论》，台湾三民书局 1994 年版，第 288 页。

② 李吕道：《美国宪法史稿》，法律出版社 1986 版，第 98 页。

国家，法国的行政强制执行法律制度是以行政处理的两项特权为理论基础的。在法国，行政处理决定的强制执行效力来源于效力先定与强制执行两项特权，前者是指行政机关的决定一旦作出，即假定其符合法律规定，无须通过法院确认即具有约束力，即便行政相对人认为某一处理决定违法，在其被变更、撤销或宣布无效之前，依然推定其合法。后者则是效力先定特权的延伸，也就是在行政处理的效力被否定前，无须法院的介入，行政机关即可在一定条件下直接依职权强制执行。“行政处理具有强制执行力量是由于公共利益的需要。行政机关为了公共利益所作出的决定，如果公民可拒绝执行，公务将无法实施，国家将成为无政府状态。”①

尽管法国是众所周知的大陆法系国家，但其行政执行制度却与英美法系国家如出一辙，建立了以司法为主导的行政强制执行制度，在当事人不履行行政法上的义务时，行政机关可以向法院提起诉讼。“相对人不履行行政法上的义务时，法律规定刑罚制裁，依靠相对人对刑罚的恐惧而自动履行义务，这种制裁以违反行政义务的行为为对象，不是一般的犯罪，称为行政刑罚，由刑事法院判决并执行。”② 这一做法一方面是为了更好地实现行政管理目的，另一方面也有利于保护公民的财产与自由。当然，行政机关在法律有明确规定时，也可以对相对人处以行政罚，起到制裁和威慑的作用，以敦促行政相对人履行义务。但法国对行政机关的自行执行权也较为谨慎，仅规定了在有法律明文规定或者在特别紧急的情形下，行政机关才可以运用行政强制措施，以免造成更大的损失。在无法律明文规定，亦非紧急情况，但行政机关没有其他方法达到实现行政义务时，行政机关也可以采用强制执行以达到目的。③

2. 法国行政强制执行的制度构成

总的来说，法国行政强制法律制度是由刑罚式强制执行、行政罚式强制执行和依职权强制执行三部分构成的。刑罚式强制执行是法国最主要的一种执行手段，系指针对违反行政法上义务（不履行行政法上义务）的当事人，

① 王名扬：《法国行政法》，中国政法大学出版社1988年版，第174页。

② 王名扬：《法国行政法》，中国政法大学出版社1989年版，第165页。

③ ［法］古斯塔夫·佩泽尔：《法国行政法》，廖坤明、周洁译，国家行政学院出版社2002年版，第68页。

由刑事法院判处法律规定的刑罚作为制裁，迫使当事人基于对刑罚的恐惧而自动履行义务。[①] 而刑事法院判决的作出离不开司法警察的准备工作，确认当事人的犯罪事实、搜集证据以及查明并逮捕犯罪者等。[②] 尽管这种刑事制裁以当事人违反行政义务的行为为对象，但它却不同于一般的犯罪行为，刑罚本身不是目的，其真实目的在于督促行政相对人自觉履行行政法上的义务，并且刑罚式强制执行只能由刑事法院依据刑事诉讼法的相关规定执行。[③] 行政罚式强制执行是由行政机关对违反行政法义务的行政相对人科处罚款、没收等处罚，以迫使其因恐惧心理而自动履行行政法上义务的执行手段。它与刑罚式强制执行是相互独立的执行手段，同一行为在刑事上被宣告无罪不意味着不能科处行政罚，并且即便同一行为已经由刑事法院判处刑罚，也可以再科处行政罚。行政罚式强制执行的具体种类包含了申诫、罚款、没收、拘留、停止发行、停止营业、取消某种资格等。在法国，依职权强制执行只是一种辅助性手段，行政机关依职权执行是“出于保证法律受遵守之必要，无其他手段时的合法经验”。[④] 依职权执行直接指向当事人的人身权和财产权，因而是受到严格控制的，以免滥用致当事人的合法权益受损。具体说来应满足以下几个条件，行政机关才可以依职权执行：一是行政决定必须合法；二是当事人有反抗或明显的恶意；三是法律中有明确的规定；四是情况紧急；五是无其他任何可能的合法手段。

3. 执行中的问题应对

法国行政法院在作出判决后也会遇到执行难的问题，对于因对判决产生不同理解而引发的执行困难，法官尽可能通过清楚地起草行政判决来预防误读，并且不论在判决作出前或者之后，当事人还可以诉诸多种程序手段，以解决对判决理解不同的问题。在判决前，如果说当事人的权利请求不太确定，法官还可以命令行政机关重新作出行政决定。对于因恶意拒绝而产生的执行

---

① 王名扬：《法国行政法》，中国政法大学出版社 1988 年版，第 174 页。

② 司法警察由司法警察警官、司法警察警员及助理司法警察警员、法律赋予司法警察某些职责的官员与工作人员共同组成。参见 1978 年 7 月 28 日第 78 – 788 号法律；《法国刑事诉讼法典》第 15 条。

③ 《法国刑法典》规定了罚金、剥夺权利或限制权利（第 131 – 14 条）及各种附加刑罚（第 131 – 6 条和第 131 – 17 条），最高罚金额为 10000 法郎，累犯之场合可加至 20000 法郎。

④ 胡建淼：《外国行政法规与案例述评》，中国法制出版社 1997 年版，第 638 页。

难问题，只要胜诉一方有充分理由证明败诉方未执行或未全面执行生效判决，法官即可采取说服措施甚至强制措施迫使其执行判决。若败诉方仍然拒不执行或不当执行，法院可将该案件记录到最高行政法院的年度报告中，[①] 因而负有执行义务的公法人会受到一定的否定性评价，法院还可依职权或应相对人申请对负有执行义务的公法人进行罚款，并且法国的行政法官在进行延迟罚款时拥有较大的裁量余地，对于是否进行罚款以及依据什么标准进行罚款，法官可以根据案件情况作出看似公平的具体判断。总的来说，法国遭遇执行困难的判决比例是很低的，“2008 年，法国各级行政法院共受理 1917 份判决执行案件。其中，最高行政法院 232 份，行政法庭和上诉行政法院 1685 份。这样，遭遇执行困难的判决不足判决总数的 1%”[②]。事实证明，法国的强制执行制度起到了足够的威慑作用。

（四）德国的执行制度

作为行政强制执行法律发展最早的国家之一，德国在 17—18 世纪时就建立了以习惯法方式存在的行政强制执行制度。行政强制执行权在德国传统法律观点中就一直被视为行政权的组成部分，而行政行为具有天生的公定力、拘束力、确定力和执行力，因而行政强制执行不需要法律的单独授权，“行政执行就是行政行为的执行。在这里，行政机关享有相对于债权人的特权，即可以自己设定执行的根据并且自己执行，无须申请法院”[③]。“行政机关可以直接依据行政命令采取强制措施，不受司法审查和制约。”[④] 一般情形下，行政机关享有金钱债权的执行权，具体执行机关为国家财政执行部门或者国家确立的执行部门，行政机关也享有对作为或不作为的强制执行权，以及在紧急情况中的即时强制权。由此可见，德国行政机关的强制执行权之应用范围是较为广泛的。“虽然行政强制由行政主体自主实施，但是行政机关并不是肆意作为，而是受到法治原则的严格约束。首先，采取行政强制的前提是必须

---

① 《行政司法法典》第 R931 - 2 条第 5 款。

② Jean - Marc SAUV：《法国行政判决的执行》，张莉译，载《行政法学研究》2009 年第 3 期。

③ ［德］汉斯·J. 沃尔夫、奥托·巴霍夫、罗尔夫·施托贝尔：《行政法》（第二卷），商务印书馆 2002 年版，第 291 页。

④ 马怀德：《行政诉讼原理》法律出版社 2003 年版，第 478 页。

以行政行为为依据，不得直接以法律、法规的规定为之。”① 行政强制执行必须严格遵守法定程序，且须为强制执行程序提供必要的司法救济。

此外，根据德国《行政法院法》第169条的规定，为公共当局利益的执行适用《行政强制法》的规定：“行政强制执行法所指意义上的执行机关，即第一审法院的主审法官；主审法官可以请求另一执行机关或1名法院执行员负责执行。”执行涉及对作为、容忍及不作为的强制而需要州机关的职务协助的，须依州法律的有关规定进行执行。因金钱请求针对公共当局的执行，则债权人应向第一审法院申请，由法院委托一主管部门负责执行，如此，更能保证执行的公正与合理。法院在作出执行处分之前，必须通知行政机关或公法社会、机构、财团的法定代表人。若行政机关拒绝履行法院的执行命令，则一审法院可依申请针对行政机关以裁定作出一定数额的强制金，命令其限期履行。逾期仍不履行的，法院确定该强制金并依职权执行。具体而言，德国法院可执行的对象包括以下几类：（1）已获既判力的及可临时执行的法院裁判；（2）暂时命令；（3）法院中达成的和解；（4）确定费用的裁定；（5）裁定书已宣布既判力及可临时执行的由公法仲裁法庭作出的宣布可执行的仲裁裁定。

（五）域外执行制度比较分析

在英国，对行政相对人的强制司法执行有一些类似大陆法系的行政执行罚，即法院有权查封、扣押、没收拒不履行命令的行政相对人的财产，对个人处以监禁。在英国与美国，行政机关的自力执行均受到严格的限制，虽为实现行政目的，但一般情况下行政机关也没有自力救济权，尤其当涉及对公民基本权力产生重大影响的举措时，只能由法院采行。行政强制执行在英国与美国的法律制度中几乎也是不存在的，其未建立如大陆法系国家那般系统的强制执行理论体系，但实用主义思维和法律传统也使得它们构筑了与本国国情、体制相吻合的且高效的强制执行制度，其意义在于：秉持一贯的“司

① 章志远：《德国行政强制法评介——兼及对中国立法的启示》，载《政治与法律》2000年第1期。

法优先”理念，通过法院来执行行政决定，不仅有利于防止行政机关滥用强制执行权所可能造成的专断及损害，而且有利于确保行政强制执行的公正合理，免却因执行非议而导致政府公信力下降的困扰。但这种做法的弊端在于提高了行政成本，浪费了行政资源并可能造成司法机关工作负累。而大陆法系国家则是以行政机关自行强制执行为主，法院审查执行为辅，同为大陆法系国家的法国是其中的一个例外，遵循的是法院执行为主，行政机关执行为辅。大陆法系将行政强制执行权视为行政权的延伸，认为拥有行政权的行政机关自然拥有行政强制执行权。这种执行制度的优点在于能够更好地保证行政效率，实现行政管理目标，但却可能造成行政权力不受限制，引发权力滥用致使行政相对人权益受损的问题。

两大法系国家所遵循的不同执行模式表明了强制执行权在法院与行政机关之间分配与偏重的差异，造成这种差异的根本原因在于英美法系国家与大陆法系国家对公平价值与效率价值的偏重不同，英美法系国家遵循以法院执行为主、行政机关执行为辅，与其一向强调民主公平，强调有效控制行政行为，重视对公民合法权益的保护是密切相关的。大陆法系国家更加偏重行政效率，因而将行政强制执行权赋予行政机关，避免了由法院行使该权力所可能造成的效率低下问题。但总的来说，不论强制执行权主要是由法院行使还是由行政机关行使，都不存在一个单纯只采用行政执行或者司法执行的国家，各个国家都只是在两者之间作出利弊权衡，尽量避免由行政机关执行所可能导致的滥权和专断，以及单纯由法院执行所可能造成的效率低下问题。对两种执行模式进行总结，不难发现，将一些重大决定交给法院执行，能够更好地保证强制执行的合理与公正，而将对行政相对人影响不大的行政决定交由行政机关执行，则能更好地实现行政目的，两者之间达到优势互补的效果。

域外各国执行制度的优势都可作为完善中国强制执行制度的有益借鉴，就英国、美国等判例国家而言，虽然其缺少系统的强制执行法，但却鲜少存在执行难的问题，其经验值得借鉴。如英国司法执行官可在执行最高法院的执行令状时收取手续费和佣金，因此就具备了更大的执行积极性。美国有关于藐视法庭罪的规定，也即当事人在拒不履行生效判决时可按藐视法庭罪论处。法国有一套系统的避免执行问题的方案，分别针对行政相对人和公法人实施不同的敦促执行制度，如罚款、负面信息存档等，法国遭遇执行困难的判决比例持低的事实足以说明其执行制度值得学习和借鉴。此外，德国强制执行的法律制度与方式都较为完整，在立法体系上采用了联邦法与各州法、基本法与单一法相配合的体系，尽管德国将行政强制执行权作为行政权的一部分来处理，却很好地避免了行政强制执行失范的问题，这与德国任何强制行为都必须受制于基本法以及其他行政强制立法的严格约束有关，在德国联邦与各州都制定有较为系统的行政强制执行法，为行政强制执行权的行使提供了世界上最为完备与成熟的法律依据。德国偏重在行政强制执行上遵循间接强制优于直接强制的原则。这种在行政强制执行方式选择上的略微差异，无非都是对本国政治体制与法律传统的一种回应。

三、中国执行制度的实施现状与评价

中国行政执行制度包括两类：一是法院对已经生效的判决、裁定、调解书的执行，亦即对人民法院裁判的执行；二是行政机关申请法院强制执行生效行政决定文书或者有强制执行权的行政机关自行强制执行生效行政决定的情况。2014 年 11 月 1 日，十二届全国人大第十一次会议表决通过了《关于修改〈中华人民共和国行政诉讼法〉的决定》，修改后的《行政诉讼法》自 2015 年 5 月 1 日起开始实施，《行政诉讼法》中关于执行制度的诸多改动，都表明中国执行制度正在实践探索中不断完善。

（一）行政诉讼执行制度的实施现状与评价

依据 2014 年《行政诉讼法》中的相关规定可知，中国行政诉讼执行是在行政判决、裁定、调解书生效后才可能出现的强制执行程序。“关于行政诉讼执行的法律属性问题，学界认识较为一致，认为行政诉讼执行从属于行政诉讼，属于司法行为。展言之，行政诉讼执行与民事诉讼执行、刑事诉讼执行等共同构成司法强制执行。”① “行政诉讼执行是指人民法院和国家行政机关依法定程序，运用国家强制力，强制被执行人履行已生效的法律文书的司法活动。”② 行政诉讼执行是对生效判决、裁定、调解书的执行，属于司法范畴，是司法活动的延伸。

从《行政诉讼法》颁布实施至今，中国行政诉讼执行的独立性与专业性不断得到强化，各级法院机构都建立了独立的执行机构，且审判机构与执行机构的相对分离，有利于执行工作更好地发展。但从过去二十多年中国行政诉讼执行发展的概况来看，执行难问题一直是顽症，行政机关不配合行政诉讼执行工作，导致生效判决所确定的义务难以得到有效履行甚至是落空。1989 年颁布的《行政诉讼法》对行政机关拒不履行判决、裁定的情况规定了四项强制措施：强制划拨、罚款、司法建议及追究刑事责任，这些措施中除强制划拨外，其他几种措施皆可视为间接强制手段，从现实中屡屡发生的执行难问题不难看出，这些强制措施在敦促行政机关自觉履行义务时并非十分奏效。首先，司法建议仅仅起到建议的作用，其本身并不具有强制力，司法建议的对象是不履行法院判决、裁定的行政机关的上级行政机关或者监察、人事机关，因而司法建议作用的发挥主要取决于后者是否采纳，法院仅处于被动地位。而对于追究刑事责任，尽管在理论上是一项最为严厉的行政强制措施，但其因受“情节严重构成犯罪”这一前提的限制，也很少采用，现实中行政机关拒不履行判决、裁定的行为大多很难上升到构成犯罪的严重程度，只是单纯的不愿履行或者不充分履行相关义务，因而在现实中这一强制措施几乎鲜有用武之地。

为解决执行难的问题，2014 年《行政诉讼法》第八章关于诉讼执行的条款几乎都做了改动，首先在执行的对象中增加了调解书，旧法第 50 条明确规定：“人民法院审理行政案件，不适用调解。”在执行一章中也未将调解书作为强制执行的对象加以明确。但现实中有选择性地针对行政赔偿或行政补偿案适用调解能够更好地保护相对人权益，缩短权利救济周期，减少法院诉累。

---

① 胡建淼：《论中国行政法上的强制执行制度》，载《浙江省政法管理干部学院学报》2000 年第 1 期。

② 胡建淼：《行政诉讼法学》，复旦大学出版社 2003 年版，第 200 页。

因而2014年《行政诉讼法》不仅在第60条中将行政赔偿与行政补偿列为可调解事项，也在第94条中将调解书列为强制执行的内容。第95条新增第三人可以向第一审人民法院申请强制执行，能够更好地保证强制执行中第三人的权益。第96条中新增一项："将行政机关拒绝履行的情况予以公告"，其实是借鉴了最高人民法院关于建立失信者黑名单的做法。2013年，最高人民法院出台了《关于公布失信被执行人名单信息的若干规定》，意图制裁有能力履行法院生效判决而拒不履行的人，这一做法在现实中起到了良好的效果，因为害怕个人名誉受到影响以及一系列的信用惩戒，义务履行人往往愿意主动履行生效判决。将行政机关拒绝履行的情况予以公告，一定程度上会影响行政机关的公信力与权威性，因而理论上亦能较为有效地遏止执行难的现象。并且但凡行政拒绝履行的情况均可以采用这一强制措施，相比追究刑事责任来说更具有适用的广泛性与能动性，因而可谓是强制执行措施中的一大亮点。

（二）非诉行政执行制度的实施现状与评价

前面已经讲过，非诉行政执行是一个使用普遍的习惯用语，并非严格意义上的法律用语。之所以单独论述非诉执行制度是因为它不似行政诉讼执行那样具有明显的司法性质，关于非诉行政执行的性质问题，学界存在不少争议。一是将非诉讼执行视为司法权的一部分，认为非诉讼执行依附于审判工作，尽管行政机关可以申请法院强制执行行政决定，但法院的执行仍然需要建立在合法性审查的基础上。二是将非诉讼执行视为行政权的延伸，① 因为行政执行权不满足司法裁判权的任何特征，执行只是为了确保行政管理活动的顺利进行。三是将非诉执行视为一种复合的司法行政权，因为非诉讼执行的主体既包括了法院，也包括了行政机关。对于这一点，《行政诉讼法》第97条已经作出了规定："公民、法人或者其他组织对行政行为在法定期限内不提起诉讼又不履行的，行政机关可以申请人民法院强制执行，或者依法强制执行。"对于最终确定执行的行政决定到底是由法院执行还是由行政机关执行需要法律加以明确，但该规定并未划定行政机关依法强制执行所依据的"法"到底是什么。

---

① 姜明安：《行政法与行政诉讼法》，高等教育出版社1999年版，第235页。

“在西方两大法系中，普通法系国家倾向于将行政强制执行权理解为司法权的一部分，由此，其行政强制执行奉行司法强制模式。大陆法系国家则倾向于将行政强制执行权理解为行政权的一部分，由此，其行政强制执行奉行行政机关自行执行模式。”[①] 在中国，似乎不存在对法院执行和对行政机关执行的偏重倾向，现有法律既赋予了法院依申请采取强制执行措施的权利，也授予了行政机关自力执行的权力，如何有效地配置行政强制执行权，关键在于采用何种强制执行途径更有利于实现行政管理目的或者更有利于保护相对人权益。有学者认为，在应对法院与行政机关都具有行政强制执行权的事项时“应当按照特别法优于普通法的规则来处理该问题，即如果特别法中赋予了行政机关选择权的，则依照特别法的规定来执行”[②]。也有学者认为“在行政机关自执行和申请法院强制执行的权力分配上，应当严格执行《行政强制法》第53条的规定，即法律已经赋予行政机关强制执行权的，就不应再赋予行政机关申请法院强制执行的选择权”[③]。但这一提法尽管能够在特定事项上使行政强制执行的主体划分更为分明，避免双重授权可能带来的执行冲突问题，但也降低了行政强制执行的灵活性。尤其是当涉及第三人利益时，如果仅行政机关才具备针对特定事项的行政强制执行权，那么当行政机关不作为时，第三人便少了向法院申请强制执行的权利保障途径。如此看来，2014年《修改决定》中关于行政机关或者第三人均可向第一审人民法院申请强制执行的规定在实践中更具实用性。

此外，具体执行主体不明确也是中国非诉行政执行制度正面临着的问题。根据《最高人民法院关于办理行政机关申请强制执行案件有关问题的通知》可知，法院将非诉讼执行中的对行政行为的合法性审查与执行进行分离，前者由行政审判庭行使，后者则交给执行庭行使，实现裁执分离，这一定程度上强化了执行的专业化程度。2018年实施的《最高人民法院关于适用〈中华人民共和国行政诉讼法〉的解释》第160条规定：“人民法院受理行政机关申请执行其行政行为的案件后，应当在七日内由行政审判庭对行政行为的合法

---

① 黄学贤：《非诉行政执行制度存在的主要问题及其完善》，载《江苏社会科学》2014年第4期。

② 袁曙宏：《行政强制法教程》，中国法制出版社2011年版，第144页。

③ 黄学贤：《非诉行政执行制度若干问题探讨》，载《行政法学研究》2014年第4期。

性进行审查，并作出是否准予执行的裁定。……需要采取强制执行措施的，由本院负责强制执行非诉行政行为的机构执行。”

四、借鉴与融合：中国执行制度的完善之路

（一）行政执行制度的改革设想

就行政诉讼执行制度而言，由法院采取强制执行措施并无什么问题，但需要在贯彻现有行政诉讼执行制度的基础上进一步完善具体的配套制度，考虑如何确保行政判决、裁判以及调解书所确定的权利义务更好地获得履行。在以德国、日本为代表的大陆法系国家以及以美国、英国为代表的英美法系国家，法院的生效判决、裁定的执行并不存在如此大的问题，这一是由于这些国家与地区行政诉讼制度发展的历史比中国更悠久，二是因为相关法律规定普通法院能够对行政决定进行司法审查，并且法院具有相对独立的地位，相关的制裁措施更具威慑力。如在英国，普通法院可以向行政机关发布特权令或执行令敦促政府履行义务，否则，法院可以藐视法庭罪来维护司法尊严，强制性机关履行。而在美国，“法院可对公民的请求提供任何的救济，除非法律明确规定法院只能提供某种救济，如只能裁决赔偿而不能颁发禁令。救济手段包括禁令和宣告性判决”①。当行政机关不遵守法院禁令或判决时，行政长官也会因为藐视法庭而被罚款或被监禁。② 这些做法都可作为改进中国行政诉讼执行制度的有益参考。而中国行政诉讼执行之所以困难重重，是由多种原因导致的，如法院审判不独立、行政机关法治观念淡薄、制裁措施威慑力不足、司法建议流于形式而收效甚微等，因而需要从具体制度完善的角度去化解行政诉讼执行的难题。

就非诉讼执行而言，中国现行体制是法院与行政机关都可以作为执行主

---

① ［美］杰弗里·C. 哈泽德、米歇尔·塔鲁伊：《美国民事诉讼法导论》，张茂译，中国政法大学出版社 1998 年版，第 201—211 页。

② 美国《联邦行政程序法》：“如果发生不服从法院命令的情况，地区法院对负责任的职员可以科处藐视法庭罪，如果是穿制服的机关，则处罚其负责的成员。”

体。从世界范围来看，一元制国家当然地由法院行使，如德国、法国、日本、意大利等。[①] 二元制国家则由行政机关来行使，如英国、美国、加拿大、澳大利亚等。各国行政强制执行模式的差异源于各自法律传统、国家体制与分权状况的差别，都是在各国各具特色的行政法理论基础上建构起来的，都是适应本国历史传统与习惯的。侧重于控制行政滥权的国家倾向于剥夺行政机关自行执行权，多借助法院的力量实现行政职能；侧重于提高行政效率的国家则倾向于支持行政机关自行拥有执行权。因而非诉行政执行并没有统一的标准与模式，亦难以权衡与评价哪种模式更具优势，中国在吸收和借鉴世界各国先进经验的基础上，可以根据本国国情与法律传统建构适合自己的非诉行政执行制度。中国现行立法将大量强制执行权授予司法机关，行政机关仅保留少量的行政强制执行权，可能导致不少负面效果。譬如强拆问题，是法院强拆还是行政强拆？如果让司法机关参与强拆，不利维持司法机关的中立地位和权威性，而且如若司法机关在强拆中再度出现违法侵权行为，该如何救济？更何况司法资源有限，发动司法机关参与一线强拆也可能得不偿失。因而，建立以行政机关执行为主、法院执行为辅的非诉行政执行模式或许更为妥当。一来，行政机关是行政决定的作出机关，因而有责任保障行政决定所确定的权利义务的落实；二来，行政机关作为主要执行主体，能提高行政效率，尽快实现行政目的。但要使得这一执行模式更好地发挥作用，则需要明确行政机关强制执行权的实施限度、程序，完善强制执行的决定、告知、异议处理、诉讼与救济制度，在以重大权益作为强制标的时，更多地考虑将强制执行权保留给司法机关。

（二）行政执行制度的完善要件

1. 合理配置行政强制执行权

尽管世界各国在配置行政强制执行权时，有司法权主导与行政权主导两种模式，但不存在一个单纯只采用行政执行或者司法执行的国家，各个国家都只是在两者之间作出利弊权衡，尽量避免由行政机关执行所可能导致的滥

---

① 詹福满：《论行政强制执行制度的完善》，载《政治与法律》2000 年第 4 期。

权和专断，以及单纯由法院执行所可能造成的效率低下问题，因而行政强制执行权由行政机关与法院分享是更为明智和理性的选择。要使行政强制执行制度更好地在实践中发挥作用，关键是在二元主体中合理配置执行权，实现优势互补。“强制执行权包括执行裁断权、执行决定权和执行实施权”①，因而不能笼统地将行政强制执行权配置给行政机关或者司法机关行使。具体而言，各项权力的行使主体应该有所偏重，行政机关是天然的执行主体，应更多地行使执行实施权，而法院是理性的审判机关，应更多地行使执行裁断权与执行决定权，尽量减少由司法机关直接负责具体的执行实施工作。从世界经验来看，即便是英美等实施司法执行模式的国家，行政行为的具体实施工作也交由行政机关完成，法院专司裁判。将执行实施权返还给行政机关能够充分发挥其专业特长，保证及时、充分、有效地实现行政目的，因而是符合行政管理客观规律的。“对于行政来说，有时执行的方式本身之中需要行政性判断”②，因而行政机关也应具备一定的行政决定权。在秉持公平正义的前提下，部分行政机关应可对不履行义务的当事人依法行使包括裁断权、决定权和实施权在内的所有行政强制执行内容。以执行标的为划分标准，可做如下划分：对人身的强制执行更多地由法院执行，出于对公共利益的考虑，仅在紧急情况下赋予行政机关即时强制执行权；对于行为的强制执行，对相对人影响较小的可由行政机关执行，反之则由法院先行行使判断权后再决定是否执行；对于财产的执行，重大财产权益应由法院审查行政决定的合法性再决定是否予以执行，而对于一般的金钱给付义务，可考虑由行政机关径直执行。

2. 科学设定行政强制执行的审查标准

就行政诉讼执行而言，执行的是生效的行政判决、裁定等司法文书，其效力已经审判程序确定，执行属于行政诉讼的延伸行为，因而执行主体无须审查行政判决、裁定、调解书是否有效、合法，而仅需审查该判决、裁定、调解书是否真实存在、是否符合执行期限等的规定，以及当事人是否存在拒不执行生效判决、裁定、调解书的行为，只要具备了应当执行的情形，就可

---

① 马怀德：《行政诉讼原理》，法律出版社 2003 年版，第 455 页。

② ［日］盐野宏：《行政法》，杨建顺译，法律出版社 1999 年版，第 161—162 页。

予以强制执行。就非诉行政执行来说，行政决定作出后，行政相对人既不起诉也不复议，同时也拒绝履行行政决定中所确定的义务，那么行政机关可申请法院执行，经法律授权的行政机关也可自力执行。但对于申请法院执行的行政决定，必须要审查其合法性，以充分保护公民、法人和其他组织的合法权益，法院审查这种行政决定的标准显然与一般行政诉讼的审查不能等量齐观。首先行政相对人的不作为是对行政决定的间接默认，当然不排除还有其他意外情形，但从逻辑上可作如此推定，那么从这个角度上说该行政决定就应当无条件地被执行。同时当事人不起诉也不履行的行政决定并不当然具有合法性，实际上有很大一部分行政行为是违法的，甚至是无效的，笼统地执行必然会侵害相对人权益。因而法院必须对此类行政决定进行合法性审查，但这种审查只能是相对宽松的审查，应以重大明显的违法作为基本标准，使得行政决定近乎无效。该"明显"标准的内容至少应包括：明显缺乏事实依据（如事实界定不清、证据不足）；明显缺乏法律、法规依据（如法律适用错误或者所适用的法律本身已经失效）；明显无权行政或者越权行政；等等。

3. 丰富行政强制执行措施与手段

德国、法国在其行政诉讼制度中有关于行政机关不履行法院判决，法院可以采取制裁措施的规定，在法国，对于因恶意拒绝而产生的执行难问题，只要胜诉一方有充分理由证明败诉方未执行或未全面执行生效判决，法官即可采取说服措施甚至强制措施迫使其执行判决。若败诉方仍然拒不执行或不当执行，法院可将该案件记录到最高行政法院的年度报告中，[①] 因而负有执行义务的公法人会受到一定的否定性评价。在美国，行政诉讼很少产生执行难的问题，若行政机关不遵从法院的裁判，则该行政机关的长官将可能因藐视法庭而被判处罚款或监禁。英国也有类似的制度，法院在英国具有很高的权威，若行政机关拒不履行法院的裁判，法院可以藐视法庭罪追究行政官员的法律责任。国外的这些行政强制措施都为丰富中国行政强制措施提供了有益借鉴。在中国 2014 年《行政诉讼法》中，规定了行政机关拒绝履行判决、裁定、调解书的，第一审人民法院可以采取强行划拨、罚款、公告、司法建议、

---

① 《行政司法法典》第 R931-2 条第 5 款。

拘留以及追究刑事责任等措施，相比原来的《行政诉讼法》新增了“将行政机关拒绝履行的情况予以公告”以及“对该行政机关直接负责的主管人员和其他直接责任人员予以拘留”两种情形，可谓是很大的进步。其中的公告可看作对拒不履行生效判决、裁定、调解书的声誉制裁手段，借助舆论压力迫使其履行义务；而拘留则强调强化行政机关直接主管人员的责任，以敦促相应的行政机关及时履行判决、裁定、调解书。但现有的强制执行措施依然还有不尽如人意之处，如对于行政机关罚款的规定是中国在 1989 年参照当时的经济发展水平所定的罚款标准，如今过去了近 30 年，该标准依然未改变，显然对行政机关来说罚款额度偏低。尽管 2014 年《修改决定》规定了强行划拨，但却忽略了行政机关银行账户余额不足的情形，对此，可借鉴澳门地区行政诉讼执行款准备金制度，即由财政部门在行政机关的预算中扣除一定比例作为执行保证金。

4. 填补行政强制执行的救济与责任空缺

一般情形下，行政相对人在合法权益受到行政权不法侵害时，可采取提起行政复议、行政诉讼或者申请国家赔偿三种救济方式，但非诉行政执行并非纯粹的行政行为，尤其是经行政机关申请法院执行的非诉行政执行，行政相对人无法再对其提起复议或者行政诉讼，因而救济手段较为贫乏。《行政强制法》中规定“公民、法人或者其他组织因人民法院在强制执行中有违法或者扩大强制执行范围受到侵害的，有权依法要求赔偿”。凡是“违反本法规定，给公民、法人或者其他组织造成损害的，依法给予赔偿”。在《国家赔偿法》中也有关于法院在执行中发生执行错误，造成损害的，当事人有权提起国家赔偿的规定。但如果某项行政决定不合法却经由人民法院的审查，最终予以执行给相对人造成的损害，那么，赔偿责任应当由谁承担？法院承担还是作出原行政决定的行政机关承担？对此《国家赔偿法》中并没有明确规定。就行政诉讼执行而言，由于行政判决、裁定是由法院作出的，如出现纰漏对当事人造成损害，显然应由法院承担责任。就非诉行政执行而言，则应根据过错责任原则划分责任，若某项行政决定存在明显违法或者错误，而法院未尽到谨慎审查的责任，或者行政决定本身并无不妥，但因法院在强制执行过程中发生错误给相对人合法权益造成损害，则理应由法院承担赔偿责任，而不能笼统地将责任归为作出行政决定的行政机关。此外，行政决定作出后还可能因执行机关拒绝执行、未及时执行或者未充分执行导致既定的行政管理目的未有效实现，这种结果是作出行政决定的行政机关所不乐见的，也并非作出行政决定的行政机关所直接导致的，显然不能再由该行政机关承担责任，而应由执行机关承担相应责任。

图书在版编目（CIP）数据

行政诉讼法比较研究 / 江必新等著 . —北京：中国法制出版社，2019. 10

ISBN 978 - 7 - 5093 - 9957 - 6

Ⅰ. ①行… Ⅱ. ①江… Ⅲ. ①行政诉讼法 - 对比研究 - 世界 Ⅳ. ①D915. 404

中国版本图书馆 CIP 数据核字（2019）第 009855 号

策划编辑 马 颖
责任编辑 靳晓婷（tinajxt@126. com） 封面设计 周黎明

行政诉讼法比较研究

XINGZHENG SUSONGFA BIJIAO YANJIU

著者/江必新等
经销/新华书店
印刷/三河市紫恒印装有限公司
开本/710 毫米 × 1000 毫米 16 开 印张/ 19 字数/ 260 千
版次/2019 年 10 月第 1 版 2019 年 10 月第 1 次印刷

中国法制出版社出版
书号 ISBN 978 - 7 - 5093 - 9957 - 6 定价：79. 00 元

北京西单横二条 2 号
邮政编码：100031 传真：010 - 66031119
网址：http：//www. zgfzs. com 编辑部电话：010 - 66034242
市场营销部电话：010 - 66033393 邮购部电话：010 - 66033288

（如有印装质量问题，请与本社印务部联系调换。电话：010 - 66032926）